Jan Feddersen
Philipp Gessler
KAMPF DER
IDENTITÄTEN

Jan Feddersen   Philipp Gessler

KAMPF DER IDENTITÄTEN

Für eine Rückbesinnung auf linke Ideale

Ch.Links VERLAG

Für Noa und Elia
(In der Hoffnung, dass sie »eines Tages in einer Nation leben werden, in der sie nicht wegen der Farbe ihrer Haut, sondern nach dem Wesen ihres Charakters beurteilt werden.«)

Für Rainer
(In Liebe dem unwahrscheinlichsten Mann in meinem Leben – und weil mit ihm die eigene Normalität zu leben möglich ist.)

Auch als **e book** erhältlich

Die Deutsche Nationalbibliothek verzeichnet diese Publikation in der Deutschen Nationalbibliografie; detaillierte bibliografische Daten sind im Internet über www.dnb.de abrufbar.

Ch. Links Verlag ist eine Marke der Aufbau Verlage GmbH & Co. KG

© Aufbau Verlage GmbH & Co. KG, Berlin 2021
www.christoph-links-verlag.de
Prinzenstraße 85, 10969 Berlin, Tel.: (030) 44 02 32-0
Umschlaggestaltung: Kuzin & Kolling, Büro für Gestaltung, Hamburg, Hannah Kolling
Satz: Marina Siegemund, Berlin
Druck und Bindung: Druckerei F. Pustet, Regensburg
Gedruckt auf säurefreiem, alterungsbeständigem Papier

ISBN 978-3-96289-124-4

Inhalt

Vorwort

Niemand weiß exakt, was das ist: »Identitätspolitik«. Aber alle wissen doch recht genau, um was es geht, spricht man über sie. Oder glaubt es zumindest. Dabei fängt die Unsicherheit schon mit dem Wortbestandteil »Identität« an – was ist das überhaupt? Bedeutet es schlicht, so ist es beim populären Online-Lexikon Wikipedia zu lesen, »die Gesamtheit der Eigentümlichkeiten« einer Person? Aber wie verhält es sich dann mit der Identität von Gruppen, um die es bei der Identitätspolitik doch in erster Linie zu gehen scheint, und warum werden diese anhand einer einzigen »Eigentümlichkeit« sortiert: Hautfarbe, sexuelle Vorlieben, Geschlechtssorte und körperliche Besonderheiten?

Abgesehen von dem Afghanistan-Desaster, der Corona-Pandemie und den Überschwemmungen in vielen Teilen von Rheinland-Pfalz und Nordrhein-Westfalen scheint die deutsche Öffentlichkeit im Somer 2021 jedenfalls kaum etwas so zu beschäftigen wie identitätspolitische Fragen, beispielsweise das, was nicht nur in den Reihen der AfD »Gendergaga« genannt wird, wozu schon die Schreibung und Betonung von Worten wie Sprecher*innen zählen soll.

Drei aktuelle Fälle aus dem politisch grünen bis linken Spektrum illustrieren dies. Der erste: Der SPD-Politiker Wolfgang Thierse schlug sich auf die Seite seiner Parteifreundin Gesine Schwan, die dafür kritisiert wurde, wie sie einen Konflikt zu einem queeren Thema im SPD-Kulturforum moderiert hatte. Er selbst hatte zur gleichen Zeit in mehreren Medienbeiträgen der Identitätspolitik, wie auch er sie nannte, knapp gesagt, vorgeworfen, dass sie die Gesellschaft spalte. Er forderte stattdessen eine Hinwendung des Politischen zu Themen, die, so versteht er es, alle angehen, ökonomische Fragen etwa, solche der sozialen Gerechtigkeit und des Klimawandels. Obendrein betonte er, dass diese allgemeinen Fragen doch die »normalen Leute« hauptsächlich interessierten – woraufhin Thierse wiederum für seinen offenbar naiven Gebrauch des Terminus »Normalität« heftig angegangen wurde. Der ostdeutsche Politiker musste schließlich eine Duldung der (Social Media-) öffentlichen Erregung durch seine Parteiführung ertragen. Co-Chefin Saskia Esken fand jedenfalls keine sich mit ihm solidarisierenden Worte, woraufhin Thierse öffentlich fragte, ob er in der SPD überhaupt noch erwünscht sei.

Der zweite Fall: Beim Berliner Landesverband der Grünen bekannte auf dem Parteitag in Vorbereitung auf die Abgeordnetenhauswahlen deren Spitzenkandidatin Bettina Jarasch in einer durchaus launig gemeinten Rede, als Kind habe sie davon geträumt, ein »Indianerhäuptling« zu sein. Sie wurde zwar nicht als Spitzenkandidatin abberufen, doch wurde ihre Wortwahl scharf gerügt – das seien ganz unstatthafte Phantasien, die sie als junge Person gehabt habe (allein das unpassende Wort »Indianer«!), und sie müsse sich nun entschuldigen. Was die Politikerin auch tat. Die grüne Gesinnungswelt war wieder in Ordnung.

Der dritte Fall: Mitte 2021 wurde öffentlich, dass die Kanzlerinnenkandidatin der Grünen Annalena Baerbock bei einem Auftritt in einer Schule das sogenannte N-Wort verwendet hatte – selbstverständlich nicht als Bestandteil der eigenen Rede, sondern als Zitat aus einem historischen Lesestück. Auch dies ließ sich nicht ohne Entschuldigung aus der Welt schaffen, was Baerbock auch tat, um zugleich anzufügen, sie habe nicht achtsam genug erkannt, wie sehr das ausgesprochene N-Wort Verletzungen und Traumata bei nicht-weißen Menschen auslöse.

Identitätspolitik von links ist mehr als nur ein flüchtiges Aufregerthema in der Mediengesellschaft: Sie ist die mächtigste Quelle einer kulturellen Neusortierung zumindest der westlichen Welt. Längst dominiert sie den Sprech an Hochschulen und Universitäten, und zwar vor allem dort, wo geistes- und sozialwissenschaftliche Fächer gelehrt werden. Außerhalb der akademischen Welt hat die Identitätspolitik einen enormen Schub durch die

»Black Lives Matter«-Bewegung bekommen, deren Auslöser die Ermordung des schwarzen US-Bürgers George Floyd durch einen Polizisten im Frühjahr 2020 war. Es entstand eine weltweite Solidaritätsbewegung zugunsten schwarzer Menschen, der sich beispielsweise in der Bundesrepublik Zehntausende vor allem junger Menschen anschlossen: »*Black Lives Matters*« hierzulande hieß freilich, sich für alle, die von nicht-weißer Hautfarbe sind, einzusetzen.

Dieses und ähnliche Zeichen von Identitätspolitik wollen wir mitnichten in Gänze verwerfen. Wer würde schon bestreiten, dass in den USA Rassismus gegen sogenannte »People of Color« (PoC) wirksam ist? Und wer, dass nicht-weiße Migrant*innen in der Bundesrepublik in Parteien wie Institutionen, im Bundestag wie Landesparlamenten heftig unterrepräsentiert sind – und anderswo nicht minder? Ist es nicht mehr als legitim, wenn bislang abfällig Benannte verlangen, mit Respekt behandelt zu werden und nicht als Untertanen einer »weißen« Lebensweise?

Andererseits: Ist es, alltagspraktisch gefragt, damit getan, wie in Berlin und Hamburg, das Wort für das Erwischtwerden bei unentgeltlicher Nutzung von öffentlichen Verkehrsmitteln, nämlich »Schwarzfahren«, zu geißeln, weil in dem Akt der Erschleichung staatlicher Leistungen das Wort »schwarz« genannt wird und somit schwarze Menschen unbewusst diskreditiert würden? Ist die Neuverhandlung von Sprachgewohnheiten nicht ein gigantisches Fegefeuer mit hohem Züchtigungspotential? Und sind die westlichen Gesellschaften der Gegenwart wirklich die Hölle auf Erden, als die sie viele Aktivist*innen der hiesigen Identitätspolitik sie zeichnen?

Vieles mögen possierliche Spielchen um Ambivalenzen sein, in denen ein ernstes Interesse mitschwingt, Debatten um das, was Sahra Wagenknecht böse und fälschlich als Angelegenheiten »skurriler Minderheiten« charakterisiert. Aber die Frage, die die Linke seit der Wahl von US-Präsident Donald Trump 2016 weltweit umtreibt, ist die, die der New Yorker Ideenhistoriker Mark Lilla in einem wütenden Aufsatz in der *New York Times* formuliert hat: Haben sich Linke und Liberale in den USA zu sehr um identitätspolitische Fragen gekümmert – und dabei die doch ebenso wichtigen Fragen sozialer Ungleichheit und Ausbeutung der unteren Schichten der US-Gesellschaft (egal welcher Hautfarbe) vernachlässigt, ja diese sogar abschätzig behandelt, weshalb Trump dann ein leichtes Spiel hatte, genau diese abgehängten Gruppen für sich zu gewinnen?

Unser Buch geht unter anderem der Frage nach, wie berechtigt die Kritik von Lilla und anderen ist. Es widmet sich den Ritualen aus Sprechpannen und Sprachbelehrungen ebenso wie anderen Sprachkämpfen, sind sie doch die besondere Domäne der Identitätspolitik. Es wird um das Canceln gehen, also um den Akt, jemanden in eine Ecke zu stellen, häufig in den Sozialen Medien, eine Art öffentlicher Pranger in der heutigen Gesellschaft. Manche sprechen sogar von einer »Cancel Culture«.

Sehr wichtig im Gedankengebäude der Identitätspolitik ist das Konzept der Privilegien. Es ist die Idee, dass Mitglieder der Mehrheitsgesellschaft und vor allem weiße (heterosexuelle) Männer (und Frauen) Vorzüge (Privilegien) genießen – im Alltag, aber auch in entscheidenden Lebenssituationen (wie zum Beispiel Job- und Wohnungssuche), ohne dass ihnen das überhaupt bewusst sein muss. Es ist vor allem das Privileg gemeint, keine Diskriminierung zu erleben und nicht sofort als Mitglied einer Minderheit erkennbar zu sein – anders als etwa nicht-weiße Menschen.

Dazu gehören Diskurse um Mikroaggressionen, ein zentraler Begriff in der Identitätspolitik, Worte, Blicke und auch Gesten, die fies sind oder als fies verstanden werden, wobei die Definitionsmacht, ob etwas als fies beabsichtigt war, immer in der Vorstellung des Opfers liegt, also nie in der einer weißen Person.

Wir behandeln in diesem Buch ebenso den fragwürdigen Vorwurf der Kulturellen Aneignung (»Cultural Appropriation«), den manche identitätspolitischen Aktivist*innen nutzen, also die Kritik an der unhinterfragten Aneignung, Übernahme oder Interpretation kultureller Eigenheiten von Minderheitengruppen durch Mitglieder der Mehrheitsgesellschaft. Dazu kommt eine Fülle anderer Begriffe, die wir in einem Glossar am Ende des Buches erläutern. Viele Begriffe der Identitätspolitik sind ohne Erläuterungen kaum zu verstehen.

Die Welt der Identitätspolitik ist weit, und viele ihrer Themen werden wir hier ansprechen. Wir tun dies aus einer liberal-linken Perspektive. Unsere negative wie positive Kritik an Identitätspolitik kommt aus dieser Ecke. Denn rechte Kritik an der Identitätspolitik gibt es schon mehr als genug.

Unter anderem machen wir uns stark für das in unseren Augen höchste Gut von Linken und Linksliberalen, die Meinungsfreiheit. Formal bleibt sie in der identitätspolitischen Bewegung linker Art zwar anerkannt. Faktisch jedoch wird sie häufig suspendiert, wenn nicht durch identitätspolitische Erwägungen, dann mit dem strategischen Argument – das genau besehen totalitär ist –, man dürfe gewisse Dinge nicht sagen, weil man damit ja den Rechten in die Karten spiele. Also solle man zum Beispiel lieber nicht über Schwierigkeiten im politischen Management der Flüchtlingsfrage zu sprechen kommen, denn das nutze nur politischen Kräften wie der AfD.

Diese Redeunterlassungs- beziehungsweise Schweigeopportunitätsfigur kommt dem Komment der Kommunistischen Internationalen seit den Zwanzigerjahren nahe: Schriften und Texte von Dissidenten und Renegaten wie George Orwell, Arthur Koestler oder Manès Sperber konnten, ob ihre Beobachtungen zur Stalinisierung der UdSSR zutreffend waren oder nicht, in den Reihen der Linken nicht öffentlich erörtert werden. Der französische Philosoph Jean-Paul Sartre trat entschieden dafür ein, sich mit Kritik an den von Kommunist*innen oder Sozialist*innen (etwa in der früheren Sowjetunion) verübten Gräueltaten zurückzuhalten. Darüber zu reden sei schon deshalb unpassend und politisch schädlich, weil es dem Feind diene – weshalb noch Ende der Sechzigerjahre die Bücher Alexander Solschenizyns, etwa der *Archipel Gulag*, in der Linken als antikommunistisch abgetan wurden.

Solche Tricks zur Verhinderung von politischer Klarheit treffen heute unter anderem jene, die mit ihren Expertisen die Schönfärberei in Sachen Islamismus und Islam nicht mitmachen, etwa den Sozialwissenschaftler Ruud Koopmans, aber auch bürgerrechtlich orientierte deutsche Muslim*innen wie die Autorin Necla Kelek, den Coach und Psychologen Ahmad Mansour, den

Autor Hamed Abdel-Samad oder die Anwältin und Imamin Seyran Ateş. Wir denken: Rechtem Gedankengut ist vor allem zuträglich, wenn man über Probleme mit Einwander*innen, wenn man über Islamismus, Antisemitismus und Homophobie schweigt. Dass rechte beziehungsweise rechtspopulistische Politik, also identitär rechte Politik wie in Ungarn, Polen und Russland, gerade für queere Menschen und Migrant*innen gefährlich ist, das zu wissen halten wir für eine Binse. Nazistisches und Gewaltbereites rechter Provenienz verdient auch hierzulande scharfe Ahndung, am besten jedoch mit den Mitteln der Sicherheitsbehörden, und zwar erheblich wacher, drakonischer und durchgriffsfähiger als in Sachen NSU, den Morden an den Hanauer Bürger*innen, die vom Täter als undeutsch empfunden wurden, oder im Falle von Polizei- und Bundeswehrangehörigen, die mit rechtsextremen Gedankenwelten sympathisieren.

Aber das Rechte ist im politischen Alltag nach unserer Einschätzung auf absehbare Zeit keine ernst zu nehmende Gefahr im parlamentarisch mehrheitsfähigen Sinne: Niemand von den altetablierten Parteien könnte sich erlauben, offiziell mit der AfD zu koalieren. In keinem Bundes-, Landes- oder städtischen Parlament ist die AfD in der Lage, den Ton anzugeben. Was rechts ist, trifft nur gelegentlich auf Popularität. Die Forderung von einem Politiker wie Friedrich Merz nach einer *deutschen* »Leitkultur« war schon immer obskur, wenn sie mehr meint als eine gemeinsame Sprache und die Staatsangehörigkeit, die zu erwerben nicht mehr wie einst wesentlich an ein deutsches (Bluts-)Abstammungsrecht geknüpft ist. Fragen danach, ob der Islam zu Deutschland gehört, finden wir lächerlich, mindestens langweilig: Er ist da, so wie das Christen- oder Judentum, von anderen Glaubenshaltungen zu schweigen. Deutsche Leitkultur gibt es nicht, es sei denn als ein auf Dauer gestellter Hybridzustand: Die einen bevorzugen Schweinebraten, die anderen Şiş Kebab und manche sogar all diese Speisen und noch viel mehr oder gar nichts von allem, vielmehr vegan. Wo ist das Problem?

Wir haben für dieses Buch mit Expert*innen gesprochen. Menschen, die wir kennen, die wir kennenlernen wollten, die mit uns reden wollten, die uns mit ihren Perspektiven interessant scheinen und die eine bunte Vielfalt vor allem »linker« oder liberaler Herkunft repräsentieren, die uns hier wichtig war. Es waren die Kulturwissenschaftlerin Aleida Assmann, der deutsch-israelische Coach Ahmad Mansour, der *taz*-Redakteur und Migrationsexperte Christian Jakob, die Berliner Studentin Cindy Adjei und der Schriftsteller Daniel Kehlmann. Unsere Kollegin Doris Akrap, Literaturkritikerin und *taz*-Redakteurin, war uns eine wunderbare intellektuelle Sparringspartnerin. Zu den Interviewten und Zitierten gehören außerdem Ellen Ueberschär, Co-Chefin der Grünen-nahen Heinrich-Böll-Stiftung, *taz*-Redakteur Felix Lee, die Jenaer Soziologin Silke van Dyk, der Sozialpsychologe Harald Welzer, die Historikerin Hedwig Richter, der Literaturkritiker der Zeit, Ijoma Mangold, der Autor und Filmer John Kantara, die Münchner Soziologin Paula-Irene Villa Braslavsky, der *Deutschlandfunk Kultur*-Redakteur René Aguigah, die Schriftstellerin Ronya Othmann, die Bürgerrechtsanwältin Seyran Ateş, die Direktorin des Potsdamer Einstein-Forums Susan Neiman, die Frankfurter Soziologin Susanne Schröter, der Trans*mann und Publizist Till Randolf Amelung, der queere Rom*nja & Sinti*zze-Aktivist Gianni Jovanovic sowie *taz*-Co-Chefredakteurin Ulrike Winkelmann. Dass etliche Kolleg*innen der *taz* zu Wort kommen, liegt nicht nur an unserer Nähe zu dieser Zeitung selbst, dies gewiss auch, sondern vor allem nehmen wir die *taz* ernst als seismographisch zuverlässigstes Medium für die Debatten in der kulturell nach wie vor tonangebenden Linken. Last but not least konnten wir auch der Geschlechterforscherin und »Polittunte« Patsy l'Amour laLove und der Feministin Alice Schwarzer unsere Fragen zum Thema stellen.

Die Zitate all dieser Menschen sind von ihnen autorisiert. Wir sind ihnen für ihre Kooperation mit uns dankbar. Am Anfang unseres Weges haben wir nicht ahnen können, wie sehr wir vor allem Lernende sein würden, Zuhörende und Nachfragende. Das hat Spaß und Freude gemacht – auch, weil es jede Menge Grübelei mit sich brachte. In unsere Dankbarkeit schließen wir ausdrücklich die beiden *taz*-Rechercheurinnen Brigitte Marquardt und Eva Berger ein – und besonders Christof Blome, den Lektor des Ch. Links Verlags, der viele Stellen unseres Buches mit größtem Gleichmut vom Kopf auf die Füße zu stellen geholfen hat.

Nun unterbreiten wir unsere Sicht auf die Gemengelage und stellen am Ende einige Thesen auf. Wir bitten um das eigentlich doch Selbstverständliche: an unseren Argumenten gemessen zu werden, nicht an dem, was man mit der Formel »weiß, alt, männlich« oft und gern erledigen zu können glaubt.

Am Anfang stehen zwei persönliche Texte, die brav dem oft gehörten Credo »Check Your Privilege« folgen. Unsere Karten liegen auf dem Tisch. Eine solche Offenheit erhoffen wir uns umgekehrt auch von allen, die nun leidenschaftlich Streit und Debatte mit uns wünschen – nicht zuletzt in der Hoffnung: »Check your akademisch-ausgebildete-Mittelschicht-privilege, Ladies & Gentlemen«.

Wir plädieren unter anderem für einen belüfteten, obwohl zuletzt mächtig unter Beschuss geratenen Begriff von »Normalität«. Einer, der darauf abzielt, dass wir uns alle für normal nehmen. Unkonventionalität, Zwischen-den-Stühlen-Sitzen-Behauptungs-Posen, Querdenkereien linker Provenienz, Exzentrizität oder sonst ein Identitäres, das glaubt, sich von den gewöhnlichen Bürger*innen abheben zu können, zählen nicht. Nehmen wir allenfalls im persönlichen Kontakt ernst. Wir leben ohnehin in einer Welt chronischen Dauersichtbarwerdenwollens. Alle sind wir normal, jede und jeder auf ihre und seine Weise, allein und mit anderen.

Es gibt in diesem Buch kein eigenes Kapitel über Sprachliches oder Neusprachliches. Soll alles Recht sein, auch wenn sein kann, dass jene Expert*innen nach den Maßstäben des Klassischen recht haben, solche, die auf das generische Maskulinum halten und darin auch das Weibliche sehen können. Ob mit oder ohne Sternchen, Unterstrich, Doppelpunkt zwischen männlicher und weiblicher Wortausformung, ob mit alter oder neuer Rechtschreibung, ob mit gesprochenen Anführungszeichen oder nicht. Oder gar wie in der früheren DDR, als eine Frau auf die Frage eines bundesdeutschen TV-Interviewers, was sie denn von Beruf sei, antwortete: »Kranführer«, ohne dass man den Eindruck hatte, sie leugne mit dieser Titulierung ihre Weiblichkeit.

Wir wissen es als Journalisten und erleben es jeden Tag: Sprache ist flüssig. War es, ist es und wird es sein. Und das Deutsche ist und war immer gefräßig, inkorporiert am Ende alles, und vergisst vieles auch wieder, gottseidank. Wie unser Gesprächspartner Gianni Jovanovic liebenswürdig sagte: »Ich liebe Gendersternchen so dermaßen, ich kann gar nicht mehr ohne.« Geht klar so! Und: Wenn selbst Claus Kleber, *Heute Journal*-Präsentator, weibliche Endungen mitspricht, im Wortklang wie bei der Speise »Spiegelei«, dann lohnt sich kein Kulturkampf mehr um eine offenbar für manche altmodisch gewordene Sprache. Es ist, wie es ist – und es jedem und jeder beliebt. Nur geben wir zu bedenken, dass die Einführung des * oder des : Erfindungen universitärer Art sind. Unterhalb ihrer Lebenspraxen, etwa auf der Baustelle oder im Supermarkt unter Verkäufer*innen, werden solche Sprachänderungswünsche meist als Order von ganz weit oben empfunden. Gut, dass es, anders als im Französischen etwa, kein echtes Sprachpäpst*innentum gibt im Deutschen.

Wir nehmen am Ende dieses Vorworts gern zur Kenntnis, was die Kulturwissenschaftlerin Aleida Assmann, angelehnt an den Buchtitel ihres Historikerkollegen Jürgen Osterhammel, als »Verwandlung der Welt« anerkennt und genießt: dass seit dem 18. Jahrhundert die Welt der festgefügten Hierarchien und Glaubenssysteme sich zu lockern beginnt, (fast) immer in Richtung Freiheit. Wir glauben an ein universalistisches Weltbild, an Aufklärung und Vernunft, nicht jedoch an Identität. Menschen, alle, möchten keineswegs auf eine Identität eingeschworen sein, sie bevorzugen meist in Ruhe gelassen zu werden. Was Gesellschaft (und Staat) zusammenhalten kann, ist eine Art Pragmatik im Alltag. Von einem Furor wider alle Verhältnisse halten wir nichts, aber dass eine Menge sich ändern könnte und möge – das versteht sich von allein. Wir bleiben zuversichtlich, das Leben hält alles zum Besseren parat. Nicht zum Besten – das ist der Unterschied. Und davon handelt unser Buch.

Selbstpositionierungen:
Check Your Privilege!

Jan Feddersen

Wie war das eigentlich genau, früher, in der Kindeszeit? Ist die Welt von heute noch so schlimm wie einst? Oder sogar übler verfasst denn je? Ich kann das lediglich so beantworten, wie alle dies nur können: aus der eigenen Perspektive, dem eigenen Erleben. So erinnere ich meine Zeit: Noch in den Sechzigerjahren sah man Männer, denen ein Arm fehlte oder ein Glied vom Bein. Es war nach wie vor eine Nachkriegszeit, so gut wie alle Deutschen hatten einen »Nazihintergrund« – und genau das war so gut wie nie Thema. Beziehungsweise: durfte es nur selten sein. Familiengeheimnisse waren und sind mächtig. Wer sie zur Sprache bringt, riskiert im günstigsten Fall ein Beschweigen, beredt und stumm zugleich. Man sprach sowieso nicht über Allzu-Persönliches, öffentlich schon am allerwenigsten.

Check my privilege? Gern. Aufgewachsen in Hamburg, die ersten Jahre in einem der Hafenviertel in einem Behelfsschuppen auf der heute noch abgehängten Veddel, die Eltern Kriegskinder, mein Vater Hilfsarbeiter in einer Schrottklitsche, meine Mutter Krankenschwester im Nachtdienst, eine Idylle in der Erinnerung, Atmosphären der Jovialität; später, jugendlich werdend, in einem Quartier »im Grünen« am Stadtrand, ein Angestelltenrevier, der Vater inzwischen »Plünn'nhöker«, Lumpensammler, die Mutter meine Geschwister zur Welt bringend, Tabletten und Alkohol im Alltag präsent wie kaum anderes. Der Umzug dorthin war einschneidend, in vielerlei Hinsicht. Das Jahrzehnt der sogenannten Bildungsexpansion? Ich erhielt trotz guter Leistungen keine Gymnasialempfehlung, stattdessen eine Option, zur Sonderschule zu wechseln, »bei den Eltern«, wie es hieß, sei das doch naheliegend.

Kulturell war unser neues Quartier weiß durch und durch. Waren beispielsweise in den Hafenquartieren »Gastarbeiter« zu sehen und mit ihnen zu leben üblich und interessant, klangen in jenem Viertel, in dem auch der spätere Bundeskanzler Helmut Schmidt mit seiner Familie ein Reihenhaus fand, die Nachnamen ausnahmslos klassisch deutsch: Meier, Müller, Lehmann. Im öffentlichen Leben spielten selbst die südkoreanischen Krankenschwestern, die wegen deutschen Personalmangels angeworben worden waren, keine Rolle. Für die von ihnen gewünschten Lebensmittel gab es selbstverständlich keine Einkaufsläden, das wäre wohl als unziemliche Rücksichtnahme empfunden worden. Eine Imbissbude mit Pommes frites im Angebot wirkte hier fast schon weltläufig, Gemüse wie Auberginen oder Zucchini waren unbekannt, vor Olivenöl wurde gewarnt und Knoblauch mit dem Zusatz »-fresser« versehen, um etwa italienische, spanische oder türkische Gastarbeiter*innen hässlich zu titulieren.

Und doch: Nicht erst mit der sozialliberalen Koalition Willy Brandts 1969 begann das widerspenstige, antikonservative Brodeln im bundesdeutschen Gebälk laut zu werden. Die Essayistin Katharina Rutschky sah in der Achtundsechzigerbewegung ein Projekt fast ohne Widerstand: »Man hätte, so stellten wir es uns vor, gegen Wände laufen müssen, aber die Türen waren nicht verschlossen, wir mussten sie nur weiter öffnen.« Die Bundesrepublik erwies sich mehr und mehr als Ermöglichungsraum – Protest anzumelden namens der eigenen demokratischen Ansprüche lag im Spiel, das Eigene wollen zu können – selbst, wenn es lange braucht, herauszufinden, was das ist, dieses Eigene –, bekam als Idee Luft. Weitflächige Debatten um das Betriebsverfassungsgesetz, um Mitbestimmung in Konzernen, um die Ansprüche behinderter Menschen auf barrierefreie Zugänge mit einem Rollstuhl, aber auch beispielsweise um den Paragraphen 218 des Strafgesetzbuches, der Frauen einen Schwangerschaftsabbruch verbot.

Es ging nicht um Lifestyles oder um Identitäten, sondern um Rechte. Vom »Mehr Demokratie wagen!« sprach Willy Brandt, der erste sozialdemokratische Kanzler der Nachkriegszeit, im Jahr 1969 programmatisch. Moralisch gerieten alle bis dahin üblichen Konventionen unter Verdacht: dass der Mann der Frau vorgeordnet ist, dass Kinder geschlagen werden dürfen, in den Familien, doch auch in den Schulen, und dass unehelich geborene Kinder irgendwie Aussätzige sind. Nicht, dass gleich gesetzliche Verbote – etwa der Züchtigung von Kindern in der Familie – erfolgt wären, auf die verständigte sich erst fast 30 Jahre später die rot-grüne Regierung, aber moralisch standen Züchtigung und Gewalt gegen Menschen fortan unter starkem Begründungsvorbehalt. Immerhin!

Die Siebzigerjahren waren aber noch in anderer Hinsicht eine Ära des Aufbruchs: Mit Rosa von Praunheims Film *Nicht der Homosexuelle ist pervers, sondern die Situation, in der er lebt* im Jahre 1971 endete das dröhnende Schweigen in puncto Homosexualität. Bis 1969 hatte in der Bundesrepublik der von den Nationalsozialisten entgrenzte Paragraph 175 gegolten, der selbst einvernehmliche Sexualität unter homosexuellen Erwachsenen verbot. Der *Spiegel* brachte in den frühen Siebzigern zwei Titelgeschichten zum Thema. In meiner Familie durfte ich allerdings nicht als besonders glühend interessierter Leser dieser Geschichten erwischt werden, denn nichts war in Familien so unerwünscht wie ein schwules Kind. Die Angst, anders als die anderen zu sein, kroch auch damals durch und in alle Poren.

Homosexuell – das war ein klinisches Wort, das wie sterilisiert klang und im Alltag eher nicht gesagt wurde. Es enthielt aber wenigstens kaum unwertschätzende Zuschreibungen. Üblich waren Worte wie »warmer Bruder«, »175er« (das die Strafandrohung gleich mittransportierte) oder »Hinterlader«. Die junge Schwulenbewegung machte sich sprachstrategisch geschickt das Wort »schwul« zu eigen, eine Art N-Wort auf sexuelle Krassestabweichung, und drehte es gewissermaßen um, sehr zum Missfallen vieler homosexueller Männer, die das Wort nicht über die Lippen bringen wollten. Aber es galt: Wir nennen uns genauso, wie man uns schmäht – und sagen, dass wir genau das sind, was die Mehrheit uns unterstellt, nämlich triebgesteuert und gefährlich für die heterosexuelle Ordnung.

Dennoch: Selbst im Showbusiness wäre damals niemand auf die Idee gekommen, sich zu outen. Kein Alfred Biolek, keine Schlagersänger wie Jürgen Marcus oder Tony Holiday, keine Schauspieler. Die Protagonisten des Wolfgang-Petersen-Films *Die Konsequenz*, 1977 im WDR ausgestrahlt, Jürgen Prochnow und Ernst Hannawald, betonten in Interviews fast dauernervös, ja nur Rollen gespielt zu haben, keineswegs *so* zu sein.

Ich war so. Und wusste es. Nein, ich würde mich nicht zum Schein auf heterosexuelle Verhältnisse einlassen, das Leben ist kurz, und man hat ja nur eines. Und: Das Leben ist doch keine Generalprobe!

Im Oktober 1978 kopierte der *Stern* seine ausgesprochen populäre Ausgabe »Wir haben abgetrieben« aus dem Jahr 1971. Diesmal lautete die Überschrift der Titelgeschichte: »Wir sind schwul«. Im Heftinneren outeten sich 682 Männer per Statement und Passbild – darunter ich selbst, ohne größere Furcht. Als 21-jähriger Mann, der keineswegs wie hunderttausend andere homosexuelle Männer in der Bundesrepublik ein Gros der eigenen Lebensenergie in ein Niemand-soll-mich-Erkennen investieren wollte, war ich irgendwie auch beglückt, an diesem Bruch mit den Diskretionsregeln jener Zeit mitzuwirken.

Im gleichen Jahr hatte die Bunte Liste/Wehrt Euch!, ein alternatives Wahlbündnis zur Hamburger Bürgerschaftswahl, das kurz darauf Teil der Grünen werden sollte, erstmals für eine Wahl zu einem Landesparlament einen eigenen schwul-lesbischen Programmteil formuliert. In der SPD gründeten sich schwullesbische Arbeitskreise, immer nach Impulsen von homosexuellen Parteimitgliedern selbst. Auch in der FDP und der CDU gab es Zirkel dieser Art – selbstverständlich eher in den jeweiligen Undergrounds. In der Gewerkschaft ÖTV (die später in ver.di aufging) etablierte sich, heute würde man sagen: eine queere Gruppe.

Und 1977 schon zeigte sich auf einem evangelischen Kirchentag (in Westberlin) die Gruppe Homosexuelle und Kirche. 1979 protestierte eine spontan mobilisierte Gruppe von schwulen Männern (und auch ihren heterosexuellen Freund*innen) im Hamburger Stadtteil Altona vor einer Kirche lautstark gegen die bis heute in vielen rechten kirchlichen Kreisen noch beliebte sogenannte Psychagogin Christa Meves, eine evangelische Christin, die damals Deutschlands populärste Homophobe war. Trauten wir uns was? Nein, wir taten, was so nahe lag: Protest anzumelden gegen moralische Unverschämtheiten.

Aber es waren ja nicht nur solche Zumutungen. Sehr handfeste Diskriminierungen gab es nicht minder. Die Kündigung in einer christlichen Einrichtung für behinderte Menschen, ein offen schwuler Mann war angeblich mit dem Job nicht vereinbar. Die für viele Homosexuelle begründete Angst, Opfer von Gewalttaten zu werden – dann, wenn sie als Schwule identifizierbar waren. Das Unbehagen, nie auf sicherem Boden zu gehen, Gefahren schienen überall zu lauern. Man hatte sich anzupassen, emotional abzudimmen, bloß nicht auffällig werden.

Die Forderungen jener, die zur Schwulenbewegung sich zählten, waren freilich keine identitären allein: Es ging ums Sein, genauer gesagt ums Schwul*sein*, um die Abschaffung vom diskriminierenden Paragraphen 175, aber auch um das moralische Recht, nicht verstecken zu *müssen,* was in puncto Liebe und Begehren das für unsereins Normale ist. Wobei politische Ansinnen nicht als solche galten, zumal in den linken Gruppen und Organisationen, in denen ich mich so herumtrieb. Dass Ansprüche benachteiligter Gruppen auf – mindestens – Anerkennung hinter übergeordneten politischen Zielen zurückzustehen hätten oder sich nach deren Erreichung von selbst erledigen würden, diese Haltung gab es auch schon vor mehr als 40 Jahren, damals formuliert gegen den Feminismus wie in Alice Schwarzers Bestseller *Der kleine Unterschied,* aber auch gegen uns, die Schwulen. Das sei doch – marxistisch gesprochen – ein Nebenwiderspruch, der Hauptwiderspruch müsse im Kampf der unterdrückten proletarischen Klasse erkannt werden – dem sei sich zu fügen. Als in den frühen Achtzigerjahren die Friedensbewegung den antikonservativen Protest verkörperte, legten Demo-Organisator*innen nahe, auf schwule Parolen zu verzichten – womöglich irritiere man die Friedensfreund*innen und lenke sie vom Kampf gegen Abrüstung und für Pflugscharen ab, die aus Schwertern geschmiedet werden.

Doch damals kam es auf mehr an. Dass die letzten Reste des Paragraphen 175 aus dem Strafrecht gestrichen wird – das wäre schon mal ein Anfang gewesen, aber das geschah erst 1994, und auch dies nur auf Drängen des DDR-Teils bei den Verhandlungen um den deutsch-deutschen Einigungsvertrag. Bürgerrechtliche Gleichstellungspolitiken und Antidiskriminierungsgesetze konnten erst in den frühen Nuller Jahren etabliert werden, und auch dies nur gegen den beinharten Widerstand von CDU/CSU sowie vor allem der katholischen Kirche.

Noch zäher waren die Mühen, dass etwa Politiker*innen sich als schwule Männer oder lesbische Frauen zu erkennen geben zu können – nicht als flamboyante, exzentrische Personen, sondern als Menschen unter anderen, bei denen nicht stillschweigend eine heterosexuelle Orientierung angenommen werden sollte. Als Klaus Wowereit 2001 ansetzte, Regierender Bürgermeister von Berlin zu werden, bekannte er, auch um medialen Nachstellungen ins Private zu entgehen, schwul zu sein, und das sei auch gut so. Die bürgerliche Presse attestierte ihm daraufhin, seine sexuellen Vorlieben ausgestellt zu haben – was ein Missverständnis war. Der Sozialdemokrat hatte nur übers Grundsätzliche geredet: Ja, es gibt auch schwule Politiker, und nein, sie möchten deshalb nicht schlüpfrig in den Medien vorgeführt werden. Deshalb die Offenheit, nicht, um sich in Szene zu setzen.

Wowereits rhetorische Volte war eine gegen die Gebote der Diskretion, die es in allen politischen Lagern gab. Über Schwules oder Lesbisches redete man nicht, und Heterosexuelle bildeten sich öfter ein, damit die Betreffenden zu schützen. In Wahrheit mokierten sie sich über die Politisierung des Homosexuellen überhaupt – auch, um ihr Ehe-Privileg zu bewahren. Bis in jüngste Tage ersparen sich heterosexuelle Kommentator*innen das Bewusstsein, dass es die rot-grüne Koalition von 1998 war, die gegen den Widerstand in den eigenen Reihen das Projekt der »Ehe für alle« auf den Weg bringen musste, und dass dies zu den prägenden Projekten der Kanzlerschaft Gerhard Schröders zählt.

Der Kampf für Rechte war stets auch einer gegen die Scham, zumal in den mittleren Achtzigerjahren, als die Aidsepidemie die schwule Community erschütterte – auch deshalb, weil Medien von »Schwulenseuche« sprachen und es nicht nur einzelne Stimmen gab, die in der damals noch meist rasch tödlichen Infektion mit dem HI-Virus eine Strafe Gottes für dekadentes, also schwules Verhalten erkennen wollten. Dass ein Politiker wie Jens Spahn als offen schwuler Mann in der CDU überhaupt Karriere machen konnte und Klaus Wowereit gegen das unappetitliche Raunen der bürgerlichen Hauptstadtpresse ausgesprochen populär war in seiner Stadt und ja noch ist; dass eine TV-Moderatorin wie Anne Will oder eine Talkmasterin wie Bettina Böttiger als lesbisch bekannt sind, all das sind Fortschritte gegen die Strategien des Schweigens über Homosexuelles.

Nie hatte ich während meiner erwachsenen Jahre das Gefühl, es könnte einen Backlash geben, ein politisches Zurück in die Zeit vor 1969, als schwule Männer tausendfach juristisch belangt wurden und es selbst ein prominenter Staatsanwalt wie Fritz Bauer nur um den Preis der sozialen Selbstzerstörung hätte wagen können, seine Homosexualität offen zu leben. Selbst während der Aidsepidemie herrschte spürbar die Auffassung vor, um es mit dem Homosexualitätenforscher Martin Dannecker zu sagen, dass schwule Männer zwar bitte nicht gleichgestellt werden mögen, man sie aber auch nicht kaltherzig sterben lassen sollte. »Time Is On Our Side«, um den Buchtitel des Historikers Detlef Siegfried leicht zu variieren.

Glückliche homosexuelle Biographien sind möglich, mehr denn je. Natürlich kann ein Leben auch immer noch misslich verlaufen, ohne dass dies an Lesbischem oder Schwulem schlechthin liegt. Nicht aus allem, was misslingend für jemanden läuft, lässt sich, um ein kaltes Wort zu nutzen, Opferkapital schlagen. Für kein Leben gibt es eine Glücksgarantie, gleich welchem Sein oder welcher Identität eine*r anhängt.

Ob für mich als Journalist alles möglich war, einschließlich aller (auch: schwulen) Perspektiven auf Themen und Texte? Sicher nicht. Die Gatekeeper in den Redaktionen sind nach wie vor überwiegend heterosexuell orientiert, wenn auch nicht mehr mit dieser Mächtigkeit. Redaktionen haben nach wie vor gern Geschichten über »Queeres«, in denen es vor Grellheit oder Opfertum nur so trieft. Bei der *Zeit* – das wäre heutzutage gewiss undenkbar –

habe ich 1992 erlebt, wie ein Thema abserviert wurde, weil es den Fokus auf offen schwule und lesbische Protagonist*innen gelegt hätte. Mir wurde vorgeworfen, dass ich das Greenwich Village in New Yorks Manhattan nicht als Geburtsort der Singer-Song-Writer*innen wie Bob Dylan, Joni Mitchell oder Simon & Garfunkel schildern, sondern stattdessen über die Menschen schreiben wollte, die dort im Juni 1969 die militanten Unruhen vor der Bar Stonewall Inn gestiftet hatten. Kämpfe von Queers, unter ihnen auch Drags und Trans*leute, die die moderne LGBTI*-Bewegung begründeten, als sich selbst ermächtigende Bürger*innen gegen polizeiliche Willkür. Eine vorgesetzte Redaktionskollegin erwiderte nur: »Wissen Sie, das ist nichts für uns.« Und, gönnerinnenhaft anfügend: »Diese Themen sind doch durch!«

Aus homophoben Gründen entwertet zu werden, geht freilich immer noch. Auf einer Pressereise nach Georgien fragten georgische Literaturexpert*innen, wo denn der georgische Stoff liege, der für deutsche Leser*innen interessant sei, man müsse sonst wieder Mythen und Märchen schreiben. Niemand von den deutschen Kolleg*innen wusste auch nur einen Hinweis zu geben; ich als Literaturnichtkenner sagte nur, es habe doch vor wenigen Jahren in Tiflis übelste Ausschreitungen gegen eine kleine LGBTI*-Demonstration gegeben, so krass, dass von Hass und Gewalt selbst die georgische Presse sprach. Ein deutscher Kollege, der durchaus auf seinen gut- und klugmenschigen Habitus hält, kommentierte diesen Vorschlag hernach nur knapp mit den Worten: »Ach, so'n Schwulendings.«

Hat sich das Leben verbessert, fühlt es sich anders an, etwa im Vergleich zu meiner Zeit des Coming-Outs vor fast einem halben Jahrhundert? Um es vorsichtig zu sagen: in beinah jeder Hinsicht. Schwules muss sich nicht mehr begründen, jene, die es ablehnen, stehen in Rechtfertigung. Seltsamerweise, in linken und liberalen Kreisen, ist allerdings auch dies zu registrieren: Homosexuelles ist offenkundig nach wie vor ein Ding, das ins Private gehört – als politische Frage spielt es keine Rolle. »Ihr habt doch jetzt die Homoehe!«, heißt es. Dabei haben wir sie nicht, vielmehr ist das Eheprivileg für Heterosexuelle storniert worden, gleichgeschlechtliche Paare können seit 2017 auch zum Standesamt.

Der Satz bedeutet auch: Nun gebt doch mal Ruhe! Das hätten manche gern, aber dafür ist es dann doch noch zu früh.

Check my privilege? Aus den Zirkeln der queeren Bewegungen sind schwule Männer, sofern sie weiß sind, faktisch aussortiert ins andere »Lager«, in das der »cis-weiß-männlichen« Menschen verklappt: genauso privilegiert wie ihre heterosexuell orientierten Geschlechtsverwandten, kein Teil der Lösung, sondern ein Problem. Cis, das meint: nicht trans*identitär, sondern eben männlich im klassischen Sinne.

Doch vom Umstand abgesehen, dass ich »weiß« geboren worden bin, ist das, was Privilegien genannt wird, bei mir nicht vorrätig gewesen. Im Gegenteil. Mehr noch: Es ist kein schlechtes Gefühl zu wissen, selbst an der Liberalisierung der Zustände mitgewirkt zu haben. Den moralischen Vorwurf an weiße schwule Männer, sie hätten für ihre Privilegien nur gestritten, verkennt, wie unwahrscheinlich es war, weitgehend unbehelligt sich fast überall bewegen zu können, ohne besonderes Versteckspiel – immer einrechnend, dass Gewalt gegen einen überall lauern könnte. Und das soll ein Privileg sein? Bitte!

Die Rolle des Opfers zu unterlaufen war das Beste, was ich mir selbst zugemutet habe. Das Leben geht weiter.

Philipp Gessler

Zunächst: Ich bin »weiß«. Dies ist fast überall auf der Welt mit (unbewussten) Privilegien verbunden, solchen, die mir ein- und zugeschrieben waren, als ich zur Welt kam. Meine weiße Hautfarbe und mein irgendwie »deutscher« Name ersparen mir etwa Gefahren nachts in manchen Vierteln und Probleme bei der Wohnungs- oder Jobsuche. Das ist viel wert. Wer eine dunklere Hautfarbe oder einen »ausländisch« klingenden Namen hat, kann ganz andere Geschichten erzählen.

Ich könnte mich als einen Menschen mit Migrationshintergrund beschreiben – meine Mutter ist Belgierin, genauer: Flämin. Es wäre lächerlich, daraus eine große Sache zu machen. Aber ich weiß aufgrund vieler Aufenthalte in einem fremden Land, eben in Belgien, zumindest ein Stück weit, wie es ist, in einer Minderheit zu sein, die Sprache (in dem Fall Französisch und Flämisch) und viele Sitten nur halb zu verstehen. Bei Familienfesten in Belgien gab es ab und zu, wenig verwunderlich nach zwei Überfällen deutscher Armeen auf Belgien im 20. Jahrhundert, Bemerkungen oder Witze, die man als, vorsichtig gesagt, deutsch-kritisch verstehen könnte. Und natürlich galt das auch mir, denn ich verstand mich schon als Deutscher, es war und ist Teil meiner Identität. Deshalb glaube ich zu wissen oder zumindest zu ahnen, was es bedeutet, der »Andere« zu sein, eben nicht voll dazu zu gehören und dem auch kaum entfliehen zu können.

In Deutschland wuchs ich, wie so viele, als Deutscher unter Deutschen auf. Mein Migrationshintergrund, wenn man den Begriff hier verwenden will, spielte eigentlich nie eine Rolle, denn ich fiel nicht durch meine Hautfarbe auf. Eher war er etwas Besonderes und Interessantes. Es gab aber immer mindestens zwei Kulturen in meinem Leben, eine deutsche und eine belgische, die eine stärker, die andere schwächer. Ich habe das als Bereicherung empfunden. Die Sehnsucht nach kultureller Reinheit, dem Leben in nur einer Kultur, ja die mancherorts geforderte Verurteilung der Übernahme »fremder« Kulturelemente finde ich aufgrund meiner Erfahrungen seltsam, ja absurd.

Meine Identität wurde eher dadurch geprägt, dass ich Zwilling bin, lange schielte, über nur ein eingeschränktes räumliches Sehen verfüge, viele Jahre dicke Brillen trug und lispelte. Als Kind und Jugendlicher in den Siebziger- und Achtzigerjahren waren mit all dem unschöne Erfahrungen verbunden, die ich aber nicht als Diskriminierungen aufbauschen will. Dieses Wort ist passender für Erfahrungen von Kindern, die zum Beispiel in einer überwiegend weißen Umgebung mit einer schwarzen Haut ins Leben starten. Aber ich glaube, dass alle Menschen Kränkungen erfahren, größere und kleinere, weh tun sie immer, und sie fressen sich fest. Zugleich können sie uns sensibilisieren für die Benachteiligungen und Demütigungen, die andere erfahren. Sie sollten uns mahnen, jede Diskriminierung anderer zu vermeiden, ja gegen sie aufzustehen, wenn nötig.

Ich bin ein Mann und heterosexuell – an beiden Grundbedingungen meines Lebens habe ich selten oder nie gezweifelt. Ich weiß, dass auch diese beiden Faktoren in bestimmten Situationen mit Vorteilen verbunden sind, da man so weniger Diskriminierung erlebt – manche Männer bezweifeln gar, dass es sie anderen gegenüber gibt, die in der unausgesprochenen Hierarchie der gesellschaftlichen Wertschätzung weiter unten rangieren. Homosexuelle Freund*innen erzählen mir von solchen Diskriminierungen, die sie noch immer erleben. So etwas qua Geburt oder sexueller Orientierung nicht erfahren zu müssen, ist ein Privileg, natürlich.

Ich bin in Westdeutschland in eine recht bildungsbeflissene Mittelstandsfamilie hinein geboren worden – auch dies sind unverdiente Vorzüge, die einen Startvorteil bedeuten. Weniger als manche andere habe ich um Anerkennung und Bildung oder gegen Armut kämpfen müssen. Eine Herkunft aus einer armen, obendrein bildungsfernen Familie erhöht die Hürden im Wettlauf des Lebens, wie Paulus das nennt, auf eine nicht gleich sichtbare Weise in einem viel größeren Maße, als mir das früher bewusst war.

Meine Mutter ist katholisch, mein Vater war evangelisch. Ich selbst bin seit der Taufe katholischer Christ, und das ist gut so. Mein Glaube ist kein unwichtiger Teil meiner Identität, meiner Sprecherposition. Er machte und macht mich in manchen, mir weltanschaulich nahen linken Kreisen zu einer etwas belächelten Ausnahme. Umgekehrt habe ich mich auch im klassischen katholischen Milieu immer als Außenseiter empfunden, als linker Außenseiter nämlich. Denn mein Glaube ist geprägt von der marxistisch gefärbten Befreiungstheologie, die ich durch intensive Erfahrungen im wunderbar bunten Brasilien kennengelernt habe. Es wäre auch hier völlig übertrieben, von Benachteiligung oder Diskriminierung zu sprechen. Aber es bringt die Erfahrung mit sich, nicht wirklich dazu zu gehören, zu keiner Gruppe. Ich glaube, die wenigsten Menschen gehören, wenn man genauer hinschaut, irgendwo ganz dazu: Leben ist Differenz.

Trotz meiner jahrelangen journalistischen Beschäftigung mit dem Missbrauchsskandal in der katholischen Kirche bin ich weiter katholisch. Denn da ist noch die für mich wesentliche und wunderbare Liebesbotschaft der jüdischen »Person of Color« (PoC) Jesus von Nazareth. Sie kennt keine Form des Rassismus, sie markiert das Gegenteil davon. Die katholische Weltkirche mit ihren rund 1,3 Milliarden Menschen weltweit und mit ihrem Schwerpunkt im globalen Süden umfasst, so konservativ sie auch sein mag, doch seit Jahrhunderten alle Hautfarben und Kulturen. Auch deshalb halte ich Rassismus für unchristlich, für unkatholisch und für eine, theologisch gesprochen, Sünde. Das bestimmt meine Sprecherposition ebenfalls.

Mein deutscher Großvater war in der NSDAP und der SA; nach 1945 hat er als Jurist und Beamter trotz (oder wegen?) seiner Vergangenheit im Bonner Justizministerium Karriere gemacht. Er kommt sogar in historischen Büchern namentlich vor, als Beispiel eines typischen Karrieristen; auch antisemitische Aussagen von ihm sind darin zu lesen. Macht mich all das zu einem Menschen mit Täterhintergrund? Auch dies ist jedenfalls Teil meiner Identität und bestimmt meine Sprecherposition. Ich bin überzeugt, es ist klug zu sagen, aus der Geschichte des Holocaust erwächst für die Generationen der Deutschen nach 1945 keine Schuld, aber Verantwortung: für die Erinnerung, die Gegenwart und die Zukunft. Schuld ist immer individuell und wird nie vererbt, übrigens auch nicht von »Weißen« im Westen. Darauf werden wir zurückkommen.

Vor zwanzig Jahren habe ich eine jüdische Frau geheiratet. Ich habe ein Buch über Antisemitismus geschrieben und jüdische Freundinnen und Freunde gewonnen – Hobbypsycholog*innen mögen spekulieren, ob ich hier unbewusst meiner Familiengeschichte entfliehen will. Ich glaube, das hat eher etwas mit Zufall oder Fügung zu tun, und ganz bestimmt mit Liebe und Zuneigung. Wenn ich früher am Polizeischutz vor der jüdischen Grundschule meiner Kinder vorbeilief und hoffen musste, dass die Beamt*innen einen guten Job machen, war das Gefühl von Diskriminierung, auch von Angst um meine Liebsten, sehr nah. Meine Kinder und manche Freund*innen bekommen gelegentlich antisemitische Sprüche zu hören. Aber sollte das die Identität meiner Kinder bestimmen?

Vielleicht ein letzter Gedanke in dieser Selbstbefragung: Ich bin in Hanau aufgewachsen und war recht froh, als ich mit Anfang zwanzig von dort wegkam, auch wenn ich die Stadt heute bei gelegentlichen Besuchen als bunter, schöner und liebenswerter erlebe als damals. Natürlich ist Hanau so etwas wie Heimat. Die rassistischen Morde dort im Februar 2020 haben mich deshalb umso mehr schockiert. Ich glaube schon, dass hier etwas Neues und Schreckliches passiert ist, ebenso wie beim antisemitischen Anschlag in Halle wenige Monate vorher. Rassismus und Antisemitismus müssen stärker und besser als früher bekämpft werden, sicher auch mit neuen Mitteln. Ob allerdings Identitätspolitik grundsätzlich der richtige Weg dafür ist, daran melden wir in unserem Buch Zweifel an.

Das sei zum Schluss dieser *Confessiones* noch einmal betont: Mir ist klar, dass nicht-weiße Menschen die Realität meist anders und härter erleben als ich, Diskriminierung ist für sie unentrinnbarer Alltag. Es kann sein, dass ich vieles davon nicht verstehe. Aber die ausschlaggebende Bedeutung, die der Position eigener Betroffenheit in vielen identitätspolitischen Diskursen zugedacht wird (und die dann auch nicht hinterfragt werden darf, will man nicht als rassistisch dastehen), halte ich für falsch.

Was eigentlich ist Identitätspolitik?

Was genau Identitätspolitik bedeutet, ist umstritten. Nachdem der Begriff vor etwa 45 Jahren aufgekommen war, wurde er zunächst meist als passend akzeptiert und wohlwollend genutzt. In letzter Zeit gerät er jedoch zunehmend in die Kritik. Er sei zu ungenau, beschreibe zu viele unterschiedliche Phänomene und sei mittlerweile zu einem Kampfbegriff verkommen, der fast nur von Gegner*innen der Identitätspolitik in abwertender Absicht genutzt werde. Das aber stimmt unserem Eindruck nach nicht, wie etwa der oft gelobte Roman *Identitti* von Mithu Sanyal oder ein einschlägiges Sachbuch von Alice Hasters *(Was weiße Menschen nicht über Rassismus hören wollen aber wissen sollten)* zeigen, die beide die Grundgedanken der Identitätspolitik und auch den Begriff Identitätspolitik selbst mit grundsätzlichem Wohlwollen beschreiben und nutzen. Wir halten den Begriff »Identitätspolitik« ebenfalls weiter für sinnvoll und nützlich.

Das Besondere am Begriff und Konzept Identitätspolitik ist vor allem, dass in ihm von Anfang an ein Theoriegebäude mit einem Politikansatz verflochten war. Das macht eine allseits anerkannte Definition zusätzlich schwierig. Trotzdem ist bis heute keine bessere Bezeichnung gefunden worden, um Phänomene, die durchaus in (enger) Beziehung zueinanderstehen, sinnvoll gemeinsam zu erfassen. Deshalb sei hier eine Definition gewagt, die einen gewissen Konsens widerzuspiegeln scheint.

Demnach ist Identitätspolitik der Name für einen politischen Ansatz und ein Theoriegebäude, die in erster Linie diskriminierte Gruppen der Gesellschaft in den Blick nehmen und deren Lage verbessern, ihre Anerkennung (oder Sichtbarkeit) erhöhen wollen. Diese Gruppen werden – so die grundlegende Theorie –

definiert oder definieren sich selbst vor allem durch ihre ethnische, sexuelle oder kulturelle Prägung oder durch äußere Merkmale wie etwa die Hautfarbe oder »Behinderungen«, die sie von der Mehrheitsgesellschaft oder den mächtigen Gruppen in der Gesellschaft unterscheiden. Das ist oft verbunden mit Diskriminierung durch die Mehrheitsgesellschaft. Die (besondere) Prägung dieser Gruppen wird dabei als so bestimmend gesehen (oft sowohl innerhalb wie außerhalb der Gruppe), dass sie als essentieller Teil auch ihrer einzelnen Angehörigen betrachtet wird, also als ein Merkmal, ohne das die jeweilige Person kaum verstanden werden kann (und sich vielleicht selbst kaum versteht).

Auch wenn jeder Mensch natürlich verschiedene Merkmale und Prägungen in sich vereint (also etwa: Frau, Managerin, Mutter, Ehefrau, Deutsche, Europäerin …), so wird im identitätspolitischen Konzept eine dieser Prägungen oder eines der Merkmale als bestimmend erachtet, sei es durch eigene Wahl oder durch gesellschaftliche Zuschreibung oder Markierung – eben als *die* Identität des jeweiligen Menschen. So stehen innerhalb der meisten (diskriminierten) Gruppen nicht die selbstverständlichen, weil menschlichen Differenzen untereinander im Vordergrund, sondern man betrachtet sich in der Regel als weitgehend homogen und wird meist von der Gesellschaft, dem Außen dieser Perspektive, auch so angesehen. Einfach gesagt: Die Mehrheitsgesellschaft sieht zum Beispiel in einer Frau vor allem die Lesbe, nicht die Managerin, Mutter, Deutsche, Europäerin et cetera.

Der Begriff »Identitätspolitik« *(identity politics)* entstammt, so der traditionelle Verweis in der Wissenschaft, einer Gemeinschaft schwarzer, lesbischer und feministischer Frauen in Boston, die ihn in einer programmatischen Selbstbestimmung im April 1977 erstmals nutzten. Diese Gruppe nannte sich »Combahee River Collective« in Erinnerung an eine Kampfhandlung während des Amerikanischen Bürgerkriegs, bei dem am Combahee River in South Carolina 1863 rund 750 schwarze Sklav*innen befreit wurden beziehungsweise aus ihrer Knechtschaft fliehen konnten. Maßgebliche Hilfe leistete dabei die ehemalige Sklavin Harriet Tubman (etwa 1820 – 1913), die sich Jahrzehnte lang und sehr mutig für die Sklavenbefreiung und später auch für die Frauenbewegung eingesetzt hat.

In dem Manifest von 1977 schreibt das »Combahee River Collective«, ins Deutsche übertragen: »Wir haben erkannt, dass die einzigen Menschen, die sich genug um uns kümmern, um konsequent für unsere Befreiung zu arbeiten, wir selbst sind. Unsere Politik entwickelt sich aus einer gesunden Liebe zu uns selbst, unseren Schwestern und unserer Gemeinschaft, die es uns ermöglicht, unseren Kampf und unsere Arbeit fortzusetzen. Diese Konzentration auf unsere eigene Unterdrückung ist im Konzept der Identitätspolitik enthalten. Wir glauben, dass die tiefgreifendste und möglicherweise radikalste Politik direkt aus unserer eigenen Identität hervorgeht, anstatt daran zu arbeiten, die Unterdrückung anderer zu beenden.«

Tatsächlich haben die lesbischen schwarzen Frauen diesen Kernsatz ihrer Erklärung so offen formuliert, dass er mit nur wenigen Änderungen anschlussfähig für andere Minderheiten ist, weshalb diese den hier genannten Begriff und die Strategie der Identitätspolitik relativ einfach übernehmen konnten. Wichtig hier anzuführen ist auch, dass das »Combahee River Collective« die Idee der Mehrfachunterdrückung beziehungsweise -benachteiligung mitprägte, wonach sie nicht nur als Frauen, sondern eben auch als Schwarze und als Lesben unterdrückt seien. Das war ein Gedanke, der auch die feministische Bewegung beeinflussen sollte. Dieser internationalen Bewegung fühlte sich das Kollektiv zwar zugehörig, warf ihr aber gleichzeitig vor, die spezifische Unterdrückung schwarzer Frauen zu wenig zu beachten, ja in Teilen gar selbst rassistisch zu sein.

Außerdem mündete diese Analyse der Mehrfachunterdrückung später in den Begriff und die Theorie der Intersektionalität, die bei der Identitätspolitik noch eine große Rolle spielen sollte. Die Universität Bielefeld beschreibt diesen nicht einfachen Begriff recht klar und bündig so: »In der Wissenschaft bezeichnet diese Perspektive den Anspruch, gesellschaftliche, institutionelle und subjektbezogene Dimensionen bei der Untersuchung von sozialen Ungleichheiten und Diskriminierungsformen zu verbinden.« Der Grundgedanke dabei ist, dass man eben auf mehrere

Weise diskriminiert werden kann, also zum Beispiel als Schwarze, als Frau und als Lesbe gleichzeitig.

Auch die Idee eines »strategischen Essenzialismus« hat beim »Combahee River Collective« einen ihrer Ursprünge. Demnach muss man, wenn man seine Ziele erreichen will, die eigene Identität zunächst betonen, um dies aufgeben zu können, sobald diese Ziele erreicht sind – im besten Fall und in der Theorie zugunsten des klassischen Universalismus: Alle Menschen sind – dann – gleich. Wieder einfacher gesagt: Ich betone heute mein Frausein, um morgen mein Menschsein zu betonen, wenn Gleichberechtigung erreicht ist.

Der Anstoß des »Combahee River Collective« wurde, so die Idee in anderer Form oder mit anderem Namen nicht schon länger bestand, seit den Siebzigerjahren vor allem in den USA von vielen Minderheitenkollektiven übernommen, von afroamerikanischen Gemeinschaften anderer Prägung etwa, von homosexuellen, asiatisch- oder hispanischstämmigen, von indigenen oder Behindertengruppen et cetera. Angehörige dieser gesellschaftlichen Gruppen betonten ihre Erfahrungen als Opfer von Diskriminierung, gingen also von ihrer eigenen Unterdrückung aus, aber wollten dies in politische Aktion übersetzen. Individuelle Erfahrungen wurden und werden zu einem Impuls für das kollektive Handeln. Die Opfer der Gesellschaft bemächtigten sich ihres eigenen Schicksals, um es etwas pathetisch zu sagen.

Alice Hasters, TV-Journalistin unter anderem für die ARD, beschreibt ein wesentliches Anliegen dieses Ansatzes in ihrem Buch *Was weiße Menschen nicht über Rassismus hören wollen aber wissen sollten* an einem Beispiel so: »Mit ›Identitätspolitik‹ war ursprünglich gemeint, dass die eigene Identität, ob selbst gewählt oder nicht, die Perspektive auf politische Entscheidungsprozesse beeinflusst (...) Menschen mit Behinderung machen die Erfahrung, dass die Welt nicht auf ihre körperlichen Bedürfnisse und Fähigkeiten ausgerichtet ist (...) Es wäre sehr unwahrscheinlich, dass diese Person, nur weil sie selbst nicht gehen kann, keine Treppen einplant. Viel eher denkbar wäre, dass – umgekehrt – eine nichtbehinderte Person die Rampen vergisst. Wenn marginalisierte Menschen also in Entscheidungsprozesse einbezogen werden, ist die Wahrscheinlichkeit höher, dass dabei mehr Menschen berücksichtigt werden, besonders dann, wenn sie sich ihrer Identität bewusst sind. Das ist die ursprüngliche Idee von Identitätspolitik.« Ihrer Meinung nach handelt es sich dabei nicht einmal um eine besondere Strategie: »Eigentlich macht jede Person Identitätspolitik. Die diskriminierten öfter bewusst und die privilegierten öfter unbewusst.«

Diese Gedanken der ursprünglichen Identitätspolitik fanden vor allem an den US-amerikanischen Universitäten viele Anhänger*innen und wurden dort weiterentwickelt, häufig, indem man sie mit der Philosophie französischer Denker*innen des 20. Jahrhunderts verband. Dazu zählte Michel Foucault, der die gesamte Gesellschaft (nicht nur die Politik) vor allem in Machtkategorien begriff und das Ansehen von und das Wissen über Menschengruppen stark in der Logik dieser Macht analysierte – und weniger in der Kategorie der Normen, der »Wahrheit« und ihrer Historizität, das heißt ihrer geschichtlichen Bedingungen, die damit zusehends als Kriterien verschwanden oder zumindest unwichtiger wurden. Auch sein Kollege Jean-François Lyotard zog vermeintlich Sicheres in Zweifel, indem er die These aufstellte, dass Wissen ebenfalls relativ sei, da es unter politischen und gesellschaftlichen Machtverhältnissen entstehe. Entscheidend war dabei das Wort »Narrativ«, ein Begriff, der in vielen akademischen Zirkeln des frühen 21. Jahrhunderts als Wort der Meistererklärung durchgehen dürfte. Bis dahin scheinbar unverrückbare Kriterien der Welterkenntnis wie Wissen, Normengefüge, ja sogar Realität und Wahrheit wurden so zu relativen, vor allem durch Machtverhältnisse gestalteten Wirklichkeiten.

Hinzu kamen schließlich die ebenfalls französischen Philosophen Jacques Derrida und Roland Barthes, die, die für das identitätspolitische Konzept wesentliche Idee hatten, dass die Macht der herrschenden Gruppe in der Gesellschaft wesentlich über die Sprache funktioniere, mit der die Menschen die Wirklichkeit begreifen, ja, mehr noch, sie überhaupt erst konstruieren und damit als gegeben anerkennen. Praktisch die gesamte Wirklichkeit (oder: »Wirklichkeit«) werde durch die Sprache gestaltet und verstanden. Als Ausdruck von Macht durchziehe sie buchstäblich alle Poren des Gesellschaftlichen, seien es Wissenschaft, Kultur, Politik, Gesetze oder Sitten.

All diese Philosophen der Postmoderne und des Poststrukturalismus, wenn man sie so nennen und zusammenfassen will, genossen sowohl in Europa als auch in den USA, dort mit dem Label »French Theory« versehen, eine Weile großes Ansehen. Und zwar auch deshalb, weil ihre Ideen etwas Subversives, gar Revolutionäres hatten, boten sie doch für Unterdrückte oder Diskriminierte ein starkes, wenn auch nur philosophisches Mittel gegen die fast unentrinnbare Realität der Macht in Politik, Sprache und Gesellschaft, nämlich das Mittel der Dekonstruktion von scheinbar festen Normen und Verhältnissen zum Ziele neuer Erkenntnisse – und als Ausgangspunkt für eine erhoffte neue Gesellschaft. Die Dekonstruktion des Bekannten hatte dabei häufig an sich schon einen sehr großen Wert.

Die Idee, dass Menschen über Sprache die Realität nicht nur beschreiben, sondern in gewisser Weise erst schaffen, wurde für die Identitätspolitik sehr wichtig, ja, zentral. Denn auf Sprache, anders als auf ökonomische Prozesse, hatten die Akteur*innen als akademisch Qualifizierte Einfluss, konsequenterweise lässt sich Sprache dann als Werkzeug einsetzen, um das Denken und am Ende auch die Realität zu verändern. Das ist ein Grund dafür, warum beim identitätspolitischen Ansatz die richtige Schreib- und Redeweise von entscheidender Bedeutung ist. Hinzu kommt, dass aus poststrukturalistischer Perspektive die Begriffe wahr, falsch und objektiv nur noch als fluide verstanden werden – das trifft sich mit der starken Orientierung an der Subjektivität und eigener Betroffenheit im identitätspolitischen Opferdiskurs. Aber es macht auch einen rationalen, um Objektivität bemühten Diskurs offenkundig schwerer.

Ungefähr ab den Neunzigerjahren wurde vor allem an den US-Universitäten versucht, die zumindest so verstandenen postmodernen Theorien irgendwie in die Praxis umzusetzen, also die Machtverhältnisse nicht zuletzt durch Sprache zu »dekonstruieren«, und das vor allem mit einem Ziel: »Social Justice«, also soziale Gerechtigkeit, für Minderheiten. So entstanden im Laufe der Jahre mehrere Forschungszweige, die sich nicht nur der Welterkenntnis verschrieben, sondern die Welt auch gestalten und verbessern wollten, und zwar meist mit hohem moralischem Anspruch. Die neuen Disziplinen trugen Namen wie »Queer Studies« oder »Gender Studies«, man könnte wohl auch Teile der »Postcolonial Studies« sowie die interdisziplinären Ansätze der »Fat Studies« oder »Disability Studies« dazu zählen. Sie arbeiteten mit neuen Theorieansätzen und Konzepten wie »Critical Whiteness«, »White Privilege«, »Mikroaggressionen« und der schon genannten »Intersektionalität«, Ideen, auf die wir später noch einmal kommen werden.

Besondere Bedeutung erlangte vor allem in den USA die »Critical Race Theory«, die Rassismus nicht nur als eine schädliche Ansicht verblendeter Einzelner begreift, sondern davon ausgeht, dass er in den Strukturen der staatlich-politischen Institutionen und der gesamten Gesellschaft wie eine DNA angelegt sei. Dabei diene die Idee und Ideologie der Existenz von »Menschenrassen« (races) bewusst oder unbewusst dazu, die weiße Vorherrschaft in den USA vorder- oder untergründig zu verfestigen oder weiter laufen zu lassen. Die »Critical Race Theory« analysiert folgerichtig nicht nur gesellschaftliche, politische und wirtschaftliche (Verteilungs-)Kämpfe vor allem mit der Kategorie der Macht, sondern sie sieht sie auch konsequent durch die Schwarz-Weiß-Brille. Der »strukturelle Rassismus« sei in der US-Gesellschaft derart bestimmend, dass im Kampf gegen ihn auch wesentliche liberale Grundprinzipien wie etwa die Gleichheit vor dem Gesetz und der Rationalismus der Aufklärung zumindest in Frage gestellt werden können. Schätzungen zufolge kann die »Critical Race Theory« in den USA an über 200 Hochschulen studiert werden.

Mit Blick unter anderem auf die verwandten »Queer Studies« oder »Gender Studies« schreibt Judith Sevinç Basad in ihrem Buch *Schäm Dich! Wie Ideologinnen und Ideologen die Welt in Gut und Böse einteilen* (2021) pointiert: »Im Zentrum dieser neuen Disziplinen steht nicht mehr der Anspruch, aufzuzeigen, wie die Welt ist, sondern wie die Welt zu sein hat. Diese ›Social-Justice-Disziplinen‹ haben nichts mehr mit klassischer Wissenschaft zu tun. Vielmehr wurde hier aus einzelnen Bausteinen der Postmoderne eine neue Theorie gebastelt, die dann in Politik und Gesellschaft als absolute Wahrheit gelten soll.« Basad nutzt folgerichtig vor allem den Begriff »Social Justice Warriors«, um die identitätspolitischen Aktivist*innen zu bezeichnen – also Soziale-Gerechtigkeits-Krieger*innen. Sie sind Teil eines Milieus, das sich als »woke« versteht, also als »erwacht«, eingeweiht und auf der Höhe der moralischen Superstandards, weil es die angeblich strukturelle Unterdrückung der Minderheiten verstanden habe und zu dekonstruieren bereit sei.

Längst haben diese Ideen sich von den US-Universitäten in die übrige Gesellschaft verbreitet und den Sprung über den Atlantik vollzogen. Auch in Europa beziehen sich immer mehr Menschen in ihrer Weltsicht auf Kategorien wie »weiß« oder »schwarz«, die angeblich unentrinnbare Identitäten, Denkweisen und Verhaltensmuster bedeuteten oder nach sich zögen.

Gegen diese Konzepte aber gab es schon recht früh Kritik von der klassischen Linken und von Teilen der internationalen Frauenbewegung. Eine Kritik, die bis heute anhält. Nicht zuletzt feministische Theoretikerinnen griffen das identitätspolitische Konzept an, wie es in der Erklärung des »Combahee River Collectives« so stimmig auf den Punkt gebracht worden ist. Die französische lesbische Feministin Caroline Fourest etwa, die in ihrem Buch *Generation Beleidigt: Von der Sprachpolizei zur Gedankenpolizei* aus dem Jahr 2020 spitz schreibt, dass die identitätspolitischen Gruppen in den USA »von der akademischen Elite gehätschelt« worden seien, lässt schon am »Combahee River Collective« kaum ein gutes Haar: »Anstatt sich der Frauenbewegung anzuschließen, hielt die Gruppe es für revolutionärer, sich auf ihre eigene Identität zu konzentrieren.« Die »eigene Nabelschau« sei »wichtiger, als für das Wohl der ganzen Welt zu kämpfen.«

Fourests Kritik an der Identitätspolitik aus feministischer Sicht läuft darauf hinaus, dass diese partikularistisch ticke und unsolidarisch sei. Das Konzept verhärte lediglich Identitäten, anstatt mehr Gerechtigkeit herbeizuführen. Fourest bezieht sich dabei auf die feministische Theoretikerin Shane Phelan, die bereits 1989, in jener Zeit, als die Eisernen Vorhänge der sozialistischen Staaten zu fallen begannen, warnte: »Wenn wir die Identitätspolitik zu einer Forderung nach Reinheit auf allen Ebenen unseres Lebens machen, schaden wir den Kämpfen, die wir einst zu führen begonnen haben.« Fourest meint, Phelan habe zurecht noch mehr Spaltungen in der Linken vorausgesagt: »Nichtverhandelbare Identitäten werden uns versklaven, mögen sie uns nun von innen oder außen aufgezwungen werden.« Tatsächlich herrscht in identitätspolitisch geprägten Gruppen häufig eine fast zwanghafte Affinität für die reine Lehre und eine in diesem Sinne perfekte Sprach- und Lebensweise – einschließlich des schnellen Ausschlusses oder der Distanzierung von Menschen, die gegen diese (zum Teil unausgesprochenen) Regeln der Eindeutigkeit und Reinheit verstoßen.

In eine ähnliche Kerbe schlägt die Linken-Politikerin Sahra Wagenknecht in ihrem Buch *Die Selbstgerechten. Mein Gegenprogramm – für Gemeinsinn und Zusammenhalt,* das im Frühling 2021 erschienen ist und so scharfzüngig im linken Milieu austeilt, dass ein Parteiausschlussverfahren gegen sie angestrengt wurde und ihre politische Karriere beinahe am Ende gewesen wäre. Wagenknecht stört sich unter anderem an der Unantastbarkeit, ja Immunisierung des Opferbegriffs: »Letzteres ist der eigentliche Clou der Identitätspolitik: Mitglieder einer Opfergruppe zu kritisieren ist ein Tabu und der schlimmste Fauxpas, den Vertreter der Mehrheit begehen können. Das wird damit begründet, dass Mehrheitsmenschen sich per se nicht in das Innenleben und die Weltsicht einer Minderheit hineinversetzen können, weil sie lebenslang ganz andere Erfahrungen gemacht haben und daher zwischen ihrer Gefühlswelt und jener der diversen Minderheiten unüberwindbare Mauern existieren. Der Versuch, solche Mauern einzureißen, gilt nicht nur als aussichtslos, sondern als aggressiver Akt, den es unbedingt zu vermeiden gilt.«

Welche Konsequenzen das hat, bringt Wagenknecht in ihrem Buch so auf den Punkt: »Wo es noch nicht mal die Chance zum Mitempfinden gibt, existiert schon gar keine Möglichkeit der rationalen Verständigung. Da jede Opfergruppe sich auf ihre ganz spezifischen Gefühle und Gedanken berufen kann, zu denen Nicht-Dazugehörige gar keinen Zugang haben, zerschellt an dieser Mauer die Macht des begründeten Arguments.«

Und Wagenknecht geht noch weiter: Auf einer grundsätzlichen Ebene sieht sie eine tendenzielle Abkehr von philosophisch-aufklärerischen Grundmaximen durch zumindest Teile der identitätspolitischen Bewegung. Geschult an Marx und Hegel, schreibt sie, teils polemisch: »Stand die traditionelle Linke in der Tradition der Aufklärung und setzte auf die Kraft rationaler Argumente, auch in dem Selbstbewusstsein, im Vergleich zur gesellschaftlichen Rechten die besseren zu haben, begräbt die Identitätspolitik den Anspruch, eine rationale Debatte auch nur führen zu können, und überhöht diffuse Empfindungen und mimosenhaftes Beleidigtsein. Moralisieren ersetzt Argumentieren, und statt mit Gründen versucht man, Andersdenkende mit Tabus zu schlagen.«

Auch der »linksliberale Feldzug« gegen Philosophen der Aufklärung wie Kant und Hegel sei durchaus keine bloße Marotte und habe wohl nicht nur damit zu tun, dass diese Denker die heutigen Maßgaben politisch korrekten Sprechens nicht beherzigt hätten. »Im Kern geht es um die Absage an den Anspruch, in Debatten weitestmöglich die eigene Vernunft zu gebrauchen, wenn die Aufklärungsphilosophie als eurozentristisches und kolonialistisches Projekt verworfen wird.«

Gerade traditionelle Linke haben in jüngster Zeit die Schattenseiten von zumindest Teilen der Identitätspolitik herausgearbeitet. Die US-amerikanische Philosophin Susan Neiman etwa, die in Potsdam das Einstein-Forum leitet, sieht sogar einen unbewussten, sagen wir: bösen Mit-Gründervater der Identitätspolitik: »Im Grunde ist es Carl Schmitt: Es ist ein Freund-Feind-Denken. Alles wird auf Machtdemonstrationen reduziert – und das wird als links deklariert. Es ist auch kein Zufall, dass Carl Schmitt vor etwa dreißig Jahren in bestimmten linken akademischen Kreisen eine gewisse Renaissance genossen hat.«

Den Boden dafür hat ihrer Meinung nach, so führt sie es im Gespräch mit uns aus, die schon erwähnte französische postmoderne Philosophie bereitet: »Dass die Linke, die ja traditionell universalistisch ist, dieses tribalistische Denken übernommen hat, liegt wohl vor allem an Michel Foucault, der ja die Scheinheiligkeit der Liberalen entlarven wollte, denn die universellen Ansprüche vieler Liberaler seien eigentlich nur Machtansprüche. So rede man über Menschenrechte, aber wolle in Wirklichkeit nur die eigenen Interessen durchsetzen, meinte Foucault.« Das alles habe für die Identitätspolitik weitreichende Folgen, analysiert Neiman: »Daraus wird geschlossen, es gebe überhaupt keine Ansprüche auf Liberalität, Würde, Menschenrechte oder universelle Gerechtigkeit. Denn das seien nur Tarnungen für Machtinteressen. Das haben Foucault und Carl Schmitt übrigens gemeinsam. Und das wird seit circa 30 Jahren an den Universitäten gelehrt. Das sickert dann in die Medien ein und liegt in der Luft.«

Dass die Identitätspolitik vor allem an den US-Universitäten so stark werden konnte, hat nach Meinung der Philosophin mit Versäumnissen der Linken dort nach 1989/90 zu tun: Man habe nicht mehr geglaubt, das große Ganze verändern zu können. Eine »linke Aufarbeitung des real existierenden Sozialismus« habe es eigentlich nicht gegeben – »zumindest keine, die sich durchgesetzt hätte. Außerdem gilt die derzeitige neoliberale Ordnung als alternativlos. Wenn man aber nicht mehr glaubt, dass man ein Klassen- oder Wirtschaftssystem grundlegend verändern kann, ist es viel einfacher, über Rassen und ethnische Zugehörigkeiten zu sprechen. Es sind Ausweichthemen.«

Will man über die Herkunft der Identitätspolitik mehr erfahren, ist auch wichtig zu wissen, dass manche identitätspolitische Debatten in etwas anderem Gewand hierzulande schon in den Neunzigerjahren von einer linken progressiven »Elite« verhandelt wurden. Dazu kann die *taz*-Co-Chefredakteurin Ulrike Winkelmann einiges berichten. Angesichts der scharfen identitätspolitischen Debatten in ihrer Redaktion sagte sie uns mit sanfter Selbstironie: »Als gelernte Linksradikale oder meinetwegen auch ›Autonome‹ der Neunzigerjahre bin ich dieses Programm schon einmal durchlaufen.« Winkelmann hat damals in Hamburg studiert und sich in der autonomen Szene der Stadt bewegt. Diese umfasste nach ihrer Einschätzung »ein paar hundert Menschen, vielleicht waren es ein paar Tausend bundesweit. Das hat auch niemanden weiter interessiert, was unsereins diskutiert hat – es sei denn, es wurde mal wieder an einem Einkaufssamstag die Hamburger Innenstadt kurz blockiert.«

Zwischen den Diskussionen in der linken Szene und der heutigen Identitätspolitik sieht sie eine klare Traditionslinie: »Der ganze intersektionale Ansatz, also ›race, class, gender‹, stammt von damals. Ebenso die Ablehnung der altlinken marxistischen Lehre, weil sie eben von alten weißen Männern erfunden wurde. Wir hatten mindestens so stark wie die Klassen- die Rassenfrage im Blick.« Auch die Umsetzung der Theorien nahm zum Teil heutige Praktiken vorweg: »Wir hatten weitere Unterdrückungsfragen im Blick und nahmen für uns in Anspruch, sie alle parallel denken zu können. Dazu gehörte die Überzeugung, die Person dürfe zuerst sprechen, die den stärksten Opferstatus hat, was sie auch selbst definieren kann.« Konkret bedeutete das unter anderem: »Wir hatten Anfang der Neunziger Versammlungen mit der Regel: Die Jungs reden hier zuletzt – und erst, wenn alle Frauen geredet haben.«

Den Hauptunterschied zu damals sieht die *taz*-Chefredakteurin jedoch darin, dass identitätspolitisch geprägte Ideen nicht mehr nur in vergleichsweise engen Zirkeln kursieren. Aber letztlich überwiegen für sie die Gemeinsamkeiten zwischen früheren und heutigen Merkmalen, die sie in »ebenso radikalen Ansätzen, vergleichbarer moralischer Selbstüberhöhung und ähnlichem jugendlichen Ermächtigungston« sieht. »Es werden eben neue Regeln getestet, Normen umgestülpt, geguckt, was geht.«

Die Geschichte ging dabei ihren ganz eigenen Weg, und bei vielen der damaligen Linken kam es zu einem interessanten Läuterungseffekt, so Winkelmann: »Die radikale Linke ist in den Neunzigern durch die radikale identitätspolitische Phase hindurch gegangen und kam universalistisch wieder raus.« Zu diesem Lernprozess trugen auch Anstöße von jungen Aktivist*innen aus dem migrantischen Milieu bei: »Es wurde uns etwa klar, dass jedes Individuum mehr ist als ein multiunterdrücktes Wesen. Die Leute von ›Kanak Attak‹ waren Ende der Neunzigerjahre deshalb so ein Donnerschlag, weil sie wieder viel punkiger, künstlerisch und viel weniger theoretisch waren.« »Kanak Attak« war eine nie ganz fest definierte Gruppe von Menschen, die sich 1998 zusammenfanden, sich als »antinationalistisch und antirassistisch« begriffen und »jegliche Form von Identitätspolitik« ablehn-

ten, »wie sie sich etwa aus ethnologischen Zuschreibungen«
speise. Der Name des losen Personenverbundes ging auf das Buch
Kanak Sprak des türkischstämmigen deutschen Schriftstellers
Feridun Zaimoğlu zurück, der zu den öffentlich lautesten Stimmen der Gruppe gehörte.

Winkelmann schildert die Gedanken der Gruppe so: »Sie sagten: ›Nur weil wir Kanak sind, sind wir nicht sofort unterdrückt –
und hört auf, Euch dauernd mit uns zu solidarisieren.‹ Sie waren
selbstbewusst und forderten, den Kampf kulturell oder in eine
andere Art von Solidarität zu wenden.« Deshalb, so Winkelmann,
könnten nicht wenige ältere Linke aus dem postmigrantischen
Milieu mit der heutigen Identitätspolitik nicht mehr so viel anfangen: »Diese linke Generation vor allem aus Migrantenfamilien
kommt deshalb mit der jetzigen Identitätspolitik nicht so zurecht,
weil viele glauben, man sei doch mit diesem Ansatz in den Neunzigern fertig geworden.« Das sei »auch ein Generationending«.

Die Jugend geht eben ihre eigenen und radikalen Wege – auch
wenn sie den alten Wegen der vorherigen Generation manchmal
ähneln. Der Furor der identitätspolitischen Bewegung hat, so vermutet unser Gesprächspartner Daniel Kehlmann, viel mit dem
Lebensalter ihrer Protagonist*innen – gerade an den Universitäten – zu tun: »Die Jugend ist grundsätzlich eine Zeit, in der man
besonders stark von Reinheitsfantasien geprägt wird. Wenn diese
Jugend dann wie in der Kulturrevolution in China vor 50 Jahren
Macht bekommt, Menschen hinzurichten, dann führt es in die
Apokalypse. Natürlich auf eine viel harmlosere Weise hat man
das heute an den amerikanischen Universitäten. Die Studenten
meinen, sie haben das Vorrecht, die Welt zu reinigen, die ja wirklich schmutzig ist und voller schrecklicher Kompromisse.« Die
Radikalität der Jugend – Kehlmann sagt, er kenne sie von sich
selbst. Mit Anfang Zwanzig habe er Karl Kraus bewundert und
sei auch »dauernd wütend auf diese Welt voller Korruption« gewesen, »während es doch eine Welt der reinen Literatur gebe.«
Allerdings: »Über diese natürlich grundsätzlich völlig berechtigte
Empörung der Jugend muss man aber mit der Zeit hinwegkommen, denn die Dinge liegen eben doch komplizierter. Das gilt übrigens besonders auch für Karl Kraus.«

Wie auch immer, spätestens in den Neunzigerjahren trat jedenfalls eine hier zu erwähnende ältere Schwester der Identitätspolitik ihren gesellschaftlichen Siegeszug an: die politische Korrektheit, »Political Correctness«. Sie ist in erster Linie ein kommunikatives Prinzip und erhebt den Anspruch, sich durch den Sprachgebrauch (eher seltener: durch Handlungen) darum zu bemühen, dass niemand diskriminiert, beleidigt, verletzt oder gekränkt wird – und zwar nach der Maßgabe, dass diskriminierte Gruppen selbst bestimmen, welche Wörter (oder Handlungen) sie als diskriminierend empfinden.

Die politische Korrektheit will solche Begriffe vermeiden und sie durch andere, vielleicht sogar neu geschaffene Wörter ersetzen. Im amerikanischen Englisch stehen beispielsweise die Worte »negro – black people – coloured people – African-Americans« für diesen Versuch. Während die Worte »negro« und »coloured people« als nicht mehr politisch korrekt gelten, weil sie von den so Bezeichneten als diskriminierend erlebt werden, haben sich die Worte »black people« oder »African-Americans« weitgehend als politisch korrekt durchgesetzt.

»Afroamerikanisch« ist allerdings insofern problematisch, als es de facto die weiße Bevölkerung als Maßstab setzt – und daraus abgeleitet für alle Nicht-Weißen die jeweiligen geographischen Hintergründe benennt. Dabei sind alle Menschen in den USA Einwanderer*innen oder deren Nachkommen, bis auf die Menschen, die von den »first nations«, den indigenen Ureinwohner*innen, abstammen. Wenn »afroamerikanisch« als Wort erhalten bliebe, müssten Weiße eigentlich als »euroamerikanisch« bezeichnet werden.

Es waren wiederum US-Hochschulen, von denen das Bemühen um politisch korrekte Sprache ausging, und etwa ab Mitte der Achtzigerjahre wurden diese Sprachkonventionen gesellschaftlich immer wichtiger. Im Laufe des folgenden Jahrzehnts wurde »Politische Korrektheit« jedoch von konservativer Seite als politischer Kampfbegriff genutzt, um linke oder liberale Entwicklungen zu diskreditieren. Suggeriert wurde dabei, es gebe einen von einer angeblich linksliberal dominierten Öffentlichkeit verursachten gesellschaftlichen Zwang, die »politisch korrekte«

Sprache zu benutzen. Bald dürfe niemand mehr so reden, wie ihm oder ihr der Schnabel gewachsen ist – wobei das eigentliche, aber unausgesprochene Ziel einer solchen veränderten Sprache sei, Probleme zu verharmlosen, umzudeuten oder zu vertuschen, ja sinnvolle Debatten zu verunmöglichen. Konservative Gruppen stilisierten sich schon damals als Opfer einer Entwicklung, um so besser eine angeblich notwendige Gegenwehr gegen eine linke Dominanz legitimieren und organisieren zu können. Die Debatte um das Für und Wider von »Political Correctness« wurde also zu einem Kampf um öffentliche Macht.

Wir glauben nicht an diese konservative Erzählung, sondern daran, dass eine politisch korrekte Sprache den Diskurs in der Gesellschaft in den meisten Fällen erleichtern oder vielleicht sogar erst ermöglichen kann. Denn wie will man ein ernsthaftes Gespräch führen, wenn man sich dabei einer Sprache bedient, die das Gegenüber als herabwürdigend empfindet? Es geht dabei nicht um eine rein kosmetische Änderung der Sprache, wir sind vielmehr der Überzeugung, dass eine veränderte Sprache in gewissen Grenzen auch Auswirkungen auf die soziale Wirklichkeit haben, ja sie positiv mitverändern kann – was allerdings nicht bedeutet, dass wir den Sprachfuror der identitätspolitischen Hardcore-Aktivist*innen teilen. Uns geht es um Höflichkeit und Respekt, nicht um sprachliche Reinheitsfantasien, weshalb uns auch Gendersternchen nicht recht aufregen können.

Durch Sprache können Menschen in (fertige) Schubladen oder Klassen eingestuft werden (Klassifikation), die sehr leicht in die Hierarchie eines Oben und Unten münden, wie die »Political Correctness« zurecht analysiert. Das führt, wie gesagt, nicht nur zu Verletzungen, sondern womöglich auch zu einer Selbsteinordnung diskriminierter Gruppen in solch eine unselige Hierarchie von Menschengruppen, was auf die Betroffenen gravierende soziale und psychische Auswirkungen haben kann. Die Wiener Philosophin Anna Monika (»Mona«) Singer verwies 2018 in dem Aufsatz »Zur Debatte um Identitätspolitik und politische Korrektheit« auf die Aussagen des Wissenschaftstheoretikers Ian Hacking, der ermittelt hat, dass Klassifikationen von Menschen einen »Looping Effekt« haben: »Menschen werden klassifiziert und dadurch in Gruppen gefasst, und diese Klassifikationen machen etwas mit den Menschen. Denn Klassifikationen im sozialen Raum sind nicht einfach nur Beschreibungen, sondern immer auch Zuschreibungen von sozialen Positionen.«

Die Philosophin betont: »Politische Korrektheit in der Sprache stellt eine Forderung nach einem gesellschaftlichen Schutzschild dar, sodass eine Politik des Natürlichen – Rassismus und Antisemitismus, Sexismus und Homophobie – so nicht mehr öffentlich gesprochen werden kann.« Und das halten wir – im Großen und Ganzen – für sinnvoll. Die Begriffe »politische Korrektheit« und »Identitätspolitik« wurden eine Zeit lang und zum Teil bis heute fast synonym gebraucht. Das ist nicht vernünftig, da dabei Unterschiede unbeachtet bleiben, die unserer Meinung nach entscheidend sind. Die Forderungen der Identitätspolitik gehen nämlich weiter. Ihr geht es darum, auch über den Umweg von Sprachgeboten und -verboten, den Diskurs am Ende selbst vollständig zu dominieren.

Die Identitätspolitik will, zumindest in ihren Auswüchsen, nicht nur bestimmen, wie und mit welchen Wörtern über bestimmte Themen gesprochen wird, sondern auch, welche Themen überhaupt behandelt werden dürfen, welche Positionen noch nicht einmal geäußert werden sollen und wer eigentlich nur schweigen und »lernen« soll. Das aber halten wir nicht für ein probates Prinzip für eine demokratische Gesellschaft und einen offenen gesellschaftlichen Diskurs. In den folgenden Kapiteln wollen wir aufzeigen, wie die Identitätspolitik gleichwohl in den letzten Jahren verstärkt öffentliche Diskurse bestimmt und Macht in der Gesellschaft gewonnen hat. Und was die gesellschaftlichen Kosten dieser Entwicklung sind.

Orte der Identitätspolitik I: USA

Die identitätspolitische Strömung hat drei Hauptorte ihres Engagements oder Kampfes, je nachdem, wie man es nennen will: die Universitäten, die Kulturszene und die Medien. Das ist kein Zufall, denn Identitätspolitik ist vor allem ein Kind der Geisteswissenschaften, und wer aus ihnen nach dem Studium einen Beruf machen will, sucht ihn gerne oder logischerweise entweder wieder an den Unis selbst oder in den eher sprachnahen Berufsfeldern wie dem Kulturwesen oder den Medien. Im Folgenden schildern wir die Wirkung dieser Strömung an allen drei Orten, zunächst mit Blick auf die USA, dem Vorreiterland in dieser Hinsicht, danach wenden wir uns Deutschland zu.

Die Hochschulen

Der *Spiegel* hat im März 2021 einen Professor für Linguistik an der New Yorker Columbia Universität zur Identitätspolitik und ihrer Bedeutung insbesondere in den USA interviewt; John McWhorter, Mitte 50, Anhänger der Demokraten und – was hier (leider) von Bedeutung ist – schwarz. Er hält eine Vorstellung der Identitätspolitik für zentral, nämlich »dass die Stellung von Menschen in der sozialen Sphäre vor allem von Merkmalen wie Hautfarbe oder Geschlecht bestimmt wird«.

Diese Vorstellung wäre an einer Hochschule erst einmal nicht problematisch, wenn sie nicht direkte Auswirkungen auf Forschung und Lehre hätte: »Die Annahme besteht nun darin, dass weiße Männer im Pantheon der Macht sitzen und alle anderen auf verschiedene Art und Weise unterdrücken. Um die Machtverhältnisse zu brechen, dürfen die Aussagen der Unterdrückten niemals in Zweifel gezogen werden. Es kommt also nicht darauf an, was jemand sagt und ob es wahr ist oder falsch, sondern allein auf die Identität desjenigen, der seine Klagen vorbringt.« Dieses Denken und die mit ihm verbundene Praxis hat an den US-Universitäten sehr konkrete und ziemlich hässliche Folgen, wie McWhorter zu Protokoll gibt: »Es gibt inzwischen fast jede Woche einen Fall, wo jemand aus völlig nichtigen Gründen gecancelt wird.«

Mit dem Begriff und dem Phänomen »Canceln« werden wir uns – ebenso wie mit »Deplatforming« – später noch eingehender beschäftigen, hier sei er anhand eines relativ bekannten Beispiels erläutert, von dem McWhorter berichtet: dem Fall Leslie Neal-Boylan. Sie verlor 2020 ihren Job als Dekanin für die Ausbildung von Krankenpfleger*innen an der Universität Massachusetts Lowell. Warum? In einer E-Mail hatte sie nach dem gewaltsamen Tod des Schwarzen George Floyd durch das Vorgehen eines weißen Polizisten kritisiert, dass Schwarze überproportional von Polizeigewalt betroffen sind. Das haben in den USA in diesen Wochen viele beklagt. Das war nichts Besonderes. Was ihr zum beruflichen Verhängnis wurde, war ein Satz, den sie am Ende ihrer E-Mail schrieb: »Black lives matter, but also, everyone's live matters.« (Also ungefähr: Die Leben von Schwarzen spielen eine Rolle – aber die Leben aller anderen auch.)

Für ihre Kritiker*innen vor allem in den Sozialen Medien war dieser Satz unerträglich, relativierte er doch – bei missliebiger Auslegung – den exklusiven Opferstatus der schwarzen Betroffenen von Polizeigewalt, denn, so die Logik, hier gehe es doch vor allem um schwarze Menschen, die Opfer sind – das sollte nicht durch die Nennung aller anderen Opfer an Bedeutung einbüßen. McWhorter empören die Angriffe gegen diese Kollegin, die von einer, sagen wir: zumindest angedeuteten Opferhierarchie getragen waren, und ihre prompten Konsequenzen, gerade weil es um eine engagierte Frau in dieser Profession ging: »Warum verliert eine Frau, deren Aufgabe es ist, Leben zu retten, ihren Job, wenn sie sagt, dass jedes Leben zählt?«

Ein unglücklicher Einzelfall? Davon kann zumindest an den

US-Universitäten nicht mehr die Rede sein – zu viele Einzelfälle ähnlichen Kalibers werden seit langem von dort berichtet. Das fällt mittlerweile sogar im Ausland auf. Der Deutsche Hochschulverband (DHV) betrachtet die Entwicklung in den USA schon seit Jahren mit Sorge. Der DHV ist die Berufs- und Interessenvertretung der an Universitäten tätigen Wissenschaftler*innen in Deutschland. Mit 32 000 Mitgliedern ist er die größte hochschulpolitische Wissenschaftler*innenvereinigung in Europa. Schon 2017 erklärte der Verband, für die Phänomene an den US-Hochschulen noch den heute nicht mehr so üblichen Begriff »Political Correctness« wählend: »Der Konformitätszwang, der durch ›Political Correctness‹ entsteht, lässt sich insbesondere an US-Hochschulen studieren.«

Dort hat sich der Alltag nach der Analyse des DHV vielerorts nachhaltig verändert. Studentische Aktivist*innen kämpften gegen »Mikroaggressionen« und gegen als verstörend empfundene Lehrinhalte. Aus diesen Grund sollen sogenannte »Triggerwarnungen« formuliert werden, kommunikative Signale seitens der Lehrenden, mit denen auf gegebenenfalls verstörende Lerninhalte vorab aufmerksam gemacht werde. Dabei beanspruchten die Aktivist*innen – und das ist der Clou – zugleich die Deutungshoheit über das, was als verstörend empfunden werde. »Lehrende äußern bereits öffentlich, dass sie in ihren Veranstaltungen von der Behandlung heikler Themen lieber Abstand nehmen«, schrieb der Hochschulverband schon vor vier Jahren. Die Lage ist, so scheint es, in dieser Hinsicht, eher schlechter geworden.

Wie äußert sich diese Deutungshoheit über »Mikroaggressionen« im Uni-Alltag? Zunächst erstaunt, was man unter Mikroaggressionen an amerikanischen Colleges alles versteht, wie willkürlich sie sein können – und welche Konsequenzen das alles haben kann. Bekannt wurde in jüngerer Zeit etwa der von der *New York Times* eingehend recherchierte Fall einer Afroamerikanerin, die an der fast 150 Jahre alten, rein weiblichen Elitehochschule Smith College in Massachusetts studierte (Kosten für Unterricht, Kost und Logis pro Jahr bis zu 78 000 Dollar). Wie eine Anwaltskanzlei recherchierte und später in einem 35-seitigen Bericht darlegte, hatte die Studentin im Sommer 2018 in einem

Speisesaal eines über den Sommer geschlossenen Wohnheims gegessen. Sie wurde dort von einem Hausmeister und einem Sicherheitsmann angesprochen, denn der Hausmeister war den Regeln zufolge angewiesen, den Sicherheitsdienst zu benachrichtigen, wenn sich Unbefugte außerhalb der Studienzeit im Wohnheim aufhielten. Beide Männer waren, das muss erwähnt werden, unbewaffnet. Der Sicherheitsbeamte erkannte die Studentin, sie führten ein kurzes und höfliches Gespräch. Die Sache schien erledigt.

Doch danach schrieb die schwarze Studentin auf Facebook: Es wäre durchaus möglich gewesen, dass der Campus-Sicherheitsmann eine »tödliche Waffe« bei sich getragen hätte. Sie sei nahe am »Nervenzusammenbruch« gewesen. »Alles, was ich getan habe, war, schwarz zu sein«, postete die Studentin. »Unglaublich, dass es Menschen gibt, die meine Anwesenheit am College und generell meine Existenz als schwarze Frau in Frage stellen.« In den Sozialen Medien kochte der Fall ungeheuer hoch – mit immensen Folgen.

Die Uni-Präsidentin suspendierte den Hausmeister umgehend vom Dienst (erst nach der anwaltlichen Untersuchung durfte er seine Arbeit wieder aufnehmen). Eine Putzfrau, die auf eine Reporterfrage zu der Affäre verwirrt reagiert hatte, wurde von der Studentin auf Facebook als ebenfalls rassistisch angeprangert. Die Studentin stellte Foto, Namen und E-Mail-Adresse der Putzfrau online; einem anderen, schon Jahrzehnte am College beschäftigten Hausmeister ging es genauso; obwohl er beim Vorfall gar nicht zugegen gewesen war, wurde er öffentlich diffamiert. Die Putzfrau wurde im Zuge des pandemiebedingten Leerstands im College im Herbst 2020 entlassen und bekam, öffentlich als Rassistin geächtet, keinen Job mehr. Besondere Brisanz gewinnt dieser Fall dadurch, dass die Empörung der Studentin, die sich diskriminiert fühlte, dazu geführt hat, dass sozial unterprivilegierte Arbeitnehmer*innen de facto Opfer der ganzen Aktion einer Studentin wurden, die sich als Schwarze wohl eher als unterprivilegiert empfindet. Aber wer war hier, bedenkt man etwa die Studienkosten, wirklich privilegiert?

Doch es geht nicht nur um gravierende persönliche Konse-

quenzen – identitätspolitischer Aktivismus hat auch weitreichende Folgen für die Lehre an US-Hochschulen. Dabei spielt häufig die Expertise der Lehrenden eine geringere Rolle als eine
richtige Abstammung. Dafür steht ein Beispiel vom selben College:
Im Herbst 2019 sollte am Fachbereich Religionswissenschaften
ein Kurs über die Spiritualität der amerikanischen Ureinwohner*innen stattfinden. Der Kursleiter war ein junger, weißer
Lehrbeauftragter, der sich auf das Thema spezialisiert und das
Seminar nach dem Vorbild seines Mentors gestaltet hatte, eines
Professors und Angehörigen des Stamms der Choctaw. Zahlreiche Studierende schrieben sich für den Kurs ein. Doch noch vor
Semesterbeginn klebte eine Handvoll indigener Studierender und
ihre Unterstützer*innen leuchtend rote Plakate auf dem Campus, auf denen sie den Kurs als verletzend, einseitig und respekt-
los verurteilten und den Dozenten attackierten. Die College-Lei-
tung blieb untätig gegenüber den protestierenden Studierenden,
verpflichtete aber den Dozenten zum »radikalen Zuhören«. Am
Ende setzte die religionswissenschaftliche Fakultät die Lehrveranstaltung ab.

Das zeigt: Die Macht der Identitätspolitik in den US-Hochschulen ist auf Angst aufgebaut – Angst auf allen Seiten. An offenbar
recht vielen Universitäten herrscht eine fast panische Furcht
der Hochschulleitungen vor möglichen Shitstorms in den Sozialen Medien oder anderen Protestformen. Das führt unter den
Dozent*innen zu einem Klima des Misstrauens, ja im schlimms-
ten Fall der gegenseitigen Denunziation. Davon erzählt Ingolf U.
Dalferth. Der Theologe und Philosoph war unter anderem von
1995 bis 2013 Professor für Systematische Theologie, Symbolik
und Religionsphilosophie an der Universität Zürich und von 2007
bis 2020 Professor für Philosophie und Religion an der Claremont
Graduate University (CGU) in Kalifornien.

Im evangelischen Monatsmagazin *zeitzeichen* klagte er über
Formen der Gesinnungsprüfung und -schnüffelei an seiner US-
Universität. So berichtet er über ein »sexual harassment training«
(Training gegen sexuelle Übergriffe), das für alle Dozent*innen
obligatorisch ist: »Dabei ist man nicht nur für sich, sondern auch
für andere verantwortlich. Sollte ich – so eines der Beispiele des

Kurses – zufällig in einem Café in Kairo einen Kollegen am Nebentisch sexistische Bemerkungen machen hören, dann habe ich die Pflicht, das in Claremont der vorgesetzten Stelle zu melden und ein Verfahren gegen den Kollegen anzustrengen.« Das Verhalten der Dozent*innen soll ganz offensichtlich normiert werden. Auch hier zeigt sich wie oft bei Identitätspolitik zweierlei: Zum einen, dass das gute Ziel, nämlich eine Hochschule ohne Sexismus, im Extremfall zu einer Atmosphäre der gegenseitigen Überwachung und eines ideologischen Reinheitswahns führen kann, in der Freiheit erstickt. Zum zweiten hat die Identitätspolitik häufig zur Folge, dass an den Hochschulen Bigotterie und Verlogenheit blüht und man nur nach außen perfekt sein muss, ja ideologische Reinheit zeigen soll – egal, was man in Wirklichkeit davon hält.

Diese Bigotterie und Verlogenheit herrscht auch dann, wenn allen Beteiligten eigentlich klar ist oder klar sein müsste, dass es sich um Missverständnisse handelt. Ein entsprechender Fall ereignete sich im Sommer 2020: Greg Patton, Professor für Clinical Business Communication an der Marshall School of Business der University of Southern California, verwendete in einem Kurs, den er seit Jahren gibt, ein Wort in Mandarin, das dem N-Wort phonetisch sehr ähnlich ist. Es ist ein chinesisches Füllwort, dem deutschen »Ähm« vergleichbar.

Daraufhin beschwerte sich eine Gruppe von Studierenden bei der Leitung der Business School. In einer E-Mail schrieb die Gruppe, der Vorfall habe die schwarzen Mitglieder der entsprechenden Klasse »schockiert«. Sie könnten es nicht glauben, dass so etwas weiter zugelassen werde. Ihre geistige Gesundheit sei beeinträchtigt worden. Sie forderten die Hochschule auf, den Vorfall ernst zu nehmen und ihn anzugehen. Es sei ein »unangenehmes Gefühl«, diesem Dozenten »die Macht über unsere Noten zu geben«, schrieben die Studierenden. »Wir möchten seinen Kurs lieber nicht belegen, als die emotionale Erschöpfung zu ertragen, mit einem Dozenten weiterzumachen, der die kulturelle Vielfalt und Sensibilität außer Acht lässt und im weiteren Sinne ein unerwünschtes Umfeld für uns schwarze Studierende schafft.«

Die Hochschulleitung stellte sich nicht etwa hinter den Dozenten, indem sie darauf verwies, dass er keineswegs ein rassistisches Schimpfwort genutzt habe. Stattdessen wurde er aus der Klasse entfernt und öffentlich abgemahnt. »Professor Greg Patton wiederholte mehrmals ein chinesisches Wort, das einem abscheulichen rassistischen Schimpfwort sehr ähnlich klingt«, schrieb der Dekan der Marshall School in einer E-Mail. »Verständlicherweise verursachte dies große Schmerzen und Entsetzen bei den Studierenden, und das tut mir zutiefst leid. Es ist für die Fakultät einfach inakzeptabel, dass in den Kursen Wörter verwendet werden, die die psychologische Sicherheit unserer Schüler marginalisieren, verletzen und schädigen können.«

Ein recht ähnlicher Fall traf Jason Kilborn, Juraprofessor in Chicago. Kilborn hatte seinen Studierenden im Dezember 2020 in einer Klausur eine Aufgabe über Diskriminierung gegeben, in der er um der Klarheit der Aufgabenstellung willen nicht umhin kam, das noch abfälligere englische Wort für das deutsche N-Wort und das Wort »Bitch« (Schlampe) zu zitieren – jedoch aus Rücksicht auf die Gefühle der Studierenden verklausuliert beziehungsweise abgekürzt als »n***« und »b***«, ein bis dahin offenbar nicht unübliches Hilfsmittel bei ähnlichen Texten juristischer Natur. Doch das half dem Professor nicht. Die Vereinigung der schwarzen Jurastudent*innen der Universität verurteilte in einem langen Brief in den Sozialen Medien die Aufgabe Kilborns: Der Anblick des abgekürzten N-Wortes käme »mentalem Terrorismus« gleich, es drohe die Traumatisierung von Studierenden. Die Folge: Die Universitätsleitung suspendierte Kilborn auf unbestimmte Zeit.

Solche Begebenheiten an den US-Universitäten sind, wie gesagt, keinesfalls nur extreme Ausnahmefälle, sondern beschreiben einen Trend, der auf Seiten der Dozent*innen dazu geführt hat, dass man identitätspolitisch ja nichts falsch machen will, denn das kann stante pede eine Kündigung zur Folge haben. Auf Seiten der Studierenden geht es meist um befürchtete Verletzungen bei großer Verletzbarkeit. Gefühle und Moral werden stark betont, um nicht zu sagen: überbetont. Von cooler oder gelassener Wissenschaftlichkeit ist wenig zu spüren.

Das bestätigt uns die Philosophin Susan Neiman. Viele Freund*innen, die an US-Universitäten lehren, berichteten ihr, dass es dort in Sachen Identitätspolitik »schauderhaft« zugehe. »Gerade am Wochenende habe ich mit einem alten Freund, einem Marxisten, gesprochen, der seit Jahrzehnten Professor ist. Er sagt, er gehe in jede Lehrveranstaltung mit dem Gefühl, es könnte seine letzte sein.« Woran das liegt? »Er hat Angst, er könnte irgendetwas sagen, was so gedreht wird, dass es scheint, als würde er nicht genug auf Studierende eingehen, die psychische Probleme haben. Das ist ihm einmal passiert. Er sagte etwas, was eine Person, die gerade eine Trans-Angleichung hinter sich hatte, als Zeichen fehlender Empathie für Transpersonen interpretierte.« Ein anderes Beispiel: »Ein befreundeter Professor an der New School in New York hat Probleme bekommen, weil er bei der Vorstellungsrunde am Anfang der Lehrveranstaltung nicht danach gefragt hatte, mit welchem Pronomen zwei Studentinnen angesprochen werden wollten. Sie sind zur Univerwaltung gegangen und haben sich über ihn beschwert.«

Woran könnte es liegen, dass es an den US-Universitäten unter den Studierenden ein großes Gefühl der Verletzlichkeit zu geben scheint? Könnte ein Grund sein, dass ein Großteil der Studierenden aus recht behüteten Mittelschichtsfamilien stammt, die nun angesichts der in der Regel hohen Ausgaben für ein Studium in den USA überaus große Erwartungen in ihre studierenden Kinder setzen, die zugleich erstmals außerhalb ihrer Familien neben diesem Stress auch mit dem plötzlichen Leben alleine nur schlecht zurechtkommen?

Vielleicht. Jedenfalls gelten emotionale Reaktionen auf Begriffe und Konzepte an vielen US-Hochschulen mittlerweile als unhinterfragbares Argument in der wissenschaftlichen Diskussion auf dem Campus. Der deutsch-österreichische Schriftsteller Daniel Kehlmann, der in Berlin und New York lebt, kritisiert eine Art reflexhafte Empörungsunkultur an amerikanischen Unis: »Empörung beweist gar nichts. Das ist ein großes Problem, vor allem beim Diskurs an den US-Universitäten. Ich habe einen Freund, der ist Professor für Literatur. In einem Kurs über Shakespeares ›Richard III.‹ stand eine Studentin auf und sagte, sie fühle sich wegen der Brutalität des Königs in diesem Kurs nicht mehr sicher. Mein Freund hat Angst bekommen, denn er wusste, wenn er jetzt nur ein falsches Wort sagt, kann er gekündigt werden.«

Übrigens haben die recht schnellen Kündigungen von Professor*innen an den US-Hochschulen nicht nur ideologische Ursachen – brandbeschleunigend wirken sich offenbar auch die unsicheren Arbeitsverhältnisse an den dortigen Universitäten aus. Dem US-Arbeitsrecht, dem schnellen »hire and fire«, weist Kehlmann in dieser Hinsicht eine wichtige Rolle zu, und zwar nicht nur an den Colleges: »Es gab einige Fälle von Professoren, die gekündigt wurden oder deren Bücher vom Verlag zurückgezogen wurden, weil sie auf Twitter aus identitätspolitischen Gründen angegriffen worden waren. Das hatten wir bisher in Europa nicht so, unter anderem weil wir hier einen besseren Kündigungsschutz haben.« Sicherlich spielt auch eine Rolle, dass US-Universitäten in einem viel größerem Umfang als etwa ihre europäischen Pendants von nicht-öffentlichem Geld abhängig sind, von den teils horrenden Gebühren, die Studierende für die Universität zu zahlen haben. Das bedeutet, dass ein Ansehensverlust durch angeblich nicht ausreichenden Antirassismus sofort finanzielle Folgen für die Hochschule haben kann.

Schon im Jahr 2000 schilderte der 2018 verstorbene amerikanische Schriftsteller Philip Roth in seinem Werk *Der menschliche Makel* diese stickige Atmosphäre. Fiktive Hauptfigur ist der 71-jährige Coleman Silk, Professor für klassische Literatur an einer kleineren Universität. Er genießt hohes Ansehen, macht aber gegen Ende seiner Laufbahn einen folgenschweren Fehler: Zwei Teilnehmerinnen seines Seminars, die noch zu keiner Sitzung erschienen sind und die er auch nie gesehen hat, bezeichnet er öffentlich und ironisch als »dunkle Gestalten, die das Seminarlicht scheuen«. Es stellt sich heraus, dass die beiden Studentinnen schwarz sind – und Silk wird massiv als Rassist angeprangert. Er muss einen Spießrutenlauf aus Anhörungen durchlaufen und gerät in universitätsinterne Machtkämpfe. Am Ende gibt er seine Professur auf. Seine Frau hat wegen ihres Kummers über diese Kämpfe, so vermutet er, einen Schlaganfall erlitten, an dem sie verstirbt. Das ist natürlich eine fiktive Geschichte – aber hat

Roth hier nicht ein Phänomen extrapoliert, dessen Anfänge er schon vor mehr als zwanzig Jahren scharfsinnig beobachtet hat?

Mittlerweile reagiert, wenn auch zögerlich, die Politik auf die Tatsache, dass an Universitäten, in denen qua Definition eigentlich die freie Debatte herrschen sollte, ein Klima der übermäßigen Vorsicht, ja Furcht vor offenen Diskursen und klaren Worten entstanden ist. Der damalige US-Präsident Barack Obama, ein Meister sensibler und höflicher Rede, hat 2015 dieses Klima und die Angst vor widerstreitenden Meinungen an vielen US-Universitäten kritisiert. Auf die Frage eines Studenten bei einer Diskussionsveranstaltung in Des Moines, Iowa, sagte er: »Ich habe von einigen Uni-Campus gehört, auf denen sie keinen zu konservativen Gastredner haben wollen oder ein Buch nicht lesen wollen, wenn es eine Sprache hat, die für Afroamerikaner anstößig ist oder irgendwie ein erniedrigendes Signal an Frauen sendet. Ich muss Ihnen sagen, dem stimme ich auch nicht zu. Ich bin nicht damit einverstanden, dass Sie, wenn Sie Studierende an Colleges werden, verhätschelt und vor anderen Ansichten geschützt werden müssen (...) Wer zu Ihnen kommt, um mit Ihnen zu reden, mit dem sollten Sie streiten, falls Sie mit ihm nicht übereinstimmen. Aber Sie sollten ihn nicht zum Schweigen bringen, indem Sie sagen, Sie sollten nicht zu mir kommen, da ich zu sensibel bin, um mir anzuhören, was Sie zu sagen haben. So lernen wir auch nicht.« Schwer vorstellbar, dass ein weißer Präsident heute einen ähnlichen Appell an US-Universitäten formulieren könnte – der erste nicht-weiße Präsident in der Geschichte der Vereinigten Staaten verfügte indes über eine besondere Glaubwürdigkeit. Gefruchtet hat es wenig.

Aber es geht nicht nur um die Angst der Dozent*innen, um die Macht der Sozialen Medien, um die Gefühle der Studierenden und um ein allzu schnelles Feuern von Lehrpersonal. Vor allem in den US-Geisteswissenschaften amputiert man sich derzeit offensichtlich von einem Teil der westlichen Geistesgeschichte. Der schon genannte Theologe Ingolf U. Dalferth etwa klagt, europäische Denktraditionen hätten es mittlerweile an manchen US-Hochschulen schwer; Kant, Nietzsche und Heidegger würden als Sexisten und Rassisten diffamiert, ihr Denken als moralisch fragwürdig, eurozentrisch, gewalttradierend und überholt abgetan. Wer sich mit diesen Denkern befasse, trage in dieser Logik dazu bei, die europäische Kolonialisierungsgeschichte an den Universitäten fortzusetzen. Selbst afroamerikanischen Doktoranden werde bedeutet, sie sollten nicht über europäische Philosophen publizieren, weil sie dann keine Chance mehr hätten, eine Professur zu erhalten.

Wenig überraschend, dass kritische Geister wie Daniel Kehlmann dafür wenig Verständnis haben, gerade wenn der identitätspolitische Furor jemanden wie Immanuel Kant trifft (was zum Teil auch schon an europäischen Universitäten der Fall ist), einem Kronzeugen der Idee universeller Menschenrechte: »Das ist furchtbar, denn niemand hat mehr für den aufklärerischen Universalismus getan. Man kann nicht ernsthaft Philosophie studieren ohne Kant, und man kann sich ohne ihn letztlich auch nicht für Emanzipation und Gleichberechtigung einsetzen.«

Wenn Kant und andere als Lektüre nicht mehr akzeptabel erscheinen, weil sie sich zum Beispiel auch einmal rassistisch geäußert haben, was in ihren Zeiten auch deshalb nicht unüblich war, weil die Nicht-Existenz von Menschenrassen noch nicht Teil des Wissensstandes war, so zeugt dies also nicht nur von einem erschreckend unhistorischen Denken. Es könnte sich am Ende sogar als kontraproduktiv für die Ziele der Identitätspolitik erweisen.

Die Entwicklung an den US-Hochschulen in den vergangenen Jahren, der Überschwang der Gefühle, die Sprachlosigkeiten und das Sich-Selbst-Abschneiden von universalistischen, in westlichen Kontexten entwickelten Denktraditionen im Zuge der Identitätspolitik hat der US-amerikanische Dramatiker Ayad Akhtar kürzlich treffend beschrieben, weshalb er hier etwas länger zitiert werden soll. Akhtar wurde 1970 als Sohn eines pakistanischen Einwanderer-Ehepaars geboren. Er beschreibt in seinem viel gelobten Buch *Homeland Elegien* die Situation an einem College in Iowa, wiedergegeben aus der Perspektive einer dort unterrichtenden Bekannten des Ich-Erzählers (der den Namen des Autors trägt).

Der Chronologie des Buches von Akhtar nach beschreibt er

Begebenheiten etwa um den Zeitraum 2015/16: »Ich hatte Mary vier Jahre nicht gesehen, und ihre Einstellung zum Unterrichten hatte sich verändert. Damals hatte sie über ihre Studenten mit einer Frustration gesprochen, die mich überrascht hatte. Sie hatte gerade ein Semester voller Probleme mit ihrem Kurs über die soziale Frage in amerikanischen Romanen des 19. Jahrhunderts hinter sich gehabt, in dem sich zum ersten Mal in ihrer Laufbahn als Dozentin eine Gruppe von Studenten geweigert hatte, eines der angegebenen Bücher zu lesen.« Man habe Einwände gegen *Das vergoldete Zeitalter* gehabt, berichtet der Erzähler, weil es von dem Autor stammte, der *Die Abenteuer des Huckleberry Finn* geschrieben hat, also von Mark Twain. »Es war ein besonders empörendes Beispiel für die neue Selbstgerechtigkeit, mit der es Mary in ihren Seminaren seit einiger Zeit immer öfter zu tun bekam. Sie hatte ihre Probleme mit gendergerechter Sprache gehabt – immerhin, hatte sie versucht zu erklären, unterrichte sie Englisch –, doch nach einiger Zeit hatte sie sich damit abgefunden.«

Es sei ein Semester gefolgt, in dem die Dozentin unter Beschuss gekommen sei, weil sie über Emerson und Whitman sprach. »Zwei Studenten prangerten in ihren Präsentationen dieser Schriftsteller deren Rassismus an und zitierten aus ihren weniger bekannten Werken. Daraufhin verlangte eine größere Gruppe, Mary solle die auf der Leseliste angegebenen Bücher der beiden durch Werke weniger verwerflicher Autoren ersetzen. So weit wollte sie nicht gehen und erklärte, sie wisse, dass Whitman rassistische Ansichten geäußert habe – für Lincoln gelte übrigens dasselbe. Man dürfe die Vergangenheit aber nicht nach heutigen Maßstäben beurteilen.« Selbst die progressivsten weißen Abolitionist*innen jener Zeit, so argumentiert die Dozentin, hätten Meinungen vertreten, die heutzutage jeder als abwegig bezeichnen würde. »Als Mary sich weigerte, Emerson und Whitman von der Leseliste zu streichen, verließen vier Studenten ihr Seminar.«

Diese Stimmung, um ein letztes Mal über Gefühle zu reden, hat sich dem Erzähler zufolge übrigens in letzter Zeit an dieser Hochschule bei seiner befreundeten Dozentin wieder geändert – aber nicht in eine gute Richtung, so scheint es. Ein umfassendes Gefühl der Angst oder Beklemmung hat offensichtlich um sich gegriffen: »Inzwischen, vier Jahre später, hatte sich ihre Frustration in Mitgefühl verwandelt. Die meisten ihrer Studenten, sagte sie jetzt, kämpften mit sehr realen Formen von Angst oder Depression – oder beidem. Sie trauten niemandem und rechneten stets damit, von allen und jedem ausgenutzt zu werden, und wie Mary es sah, hatten sie damit nicht unrecht.«

Man kann es so zusammen fassen: Vieles dreht sich an US-amerikanischen Universitäten nur noch um Hautfarbe, Geschlecht oder Identität. Mit den Schlagworten »wokeness« (Wachheit, also der Kenntnis von identitätspolitischen Grundideen) und dem Konzept der »Social Justice« (soziale Gerechtigkeit) lässt sich fast alles in Forschung und Lehre lancieren. Dabei ändert sich auch die Wissenschaft selbst, bisweilen in eine absurde Richtung: Die bizarrsten Theorien oder Aufsätze werden durchgewunken – Hauptsache, sie klingen irgendwie passend zum identitätspolitischen Mainstream.

Diesen Trend haben die Autorin Helen Pluckrose und der Mathematiker James Lindsay 2018 durch mehrere Streiche, oder genauer: durch kritische Sozialexperimente an Schaltstellen der Forschung offen gelegt. Gemeinsam mit dem Philosophen Peter Boghossian reichten sie bei (bis dato) renommierten Fachjournalen vor allem der kulturwissenschaftlichen Geschlechter- und Identitätsforschung etwa zwanzig pseudowissenschaftliche Beiträge ein, ohne sie als *fake* (Täuschungen) zu kennzeichnen. Würden die Artikel angenommen, so die Versuchsanleitung dieses Sozialexperiments der Meta-Ebene, wäre der Beweis erbracht oder zumindest der Anfangsverdacht gegeben, dass man sich bei diesen Journalen von den Kriterien der Objektivität und Wissenschaftlichkeit verabschiedet hat.

Tatsächlich wurden vier der unter Pseudonymen geschriebenen Fake-Artikel in den Fachjournalen veröffentlicht. Einer enthielt – nicht ausgewiesene – queerfeministisch verfremdete Passagen aus Hitlers *Mein Kampf,* der Titel lautete »Unser Kampf ist mein Kampf«. Bei einem anderen ging es um die »rape culture« bei männlichen Hunden. Drei weitere Texte wurden nach dem Peer-Review-Verfahren der Zeitschriften zumindest für eine Veröffentlichung in Betracht gezogen – und es wären womöglich noch mehr geworden, wenn das forschungskritische Sozialexperiment nicht nach wenigen Monaten aufgeflogen wäre.

Das Ganze sorgte für mächtigen Wirbel (nicht nur) in der akademischen Welt der USA und wurde bald die »Grievance Studies Affair« genannt (etwa: »Beschwerdewissenschaften-Affäre«). Der Name karikiert in einem kleinen Wortspiel die Grundhaltung vieler »Social-Justice«-Forschungsrichtungen, bei denen die Beschwerde um soziale Missstände im Vordergrund steht. Die Titel von drei der akzeptierten Fake-Artikel in den wissenschaftlichen Zeitschriften waren: »Human reactions to rape culture and queer performativity at urban dog parks in Portland, Oregon« (ungefähr: »Menschliche Reaktionen auf Vergewaltigungskultur und queere Performativität in städtischen Hundeparks in Portland, Oregon«) im Journal *Gender, Place & Culture,* »Going in Through the Back Door: Challenging Straight Male Homohysteria and Transphobia through Receptive Penetrative Sex Toy Use« (etwa: »Durch die Hintertür eintreten: Wie sich Homohysterie und Transphobie bei heterosexuellen Männern durch rezeptiven und penetrierenden Gebrauch von Sexspielzeug aufbrechen lässt«) im Journal *Sexuality & Culture* und »An Ethnography of Breastaurant Masculinity: Themes of Objectification, Sexual Conquest, Male Control, and Masculine Toughness in a Sexually Objectifying Restaurant« (etwa: »Eine Ethnographie der Brestaurants-Männlichkeit: Objektivierung, sexuelle Eroberung, männliche Kontrolle und männliche Härte in einem sexuell objektivierenden Restaurant«) im Journal *Sex Roles.*

Auch die traditionellen Wissenschaftsdisziplinen geraten zunehmend unter Druck, sich identitätspolitischen Imperativen zu unterwerfen. Dafür sind ausgerechnet die scheinbar so weit von der Tagespolitik entfernten Altertumswissenschaften in den USA ein interessantes Beispiel, wie die *Frankfurter Allgemeine Zeitung* im November 2020 berichtete: Das Schlagwort lautet »decolonize the classics«. Einer der führenden Köpfe in dieser Bewegung ist Dan-el Padilla Peralta. Er flüchtete als Kind 1989 zusammen mit seinen Eltern aus der Dominikanischen Republik in die Vereinigten Staaten und wurde unter materiell ärmsten Bedingungen die meiste Zeit allein von seiner Mutter großgezogen. Durch die Förderung eines reichen New Yorkers wurde er an einer gewöhnlich Oberschichtskindern vorbehaltenen Schule aufgenommen, wo er Latein und Griechisch lernte. Wegen herausragender Leistungen konnte er in Princeton studieren und in Stanford promovieren; den Postdoc machte er an der Columbia Universität in New York City. Heute ist er Associate Professor für sein Fach in Princeton. Er schrieb eine Autobiographie, die er ein Jahr nach seiner Dissertation verfasste und beim Großverlag Penguin publizierte.

Auf einem Treffen der Vereinigung nordamerikanischer Altertumsforscher*innen (SCS) im Juni 2019 dachte Padilla der *Frankfurter Allgemeinen Zeitung* zufolge über die Zukunft dieser Wissenschaften nach, genauer: über »rassische Gerechtigkeit« («racial equity») und »die Produktion des Wissens«. In dem Vortrag wurde mit vielen Zahlen und Schaubildern die »hegemony of whiteness« herausgearbeitet, die dem wissenschaftlichen Fortschritt entgegenstehe. Es gebe nur eine Antwort: »Weiße Männer werden das Privileg aufgeben müssen, dass ihre Worte gedruckt und verbreitet werden.« Sie müssten endlich in den Hintergrund treten, damit »People of Color«, zu denen Padilla auch »gender-nonconforming scholars«, also Menschen, die dem sogenannten heteronormativen Schema nicht entsprechen, zählt, ihre Arbeiten in einer angesehenen Zeitschrift veröffentlichen könnten. Und er setzte hinzu: »Jede farbige Person, die künftig publiziert wird, nimmt dann einem weißen Mann den Platz weg, dessen Worte in dieser Zeitschrift hätten erscheinen können oder schon erschienen sind. Und das wäre eine Zukunft, nach der man streben sollte.«

»Weiß« raus? Nur mit viel Wohlwollen ließe sich dies als Teil eines Bemühens ansehen, auch in der Wissenschaft für eine größere Vielfalt an Perspektiven zu sorgen. Doch an den US-Hochschulen geht es mittlerweile längst um mehr: Bestimmte Interpretationen der Wirklichkeit werden für sakrosankt erklärt, weil sie mit – dem eigenen Anspruch nach – emanzipatorischen Anliegen verknüpft sind, während alle abweichenden Interpretationen einer Häresie gleichkommen. In Deutschland etwas bekannter wurde in dieser Hinsicht ein Fall, bei dem es einen gestandenen

Linken und »Person of Color« (PoC) traf, den renommierten Politikwissenschaftler Adolph Reed. Susan Neiman zufolge wurde er »2020 von der mit 55 000 Mitgliedern größten sozialistischen Organisation der USA, Democratic Socialists of America, übrigens eine Unterstützerin von Bernie Sanders, gecancelt, weil er in seinen neuen Analysen Klasse statt Rasse betont hat.« Sie ergänzt: »Auch schwarze Soziologen, die auf weiße Armut hinweisen, werden oft Apologeten genannt.« »Apologeten« bedeutet in diesem Kontext: Verteidiger der alten linken Denkweisen, für die die Kategorie des Rassismus nicht alles erklärt. Es gibt eine doktrinäre Erstarrung, die längst realitätsblind geworden ist.

Angesichts all dieser Entwicklungen ist es jedenfalls nicht rätselhaft, dass manche Menschen der Versuchung nicht widerstehen können, die Zugehörigkeit zu einer diskriminierten ethnischen Gruppe oder Minderheit vorzugeben oder sie zumindest anzudeuten, um auch diesen Vorteil im Karrierekampf an den amerikanischen Universitäten zur Geltung bringen zu können. In den vergangenen Jahren sind mehrere solcher Fälle in den USA öffentlich geworden, jedes Mal ging es um Positionen, die üblicherweise von Schwarzen oder anderen Minderheiten besetzt sind. Oft flogen sie auf, inklusive eines öffentlichen Skandals: Den größten Schaden hatten und haben immer jene, die tatsächlich rassistisch diskriminiert werden.

In den USA umfassend diskutiert wurde vor allem der Fall von Rachel Dolezal, einer Dozentin für afrikanische und afroamerikanische Studien an der Eastern Washington University. Sie bezeichnete sich als »mixed race«, weil sie einen schwarzen Vater habe. Das sollte sich als falsch herausstellen – beide Elternteile sind weiß, Dolezal selbst hatte ursprünglich blonde Haare. Sie engagierte sich für die afroamerikanische Sache und wurde (offensichtlich auch dank besonderer Mühen beim Friseur und im Sonnenstudio) 2015 sogar Vorsitzende der örtlichen NAACP (National Association for the Advancement of Colored People). Die NAACP gilt als eine der wichtigsten schwarzen Bürgerrechtsorganisationen der USA. Als Dolezals Betrug aufflog, wurde sie in den Sozialen Medien sehr angefeindet, verlor ihren Dozentinnenposten und war jahrelang arbeitslos. Bei NAACP kündigte sie. Sie änderte ihren Namen und schrieb zwei Jahre nach der Aufdeckung ihres Schwindels ein Buch über ihr Leben. Der Titel: *In Full Color: Finding My Place in a Black and White World.*

Interessant ist diese Affäre, von der sich die deutsche Autorin Mithu Sanyal zu ihrem Buch *Identitti* mit inspirieren ließ, auch deshalb, weil sich Dolezal weiterhin als nicht-weiß definiert und in der Tendenz mit dem Konzept »transracial« liebäugelt, also mit einer Identität jenseits der »races«. Damit setzte sich die afroamerikanische Fernsehmoderatorin Melissa Harris-Perry in einer Sendung auseinander. Die Frage sei, ob die Identifizierung von Dolezal als Schwarze nicht eine begriffliche Differenzierung zwischen Cis-Schwarzsein und Trans*-Schwarzsein nahelege – das aber würde, denkt man den Gedanken weiter, am Ende bedeuten, dass, ähnlich der Diskussion um Transgender, alle Personen als schwarz betrachtet werden sollten, die sich als schwarz bezeichnen. Welche Folgen aber hätte das für das Gedankengebäude der Identitätspolitik? Könnten also Weiße für sich beanspruchen, schwarz zu sein? Und wäre es rassistisch oder übergriffig, ihnen diese Selbstidentifikation abzusprechen?

Ähnliche Affären um eine angemaßte Minderheiten-Identität gab es bei Ward LeRoy Churchill, einem Autor und Professor für »ethnic studies« an der University of Colorado Boulder, der erklärt hatte, auch amerikanische Ureinwohner*innen *(»Native Americans«)* unter seinen Vorfahren zu haben. Bei Jessica Anne Krug, die einen Latina-Hintergrund behauptete und an der George Washington University lehrte, findet man ebenfalls Parallelen. Und ähnlich war es auch bei Andrea Lee Smith, die früher Assistant Professor of American Culture and Women's Studies an der University of Michigan in Ann Arbor war und vorgab, ebenfalls »Native Americans«-Ahnen zu haben.

Im Jahr 2020 schließlich ging es um CV Vitolo-Haddad: Die sich als nicht-binär – also sich dem Frau- oder Mann-Schema widersetzend – bezeichnende Person war Doktorand*in an der Universität von Wisconsin-Madison und hatte eine Lehrtätigkeit inne. Sie/er legte die Aufgabe nieder, nachdem herausgekommen war, dass er/sie jahrelang Unwahrheiten über die eigene »race«-Identität verbreitet hatte. CV Vitolo-Haddad, eigentlich süditalienischer Herkunft, erklärte, nicht-schwarz oder lateinamerikanisch zu sein, diese Bezeichnungen aber akzeptiert zu haben, als Gleichaltrige sie/ihn so ansprachen. »Auf die Frage, ob ich mich als schwarz identifiziere, hätte ich immer Nein antworten sollen«, schrieb Vitolo-Haddad. Schon zuvor war von ihm/ihr die etwas gewundene Erklärung gekommen: »Ich habe Vermutungen über meine Herkunft zu Antworten werden lassen, die ich wollte, aber nicht beweisen konnte (...) Ich habe die Leute Annahmen machen lassen, obwohl ich sie hätte korrigieren sollen.«

Es spricht vieles dafür, dass das US-amerikanische Hochschulwesen in einer selbst gebauten Falle steckt – eingeschlossen zwischen Sprachverboten, einer fragwürdigen Neuausrichtung ganzer Wissenschaftszweige, Lesewarnungen vor Werken von »Alten Weißen Männern«, einer verstörenden »race«-Fixierung und einer Überängstlichkeit der Dozent*innen, die Studierenden bloß nie der Gefahr einer Überforderung oder Irritation auszusetzen, während sie gleichzeitig oft selbst mit Angst und Unsicherheit auf diese Anspannung reagieren. Oder sind dies alles eher lästig-absurde Übergangsphänomene eines großen Umbruchs, einer Modernisierung in der akademischen Welt?

In diese Richtung, und auch mit Blick auf die deutsche Hochschulszene, argumentiert etwa Paula-Irene Villa Braslavsky, die an der Universität München einen Lehrstuhl für Allgemeine Soziologie und Gender Studies innehat. Sie ist, so sagt sie uns im Gespräch, identitätspolitischen Anliegen an den Hochschulen nicht abgeneigt, jedoch mit Einschränkungen: »Es gibt im wissenschaftlichen Diskurs Situationen, in denen es heißt: Du als Weiße, halt mal den Mund, weil du die entsprechenden Erfahrungen nicht selber gemacht hast. Dem widerspreche ich. Zugleich gilt es ernst zu nehmen, was womöglich in der Wissenschaft bislang nicht sicht- oder hörbar war. Wir wissen, dass reichlich Wissen und Realitäten aus ›dem Kanon‹ ausgeschlossen wurden und werden.«

Aber wie soll sich das konkret ändern lassen? Etwa durch Quoten für die Mitglieder von bestimmten Minderheiten? Da ist Villa Braslavsky vorsichtig: »Ich habe keine gute Antwort auf den Einwand, dass wir dann am Ende alle Gruppen der Gesellschaft, etwa in der Universität, gemäß ihrem prozentualen Anteil in der Bevölkerung vertreten haben müssten. Aber wir sollten eine Bewegung in diese Richtung wagen, was der Orientierung an Leistung, Erfahrung etc. überhaupt nicht widerspricht.« Es seien ja Stereotype und Projektionen, die manche Gruppen oder Personen als eher ungeeignet für Stellen oder als nicht ganz so leistungsfähig erscheinen ließen. »Niemand will explizit diskriminieren – es geschieht gleichwohl.«

Hier kommt die Soziologin auf die Erfahrungen an US-amerikanischen Universitäten zu sprechen. Diese hätten nämlich ähnliche Quoten, also etwa für afroamerikanische Gelehrte, für Menschen der »first nations« und so weiter: »Und sie sind nicht weniger leistungsfähig. Da wird nicht falsch begünstigt. Aber es ist schon eine Rutschbahn.« Sie halte solche Maßnahmen gleichwohl für das Bestmögliche, was man derzeit tun könne. »Wir kommen ja aus einer historischen Tradition, in der nur eine sehr spezifische Gruppe als überhaupt zur Wissenschaft geeignet galt – weiße bildungsbürgerliche Cis-Männer, frei von jeder lebensweltlichen Sorge, enorm privilegiert. Das ist ›der Wissenschaftler‹, ›die Wissenschaft‹.«

Es mag also tatsächlich sein, dass die beschriebenen Phänomene Teil einer Neuausrichtung der Lehr- und Forschungslandschaft in den USA sind, die man für notwendig halten kann – und solch große Veränderungen sind natürlich immer mit Unsicherheit und Furcht verbunden. Mehr spricht jedoch dafür, dass die geistige Freiheit an den Universitäten der USA langfristig Schaden nehmen wird.

Die Kulturszene

Im Juli 2020 reichte es 153 führenden Köpfen in der Wissenschaft, Medienbranche und kulturellen Welt vor allem der Vereinigten Staaten. Sie erklärten in einem Aufruf, der gleichzeitig in *Harper's Magazine*, *Le Monde*, *La Repubblica* und der *Zeit* erschien, dass sie zwar – in Anspielung auf die »Black Lives Matter«-Bewegung – die Forderungen nach einer Polizeireform in den USA und nach mehr gesellschaftlicher Gleichberechtigung an Hochschulen, im Journalismus und im Kulturleben unterstützten. Doch »diese notwendige und überfällige Abrechnung« stärke »auch moralische Einstellungen und politische Bekenntnisse, die jede offene Debatte und das Aushalten von Differenzen zugunsten einer ideologischen Konformität schwächen.« Der Illiberalismus erstarke weltweit und habe im damaligen US-Präsidenten Donald Trump einen mächtigen Verbündeten, der die Demokratie ernsthaft bedrohe. »Aber Widerstand darf nicht – wie unter rechten Demagogen – zum Dogma werden.«

Das Wort »Identitätspolitik« fällt in dem Aufruf zwar nicht, aber es ist offensichtlich, was gemeint ist, wenn es heißt, es breite sich »auch in unserer Kultur zunehmend eine Atmosphäre von Zensur aus: Intoleranz gegenüber Andersdenkenden, öffentliche Anprangerung und Ausgrenzung sowie die Tendenz, komplexe politische Fragen in moralische Gewissheiten zu überführen.« Allzu oft würden »heute als Reaktion auf vermeintliche sprachliche oder gedankliche Entgleisungen schwere Vergeltungsmaßnahmen gefordert. Noch beunruhigender ist, dass viele Institutionen im Geiste einer panischen Schadensbegrenzung übereilte und unverhältnismäßige Strafen verhängen, statt überlegte Reformen durchzuführen.«

Unabhängig von den Details einzelner Fälle würden »die Grenzen dessen, was ohne Androhung von Repressalien gesagt werden darf, immer enger gezogen. Wir zahlen dafür einen hohen Preis, indem Schriftsteller*innen, Künstler*innen und Journalist*innen nichts mehr riskieren, weil sie um ihren Lebensunterhalt fürchten müssen, sobald sie vom Konsens abweichen und nicht mit den Wölfen heulen. Diese stickige Atmosphäre wird den existenziellen Anliegen unserer Zeit schaden. Die Einschränkung der öffentlichen Debatte – ob durch eine repressive Regierung oder eine intolerante Gesellschaft – beeinträchtigt diejenigen am meisten, die am wenigsten Macht haben, und schwächt die Fähigkeit aller zur demokratischen Teilhabe.«

Dann folgte der Appell: »Schlechte Ideen besiegt man, indem man sie entlarvt, durch Argumente und Überzeugungsarbeit, nicht durch den Versuch, sie zu verschweigen oder von sich zu weisen. Wir lehnen jedes Ausspielen von Gerechtigkeit gegen

Freiheit ab, das eine ist nicht ohne das andere zu haben.« Man sei »auf eine Kultur angewiesen, die uns Raum für Experimente, für Wagemut und auch für Fehler lässt. Wir müssen uns die Möglichkeit bewahren, Meinungsverschiedenheiten in gutem Glauben und ohne schlimme berufliche Konsequenzen auszutragen.«

Unterschrieben wurde der Aufruf nicht nur von »Alten Weißen Männern«, sondern auch von vielen Frauen, insgesamt von einem (auch in Sachen Hautfarbe) bunten *Who is Who?* vor allem (aber nicht allein) linker und linksliberaler Intellektueller aus der angelsächsischen Welt, darunter prominente Namen wie etwa Martin Amis, Anne Applebaum, Margaret Atwood, John Banville, Louis Begley, Paul Berman, David Brooks, Ian Buruma, Noam Chomsky, Nicholas A. Christakis, Roger Cohen, Kamel Daoud, Gerald Early, Jeffrey Eugenides, Caitlin Flanagan, David Frum, Francis Fukuyama, Malcolm Gladwell, Jonathan Haidt, Michael Ignatieff, Mark Lilla, Greil Marcus, Wynton Marsalis, George Packer, Steven Pinker, J. K. Rowling, Gloria Steinem, Bill T. Jones, Salman Rushdie und Michael Walzer.

Die Aufregung vor allem in den Sozialen Medien über den Aufruf war groß. Manche Reaktionen waren dabei höhnisch formuliert: Es sei doch im Kern nur Unstrittiges geäußert worden. Andere widersprachen, dass es die genannten Probleme in einem nennenswerten Umfang überhaupt gebe. Häufig wurde kritisiert, dass in dem Text von »Zensur« und von einem drohenden Wegfall von Einkommensmöglichkeiten die Rede war – und das, obwohl viele der Unterzeichner*innen doch zu denen gehörten, die dauernd gehört würden und in der Regel auch finanziell sehr gut oder zumindest sicher im Geschäft seien.

Daniel Kehlmann, der den Aufruf ebenfalls unterzeichnet hat, sieht den Grund für die Aufregung nicht im Text selbst, der »inhaltlich kaum angreifbar« gewesen sei – »er bestand eigentlich aus lauter Selbstverständlichkeiten.« Für die heftigen Reaktionen sorgte in seinen Augen vielmehr, dass »die prominentesten der Unterzeichner eine so starke Position haben, dass sie für die ›Cancel Culture‹ nicht mehr erreichbar sind. Es war eine Machtdemonstration und Provokation und wurde auch so aufgenommen: ›Selbst wenn ihr euch auf Twitter aufregt, ihr könnt uns nichts anhaben.‹ Die Sozialen Medien sind eben doch nicht alles.«

Auch hier trägt der Kampf zwischen Anhänger*innen und Gegner*innen der Identitätspolitik Züge eines Generationskonflikts, insofern hier unterschiedliche mediale Sozialisationen aufeinanderprallen. Viele der identitätspolitischen Akteur*innen seien sehr jung, erläutert Kehlmann, Anfang zwanzig, oft »nicht sehr literarisch sozialisiert«. Sie kennten gar nicht mehr das Phänomen, dass manchen Leuten große kulturelle Präsenz auf einem anderen Weg zuwächst als durch Soziale Medien. »Der Ruhm einer J. K. Rowling oder Margaret Atwood wird von diesen Aktivisten betrachtet, als komme er wie von vererbtem Geld. Dabei haben sich diese Autorinnen ihren nachhaltigen Ruhm durch eigene Bücher erworben! Das war eine Provokation für manche junge identitätspolitische Aktivisten, dass es das eben noch immer gibt.«

Doch auch für die jungen Aktivist*innen selbst ist ihr quasi natürliches mediales Habitat eine ambivalente Angelegenheit, meint Kehlmann. Einerseits sei ihnen vor allem über Twitter eine gewaltige Aufmerksamkeit und Macht zugewachsen. »Gleichzeitig müssen sie sehr vorsichtig sein, denn ein Fehltritt, und sie werden auch gecancelt – ehemalige Mitstreiter fallen da schnell übereinander her.« Es sei eigentlich wie immer in radikal revolutionären Parteien, die eine Form von Macht bekämen: »Man ist gleichzeitig mächtig und bedroht.«

Die Macht der Sozialen Medien ist jedenfalls ein wesentlicher Faktor dafür, dass in der US-Kulturszene offensichtlich mittlerweile eine ähnliche Atmosphäre des Misstrauens, der Übervorsicht, ja des vielleicht bisweilen absichtlichen Missverstehens herrscht wie an den Universitäten des Landes. Schon kleinste sprachliche Fehltritte selbst in relativ geschlossenen Kreisen können dazu führen, dass verdiente Leute ihren Rücktritt einreichen müssen. Einen solchen Fall hat die *New York Times* bis in einzelne Gesprächszitate hinein recherchiert. Es ging um Gary Garrels, den langjährigen Chefkurator für Gemälde und Skulpturen des San Francisco Museum of Modern Art und einer der bekanntesten Kuratoren der USA.

Der Zeitung zufolge hatte er im Juli 2020 in einem Zoom-Meeting für das Personal, bei dem es unter anderem um Sicherheitsmaßnahmen gegen das Corona-Virus ging, gesagt: »Ich glaube nicht an irgendeine Art von Diskriminierung. Und es gibt viele weiße Künstler, viele Männer, die wundervolle, wundervolle Arbeiten machen.« Als jemand in dem Zoom-Meeting darauf mit dem Satz reagierte, das höre sich jetzt ähnlich an wie »All lives matter«, antwortete Garrels, aber wegen der schlechten Tonqualität kaum verständlich, das tue ihm leid, er stimmte nicht zu – und dann fiel der Ausdruck »reverse discrimination« (»umgekehrte Diskriminierung«). Mehr war nicht zu verstehen.

Das Problem: Diese Wendung wird vor allem von Fans der »White Supremacy«-Bewegung, aber auch von Trump-Anhänger*innen und rechten Republikaner*innen genutzt, um anzuzeigen, dass *sie* eigentlich diskriminiert seien und Weiße nichts mehr zu sagen hätten. Fünf Tage später sah sich Garrels aufgrund des internen und öffentlichen Drucks genötigt, seinen Hut zu nehmen. Ein falscher Ausdruck also, offenbar eher eine Ungeschicklichkeit, und schon ist man draußen, wenn es dumm läuft, aller Verdienste zum Trotz.

Auch im US-Kulturwesen geht es aber nicht nur um Sprachregelungen, sondern es wird eine bestimmte Form von Authentizität verlangt. Und so gibt es für Künstler*innen je nach Person offenbar »richtige« und »falsche« Sujets, wie ein anderer Fall zeigt, der in den USA heftig diskutiert wurde. Es ging um das Gemälde *Open Casket* (»Offener Sarg«) der amerikanischen Künstlerin Dana Schutz. Schutz, eine Weiße, hatte 2016 für ihr Werk ein Foto des schwarzen Jugendlichen Emmett Till genutzt, der 1955 im Alter von 14 Jahren von zwei weißen Männern misshandelt und ermordet worden war – der Lynchmord und das erschütternde Foto des Opfers waren ein Auslöser der Bürgerrechtsbewegung in den USA gewesen. Tills Mutter hatte sich damals dafür ausgesprochen, dass der Sarg ihres durch die Gewalt schrecklich entstellten Sohnes offenblieb, »damit die Welt sieht, was man meinem Kind angetan hat«. Die beiden weißen Mörder blieben straffrei.

Die Künstlerin Schutz nahm nun das fast ikonenhafte Foto als

Vorlage für ihr Gemälde, deutete das zerschundene Gesicht des ermordeten Jungen darauf aber nur an. Das Werk wurde 2017 auf einer bedeutenden Kunstausstellung in New York gezeigt. Dagegen gab es Protest: Die afroamerikanische Künstlerin Hannah Black forderte die Zerstörung des Bildes, da es die Gefühle von Afroamerikaner*innen verletze. Schutz habe als weiße Amerikanerin kein Recht, sich an dem Leiden der schwarzen Bevölkerung zu bereichern. Dutzende andere Künstler*innen und Kunstfachleute schlossen sich der Forderung nach einer Zerstörung des Kunstwerks erstaunlicherweise an. Dem britischen *Guardian* zufolge hat Schutz schon Gemälde für mehrere Hunderttausend Dollar verkaufen können. Ob der Kontroverse verzichtete sie schließlich auf den Verkauf von *Open Casket* und zog das Gemälde nach der Ausstellung aus dem Verkehr, aus ethischen Gründen. Den Vernichtungsforderungen indes kam sie nicht nach.

Zu einem ähnlichen Fall kam es 2020 im Verlagswesen. Im Mittelpunkt stand der Roman *American Dirt* der weißen Schriftstellerin Jeanine Cummins, Enkelin einer Frau aus Puerto Rico. Er erzählt die harte Geschichte einer in die USA geflüchteten Familie aus Mexiko. Das Buch wurde zunächst gelobt, unter anderem vom Bestseller-Autor Stephen King und der immens einflussreichen schwarzen Talkmasterin Oprah Winfrey. Innerhalb weniger Wochen verkaufte es sich über 300 000-mal.

Dann aber schwoll Protest von Aktivist*innen der identitätspolitischen Latino- und Hispanics-Szene an. Der Vorwurf, ähnlich wie beim Fall *Open Casket:* Cummins versuche, Profit aus dem Leid der Geflüchteten an der mexikanischen Grenze zu ziehen. Nach Gewaltandrohungen gegen die Autorin sowie gegen Buchhändler*innen und Moderator*innen von bereits organisierten Lesungen des Buches sagte der Verlag eine geplante Lesereise Cummins' ab. Talkmasterin Winfrey erklärte daraufhin, sie akzeptiere die Kritik und die Absage der Lesereise. Dennoch sei sie weiter bewegt von dem Buch. Winfrey sagte: »Wenn auch nur ein*e Autor*in, ein*e Künstler*in zum Schweigen gebracht wird, droht uns allen dasselbe. Ich glaube, wir können unser Ziel erreichen, ohne irgendjemanden canceln, entlassen oder zum Schweigen bringen zu müssen.«

Es ist klar und wurde schon häufiger geschrieben: Der Rassismus in den USA ist und bleibt eine offene Wunde der Gesellschaft. »Die Sklaverei und die Zeit danach mit den anhaltenden Diskriminierungen der Schwarzen (sind) nie aufgearbeitet worden«, meint auch Daniel Kehlmann. »Deshalb sind naturgemäß die Reaktionen oft hitzig und neurotisch.« Dies erklärt auch zum Teil, warum in der identitätspolitischen Strömung in den USA gerade die Hautfarben-, »race«- und Schwarz-Weiß-Problematik so bestimmend ist. Und immer wieder geht es um die gleiche Frage: Wer macht was – und darf der oder die das? Ist dies durch seine Hautfarbe, seine Abstammung oder seine Sprecher*innenposition gerechtfertigt?

Daneben geht es aber im Kulturleben ebenso wie bei den Universitäten zentral um Jobs und Aufträge, Repräsentanz und Sichtbarkeit von nicht-weißen Gruppen in der Gesellschaft. Die Logik dahinter ist ungefähr so: Wir sind als nicht-weiße Künstler*innen und Autor*innen doch eh schon unterrepräsentiert, und dann verdienen die Weißen in diesen Bereichen auch noch Geld mit unseren Themen. Dieses Argument ist nicht ganz von der Hand zu weisen, denn tatsächlich waren nicht-weiße Kulturschaffende in den vergangenen Jahrzehnten in den USA krass unterrepräsentiert, es fehlte an »Sichtbarkeit«. Auch Diskriminierungen gab es im Kulturwesen vielfach. Unterdrückte Gruppen hatten in den USA Jahrzehnte lang Probleme, Verlage für ihre Bücher oder Filmstudios für ihre Drehbücher zu finden. Lange Zeit waren in Hollywood-Filmen so gut wie keine Schwarzen zu sehen, es sei denn in (im wahrsten Sinne des Wortes) dienenden Rollen mit möglichst wenig Text. Dass nicht-weiße Menschen ihre eigenen Geschichten erzählen können, gerade in der Filmindustrie, die für die USA so wichtig ist, ist eine relativ junge Entwicklung.

Gerade bei den Darstellenden Künsten gibt es in jüngerer Zeit nun eine Methode, etwas gegen rassistische Diskriminierung zu tun, es ist das »colorblind casting« (etwa: farbenblindes Besetzen), das in US-Theatern praktiziert wird. Dabei werden Rollen unabhängig von der Hautfarbe der Schauspieler*innen vergeben, und zwar ohne oder mit wenig Rücksicht auf die Vorlagen oder die historische Schlüssigkeit der Darstellung. Das Ziel ist die Sichtbarkeit vor allem von schwarzen Schauspieler*innen und eine Gewöhnung des Publikums daran, sich gar nicht um die Hautfarbe von Figuren zu kümmern.

So wurde zum Beispiel das Erfolgsmusical über den (weißen) US-amerikanischen Gründervater Alexander Hamilton auch in zentralen Rollen vor allem mit nicht-weißen Schauspielern besetzt. In dem Film *Maria Magdalena* von Garth Davis (2018) wurde die Rolle des Petrus mit einem ausgezeichneten schwarzen Schauspieler besetzt, was aber historisch betrachtet wohl eher nicht passt, und so weiter. Daniel Kehlmann nennt diese Strategie im Theater- und dem mächtigen Filmwesen der USA »sehr sinnvoll und löblich«. Er weist aber auch auf ein Problem hin: »Wenn in einem Film über Maria Stuart plötzlich mehrere Schwarze in hochadligen Positionen gezeigt werden – ist das dann nicht zugleich eine Verharmlosung der damaligen Situation? Wahrscheinlich überwiegen die Vorteile des ›colorblind casting‹, aber es führt doch philosophisch zu interessanten Fragestellungen.«

Der Imperativ, dass bestimmte Kulturformen nur von Mitgliedern der jeweiligen Kultur hervorgebracht oder performt werden sollten und in Folge auch nur Betroffene Betroffene »spielen« dürfen, hat etwa in der Filmbranche eine immense Wirkung. Der Schriftsteller Daniel Kehlmann: »Es geht so weit, dass viele fordern, dass Transgender-Rollen nur noch von Transgender-Schauspielern gespielt werden sollen. Eigentlich ist das nachvollziehbar, aber wenn man das weiterdenkt, kann am Ende jeder überhaupt nur noch sich selbst spielen. Dabei ist Schauspielern immer Aneignung, Schreiben übrigens auch.«

Eine ähnliche Ambivalenz sieht Kehlmann bei den kulturell mittlerweile so wichtigen Serien von Bezahlsendern wie Netflix, Amazon und Co., und zwar in Bezug auf Frauen: »Da gibt es derzeit eine Überrepräsentation: eine Schachweltmeisterin, eine weibliche Comedian in den Fünfzigerjahren oder auch eine weibliche germanische Stammesfürstin. Das wäre alles historisch nur schwer möglich gewesen, wird aber heute so gezeigt.« Kehlmann nennt das auch hier einerseits sinnvoll, denn früher gab es über

Jahrzehnte eine Unterrepräsentation von Frauen in Filmen. Und wenn das Pendel nun in die andere Richtung ausschlage, sei das völlig in Ordnung. »Es sollte aber langfristig nicht dazu führen, nun wiederum die Geschichte zu verfälschen und die Ungerechtigkeit, die es ja tatsächlich gab, vergessen zu machen. Junge Leute könnten diese Serien ansehen und denken: ›Frauen hatten ja ohnehin alle Chancen!‹ Das wäre genau das Gegenteil dessen, was man damit eigentlich bezwecken will.«

So bleibt am Ende der Eindruck, dass die Identitätspolitik in der US-Kulturszene ähnlich stark ist wie an den Universitäten und ähnliche Konsequenzen hat, es aber vielleicht einen mildernden Unterschied gibt: Die Kulturszene scheint flexibler auf diese neue Strömung zu reagieren. Und am Ende zählt vor allem der Erfolg beim – ja zahlenden oder nicht zahlenden – Publikum, weniger Ideologie, Hautfarbe oder geschlechtliche Orientierung.

Die Medien

Schließlich muss man, wenn man die Wirkungen der Identitätspolitik in den USA beschreibt, auf die Medienbranche zu sprechen kommen. Es gibt viele Fälle, die hier zu nennen wären. Einer der jüngsten ist der von Alexi McCammond aus dem März 2021. Die 27-jährige Afroamerikanerin galt als eine der wichtigsten jungen Journalistinnen des Landes, 2019 war sie als Nachwuchsjournalistin des Jahres ausgezeichnet worden. Sie sollte Chefredakteurin der *Teen-Vogue* werden, gerade um eine junge und auch in Sachen Hautfarbe diverse neue Leserschaft anzusprechen. Das (besser: ihr) Problem: 2011 hatte McCammond, damals noch nicht einmal volljährig, nach einer offenbar recht ausschweifenden Party auf Twitter geschrieben, sie suche gerade auf Google, wie man verhindern könne, mit »asiatisch« geschwollenen Augen aufzuwachen. Zudem war sie einmal zu Halloween in einem »Indianer«-Kostüm aufgetreten.

Obwohl diese sogenannten Jugendsünden im Verlag bekannt waren und McCammond sich bereits 2019 dafür entschuldigt hatte, machten Screenshots davon die Runde, die Entrüstung in den Sozialen Medien war Anfang 2021 wieder groß. Die Asian American Journalist Association forderte laut der *Neuen Zürcher Zeitung (NZZ)* McCammonds Kündigung, zahlungskräftige Firmen wie Ultra Beauty und Burt's Bees kündigten Werbeverträge mit *Teen-Vogue*. Das war offenbar ausschlaggebend. Denn gerade in diesen Tagen war der Schock über die Mordtat in einem Spa in Atlanta groß, wo sechs asiatische Frauen erschossen worden waren. McCammond erklärte, den Job nicht anzutreten.

Wichtiger als diese Affäre aber dürften mehrere bekannt gewordene Fälle in der *New York Times* sein – sie illustrieren wie in einem Brennglas die Entwicklung in der US-Medienbranche. In einer der führenden Zeitungen des Landes, ja des Westens, mit Ausstrahlung in die ganze Welt, gab es in den vergangenen anderthalb Jahren – je nach Zählweise – gleich vier oder fünf Fälle, die zeigen, wie stark die redaktionsinterne Freiheit durch identitätspolitischen Gruppendruck gelitten hat. Eine Food-Kolumnistin mit weißer Hautfarbe wurde Opfer eines massiven Shitstorms, weil sie zwei prominenten Frauen mit asiatischem Familienhintergrund vorgeworfen hatte, sie nutzten ihre Prominenz, um Koch- und Küchenutensilien an den Mann und die Frau zu bringen. Ihr wurde unterstellt, rassistisch agiert zu haben. Obwohl sie sich überdeutlich und öffentlich entschuldigte, wurde ihre Kolumne abgesetzt, woraufhin sie kündigte.

Noch gewichtiger ist die Affäre um den *New York Times*-Redakteur Donald McNeil, der als einer der kompetentesten Wissenschaftsjournalisten der USA gilt und unter anderem für seine weitsichtige Corona-Berichterstattung gerade am Anfang der Pandemie mit Lob überschüttet wurde. Während einer luxuriös teuren Schüler*innen-/Studierenden-Reise, veranstaltet von seiner Zeitung, hatte er bei einer Nachfrage in einer internen Diskussion mit vielen Anführungsstrichen das N-Wort benutzt. Als das in der *Times* skandalisierend erörtert wurde, entschuldigte er sich innerhalb der Redaktion. Der Chefredakteur akzeptierte die Entschuldigung zunächst, weil McNeil das böse Wort ja sicherlich ohne böse Absicht benutzt habe.

Dann aber empörten sich rund 150 der weit über tausend Journalist*innen der Zeitung über ihren Kollegen. Nun rückten der Herausgeber und auch der Chefredakteur der *Times* doch vom verdienten Journalisten ab und drängten ihn aus der Redaktion, in der er über 40 Jahre gearbeitet hatte. McNeil selbst erklärte in einem Entschuldigungsschreiben, er habe gedacht, der Kontext rechtfertige die Nutzung »dieses hässlichen Worts«. Und weiter: »Die Tatsache, dass ich auch nur dachte, ich könnte seine Verwendung entschuldigen, zeugt für sich von außergewöhnlich schlechtem Urteilsvermögen. Dafür möchte ich mich entschuldigen. (...) Ich habe euch alle enttäuscht.« Steffen Grimberg, Chef des Landesverbandes Berlin-Brandenburg des Deutschen Journalisten-Verbandes (DJV), kommentierte die Erklärung so: »Das klingt leider nicht nur ein bisschen wie die sonst eher aus autoritären Regimes wie China bekannten Selbstbezichtigungen.«

Interner Aufruhr brachte schließlich einen weiteren Journalisten der *Times* zu Fall: Wegen eines Gastbeitrags eines republikanischen Senators, der die »Black Lives Matters«-Bewegung im Juni 2020 kritisiert hatte, ja sogar den Einsatz des Militärs gegen sie rechtfertigte (»Send In The Troops«), protestierten achthundert Beschäftigte der Zeitung gegen den Leiter des Meinungsressorts, der daraufhin kündigte. Kurze Zeit später kündigte auch die von ihm eingestellte liberale Redakteurin Bari Weiss. Zuvor hatte sie jedoch noch einen Offenen Brief an ihren Herausgeber veröffentlicht, in dem sie die Stimmung in der *New York Times* (auch gegen sich) massiv beklagte.

Es herrsche eine Atmosphäre der Intoleranz gegenüber Meinungen, die nicht dem Mainstream folgten, ja eine Form der Selbstzensur – wobei man wissen sollte, dass Weiss als bekennende Nicht-Linke eben dieses anderen politischen Profils wegen eingestellt worden war. Die *New York Times* wollte auch von einem Publikum gekauft werden, das die Präsidentschaft Donald Trumps und seiner Republikaner*innen weniger kritisch sieht als das Gros der Zeitungsabonnent*innen. Weiss diagnostizierte in dem Offenen Brief einen »internen Bürgerkrieg« zwischen jungen Aktivist*innen und älteren Liberalen in der Zeitung. Sie selbst sei wegen ihrer Ansichten von Kolleg*innen gemobbt und als Nazi bezeichnet worden (Weiss ist übrigens Jüdin).

Sind die Vorwürfe von Weiss gerechtfertigt? Gut möglich. Fast die Hälfte der Journalist*innen der *New York Times,* so ermittelte es eine interne Umfrage, gibt mittlerweile an, in der Redaktion nicht mehr offen ihre Meinung zu sagen, da sie glaubten, dass unterschiedliche Standpunkte dort nicht mehr so willkommen seien. In einem Interview mit der *Süddeutschen Zeitung* sagte Weiss Anfang 2021, die Liste der Kolleg*innen, die nicht mehr für die *New York Times* arbeiteten, werde immer länger. Die Vorgänge in der Zeitung sind ihrer Meinung nach Teil eines allgemeinen Phänomens – und was sie beschreibt, fasst viele genannten Fälle in diesem Kapitel unserer Meinung nach ganz gut zusammen: »Was da passiert, geschieht im Grunde in allen Institutionen, die seit dem Ende des Zweiten Weltkriegs für das liberale Amerika stehen. Die Geschichte der *New York Times* ist auch die Geschichte von Verlagshäusern, Universitäten, Hollywood und zunehmend von Technologieunternehmen: Überall dort wird der Liberalismus der alten Schule durch eine neue Ideologie ersetzt, bei der es eine Fixierung auf – ich hasse das Wort, aber ich habe kein besseres – Identitätspolitik gibt.« Eine entscheidende Weichenstellung war in Weiss' Augen die »Black Lives Matter«-Bewegung 2020. Sie habe dazu geführt, »dass es immer mehr Journalisten nicht als ihre Aufgabe empfinden, objektiv zu sein, sondern auf der richtigen Seite der Geschichte zu stehen.« Diese oft jüngeren und aktivistisch eingestellten Journalist*innen träfen auf die älteren Redakteur*innen mit einem klassischen Verständnis von Journalismus.

Dass sich die aktivistische Richtung in einem Zeitungsverlag wie dem der *New York Times* durchsetzen konnte, ist nach Weiss' Ansicht wesentlich auf die wirtschaftlichen Veränderungen in der Medienbranche zurückzuführen – es geht also auch hier am Ende ums Geld. Seit dem Einbruch des Anzeigengeschäfts müssten Medien weniger um Werbekund*innen, sondern mehr um Digitalabonnent*innen buhlen – und die seien oft sehr engagiert. »Das führt dazu, dass ein Medium seinen Lesern das gibt, was sie bei der Stange hält. Und das ist meistens Aufregung, man sehe sich nur an, was Sender wie *MSNBC* oder *Fox News* jeden Abend veranstalten.« Gegen diese Entwicklung sei auch eine ehrwürdige

Institution wie die *New York Times* nicht immun. »Wenn man davon ausgeht, dass 95 Prozent der Abonnenten linksliberal eingestellt sind, dann ist es kein Wunder, dass ein Artikel, der Trump verteufelt, besser ankommt als einer über die Dissidenten in Hongkong.« Auch der Fall McNeil habe mit einer Veränderung des Geschäftsmodells zu tun: »Da wurde ein Starreporter mit Kids aus einem Elitecollege auf eine Studienreise geschickt.« Solche Verlagsangebote scheinen als Einnahmequelle zunehmend wichtiger zu werden, entsprechend empfindlich reagieren Geschäftsführungen auf mögliche Beeinträchtigungen.

Weiss spricht von einer »illiberalen Kultur« der Linken in den USA – und schlägt damit einen Bogen, der die Entwicklung in vielen öffentlichen Bereichen der USA beschreibt: »Den Hang, sich selbst zum Schweigen zu bringen. Meine Welt ist das blaue Amerika, das der Demokraten. Und in dieser Welt fürchten die Leute nicht den Illiberalismus der Rechten, sondern haben Angst, von ihren Nachbarn und Freunden aus Schulen, Unis, Jobs gejagt zu werden, weil sie nicht mit der neuen linken Ideologie konform gehen.« Deren Träger seien nicht irgendwelche Rebellen: »Die linken Ideologen sind heute innerhalb der Institutionen, an den Unis, in den Medien, es geht hier um Machtpositionen.« Und das mag als ein – wenn auch etwas pointiertes – Fazit für dieses Kapitel genügen.

Orte der Identitätspolitik II: Deutschland

Die Hochschulen

Hat Daniel Kehlmann Recht? Der Schriftsteller meint, hinsichtlich der Offenheit der Diskurse und der Sprachhygiene, die verlangt werde, sehe er nach wie vor gravierende Unterschiede zwischen Europa und den USA, wo er das Klima an den Universitäten zum Teil als »sehr erstickend« wahrnehme. Ist es an den Hochschulen in der Alten Welt, wie es klassisch heißt, vor allem in Deutschland, (noch) ganz anders? Es stimmt ja nicht immer, dass jede Entwicklung in der US-amerikanischen Gesellschaft ein paar Jahre später auch in Deutschland zu beobachten ist.

In Deutschland gibt es etwa 48 000 Professor*innen, rund 2,7 Millionen Studierende, 390 Hochschulen und circa 20 000 Studiengänge. Schon 2017 verabschiedete der Deutsche Hochschulverband, dem rund zwei Drittel der Professor*innen angehören, auf seinem 67. Verbandstag in München eine Resolution mit dem Titel »Zur Streit- und Debattenkultur an Universitäten«. Darin hieß es, der DHV beobachte »mit wachsender Sorge, dass in der freien Welt die Debatten- und Streitkultur an Universitäten erodiert«. Mitverantwortlich dafür sei die »Political Correctness«, worunter die identitätspolitische Strömung hier noch subsumiert wurde. Deren Anliegen sei grundsätzlich berechtigt, insofern sie »das Bewusstsein für einen verantwortungsvollen Sprachgebrauch und einen sensiblen Umgang mit Minderheiten schärfen« wolle. Problematisch sei jedoch, dass sie »zunehmend ausgrenzend und latent aggressiv instrumentalisiert wird, verbunden mit der Attitüde, aus einer moralisch unangreifbaren Position heraus zu argumentieren.«

Der DHV verwies darauf, dass sich die Berliner Humboldt Universität im November 2016 veranlasst gesehen habe, einen respektvolleren Umgang miteinander anzumahnen. »Anlass waren Angriffe auf Mitglieder der Universität. Sie wurden auf Webseiten, in Blogs oder in den sozialen Medien diffamiert und auch mit körperlicher Gewalt bedroht.« Der Hochschulverband forderte: »Die Universität als Gemeinschaft von Lehrenden und Lernenden muss ein Ort des freien und offenen Meinungsaustausches bleiben. Sie muss dafür sorgen, dass jedermann – unabhängig von der Zugehörigkeit zu einer Religions- und Weltanschauungsgemeinschaft, einer Partei, einem Verband oder Verein – seine Forschungsergebnisse, Thesen, Argumente und Ansichten ohne Angst zur Diskussion stellen kann (...) Konkurrierende Meinungen müssen an der Universität respektiert und ausgehalten werden. Differenzen, die zu Andersdenkenden bestehen, sind im argumentativen Streit auszutragen.«

Anfang Februar 2021 gründete sich ein »Netzwerk Wissenschaftsfreiheit«, das sich dem Kampf gegen Auswüchse der »Political Correctness« und der »Cancel Culture« an den Hochschulen des deutschsprachigen Raums verpflichtet sieht. In einer Presseerklärung hieß es: »Einzelne beanspruchen vor dem Hintergrund ihrer Weltanschauung und ihrer politischen Ziele, festlegen zu können, welche Fragestellungen, Themen und Argumente verwerflich sind. Damit wird der Versuch unternommen, Forschung und Lehre weltanschaulich zu normieren und politisch zu instrumentalisieren. Wer nicht mitspielt, muss damit rechnen, diskreditiert zu werden.« Anfang Juli 2021 zählte das Netzwerk fast 550 Hochschullehrer*innen als Mitglieder. Diese sind keineswegs nur unter konservativen Professor*innen zu suchen, zu ihnen gehören auch linke und liberale Gelehrte wie Robert Pfaller, Vojin Saša Vukadinović oder Sandra Kostner.

In einem Manifest warnt das »Netzwerk« eindringlich: »Wenn Mitglieder der Wissenschaftsgemeinschaft aus Furcht vor den sozialen und beruflichen Kosten Forschungsfragen meiden oder sich Debatten entziehen, erodieren die Voraussetzungen von freier Wissenschaft. Eine solche Entwicklung wirkt sich negativ auf die Leistungsfähigkeit der Hochschulen und damit auf den

Wissenschaftsstandort Deutschland und seine internationale Reputation aus.« Für Mitte Juli 2021 war ein »Workshop Wissenschaftsfreiheit und Cancelculture« an der Ruhr-Universität Bochum geplant. Veranstalterin war Maria-Sibylla Lotter vom Lehrstuhl für Ethik und Ästhetik der Ruhr-Universität Bochum. »Der Workshop bringt Kritiker, Opfer und Verteidiger der Cancelculture miteinander ins Gespräch über rechtliche Grundlagen, Grenzen und aktuelle Probleme der Wissenschaftsfreiheit«, hieß es in der Ankündigung. Mit von der Partie waren einige Gelehrte, die auch in diesem Buch zu Wort kommen, wie Patsy l'Amour laLove, Susanne Schröter und Sandra Kostner.

Kostner ist die Sprecherin des »Netzwerks« und hauptberuflich Geschäftsführerin des Masterstudiengangs »Interkulturalität und Integration« sowie Diversitätsbeauftragte der Pädagogischen Hochschule Schwäbisch Gmünd. In einem Interview mit der *Zeit* Anfang Februar 2021 beschrieb sie die Wissenschaftler*innen und Studierenden näher, von denen die Einschränkungen an den Hochschulen ausgingen: »Sie kennzeichnet ein absoluter Wahrheitsanspruch. Kritik begegnen sie nicht mit Argumenten, sondern mit moralischer Diskreditierung, sozialer Ausgrenzung und institutioneller Bestrafung.« Forschung und Lehre nutzten sie, um die Gesellschaft gemäß ihrer politischen Einstellung zu verändern. Kostner nennt sie deshalb »Agenda-Wissenschaftler«.

Als ein Beispiel nennt Kostner die Gender Studies, die, obwohl sie selbst besonders angegriffen werden, paradoxer Weise dazu neigten, »intolerant gegenüber abweichenden Argumenten« zu sein. Der Publizist Vojin Saša Vukadinović, der das Manifest ebenfalls unterschrieben hat, führte für die – vorsichtig gesagt – sehr rauen Sitten bei den Gender Studies Mitte März 2021 in der *Frankfurter Allgemeinen Zeitung* als Beispiel die britische Philosophin Kathleen Stock an, die an der University of Sussex als Professorin für analytische Philosophie lehrt. Da sie (wie andere Feministinnen) Kritik an manchen Forderungen der trans*aktivistischen Bewegung hat, sei vor allem sie durch einen »Offenen Brief gegen Transphobie in der Philosophie« angegriffen worden. Vukadinović schreibt: »Unter den Unterzeichnern des verleumderischen Schreibens finden sich nun zahlreiche Namen von Philosophie-Dozenten und -Doktoranden aus Deutschland. Tätig sind sie unter anderem an der FU und HU Berlin, der Ruhr-Universität Bochum, der LMU München, den Universitäten Augsburg, Bielefeld, Erfurt, Hannover, Köln, Konstanz, Leipzig, Münster, Potsdam, Tübingen sowie an der RWTH Aachen. Sie beteiligten sich an einer orchestrierten Aktion gegen eine Einzelne, was zugleich unmissverständlich kommunizierte: Wage es nicht, dich genderkritisch zu äußern, denn damit legst du dich mit Hunderten von uns an, quer durch ebenso viele Institutionen in mehreren Ländern.«

Das ist recht typisch für die identitätspolitischen Debatten – und vielleicht funktionieren sie ja auch nur so: Werden Mitglieder von Minderheitengruppen durch Mikroaggressionen verletzt, wird dies sehr genau wahrgenommen und skandalisiert – wer aber von der identitätspolitischen Linie abweicht und etwa den konkreten Anlass der Erregung als weniger schlimm ansieht oder den Modus der Empörung zurückweist, muss vor allem in den Sozialen Medien mit harscher Resonanz zurechtkommen. Es dominiert eine Tonlage, die früher nur an, wie es landläufig heißt, Stammtischen zu hören war, selbstgewiss und zweifelsfrei, beleidigt und beleidigend und laut vor allem. Es besteht also eine ungute Gleichzeitigkeit von großer Verletzlichkeit einerseits und ebenso großer Bereitschaft, heftig auszuteilen, andererseits. Scharfe Zähne, dünne Haut. Jemanden ganz schnell mal politisch in die rechte Ecke zu stellen, das ist ziemlich üblich.

So erlebt es Sandra Kostner in ihrer eigenen Disziplin, der Migrationsforschung: »Ich bin dagegen, in Medien oder Politik Quoten einzuführen, damit Migranten dort anteilig vertreten sind. Die Folge: Ich gelte unter Agenda-Wissenschaftlern in meinem Feld als umstrittene Wissenschaftlerin. Denn weil ich gegen eine Quote bin, sei ich anschlussfähig für rechte Diskurse, weil die AfD ebenfalls keine solche Quote will. Mir wird also unterstellt, dass ich eine rechte, konservative oder neokonservative Wissenschaftlerin sei.« Das habe ganz konkrete Folgen, auch für sie: »›Umstrittene‹ Wissenschaftler werden seltener auf Konferenzen eingeladen, Verlage lehnen ihre Texte ab.«

Hinzu kommen Cancel-Techniken bei Hochschulveranstaltungen. Kostner selbst hat vor einigen Jahren den Politikwissenschaftler Hamed Abdel-Samad eingeladen, im Rahmen einer Ringvorlesung einen Vortrag zum Thema »Freiheit und Selbstbestimmung im Islam« zu halten. »Er sagte, dass eine Frau, die ein Kopftuch trägt, sich bewusst sein müsse, damit auch das Patriarchat auf den Schultern zu tragen – und dass er das Kopftuch aus Gründen der staatlichen Neutralität bei Lehrerinnen nicht akzeptabel finde. Daraufhin verließ eine kopftuchtragende Studentin den Raum.« Diese sei zur Polizei gegangen und habe eine Strafanzeige wegen Volksverhetzung gegen den Referenten gestellt. »Ihr Argument: Sie habe das Recht auf ein diskriminierungsfreies Studium, und das sei nicht gewährleistet, wenn Personen an die Hochschule eingeladen würden, die das Kopftuch kritisierten.« Kostner habe daraufhin eine Vorladung vom Staatsschutz bekommen.

Der Fairness halber sei ergänzt: Weder die bekannt gewordenen Studierendenproteste gegen einen Auftritt Thilo Sarrazins an der Uni Siegen noch diejenigen gegen eine Konferenz über das Kopftuch an der Goethe-Uni in Frankfurt am Main konnten am Ende verhindern, dass die Veranstaltungen stattfanden. Auch ist es kein neues Phänomen, dass Hörsäle besetzt und Redner*innen niedergebrüllt werden – das ist seit der Student*innenbewegung Ende der Sechzigerjahre so und war mindestens bis tief in die Achtzigerjahre nicht unüblich an deutschen Universitäten. Der Druck, der von den Sozialen Medien ausgeht, ist häufig aber noch persönlicher und anhaltender. Das beschreibt Mithu Sanyal in ihrem Roman *Identitti* eindrücklich – ein Großteil der Auseinandersetzungen und gegenseitigen Verletzungen, die bis zum Rufmord gehen, finden hier über die neuen elektronischen Medien statt. Das schildern buchstäblich alle, die in der Realität von solchen Beschimpfungen in der Form von Shitstorms betroffen sind.

Zwar gibt es in Deutschland keine »Hire-and-Fire«-Tradition wie in den USA, die dort identitätspolitisch motivierte Kündigungen extrem begünstigt. Aber Kostner weist zu Recht darauf hin, dass auch in der Bundesrepublik über 80 Prozent der Wissenschaftler*innen befristet beschäftigt sind. Das hat ihrer Meinung nach Folgen: »Sie verspüren den Druck, sich konform zu verhalten.« Wer sich an deutschen Hochschulen über Jahre im akademischen Mittelbau durchschlagen und sich in fragilen Kettenanstellungen von einem befristeten Vertrag zum nächsten hangeln muss, überlegt es sich zweimal, ob er oder sie den Kopf zu deutlich nach oben reckt und akademischen Trends oder Moden widerspricht, wenn man tragende Aspekte der Identitätspolitik dazu zählen darf.

Es liegt nahe, die identitätspolitische Strömung an den deutschen Universitäten mit dem »Marsch durch die Institutionen« der Achtundsechziger*innen zu vergleichen. Auch hier gab es Seilschaften, die sich gegenseitig stützten, Codewörter, die zu beherrschen fast Pflicht war, sektiererische Gruppen, aus denen man bei leichtesten Verfehlungen ausgestoßen werden konnte, und Tabuformulierungen, die einen schnell zum/zur Außenseiter*in machen konnten. Wer sich etwa weigerte, die Codes der Kritischen Theorie Theodor W. Adornos und Max Horkheimers zu übernehmen, wer sich marxistischen, wie es damals hieß, »Ansätzen« widersetzte, hatte es gerade in sozialwissenschaftlichen Fächern schwer. Und heute? Für Seyran Ateş, Anwältin, Frauenrechtlerin und Gründerin einer liberalen Moschee in Berlin, zeigt die Stärke der identitätspolitischen Strömung an den Universitäten, dass deren »Marsch durch die Institutionen« bereits geglückt sei. Angesichts der atmosphärischen Konsequenzen kann sie darin allerdings nichts Positives sehen. »Es ist bitter für mich, dies so zu formulieren. Denn ich komme aus der linken Ecke und hatte den Traum, dass ein linker und liberaler Einfluss an den Hochschulen eine Bereicherung für die Lehre sein würde.«

Nicht alle sehen die Lage so schwarz. Hedwig Richter, Professorin für Neuere und Neueste Geschichte an der Universität der Bundeswehr München, sieht den Einfluss des identitätspolitischen Konzepts in der Geschichtswissenschaft zumindest ambivalent. Uns sagt sie: »In der Geschichtsschreibung des Kaiserreichs tauchten lange Zeit die großartigen Aufbrüche der Frauen- und Homosexuellen-Bewegung gar nicht auf. Ich finde es jedenfalls interessant, mit den Ansätzen der Identitätspolitik auf die Geschichte zu schauen – allerdings darf man die holzschnittartigen Zugriffe, wie man sie mit der reinen Klassengeschichte hatte, nicht wiederholen, also: Die sind gut, die anderen böse.« Und sie ergänzt: »Historische Entwicklungen sind viel komplizierter und interessanter, als häufig angenommen wird, denn die Menschen und auch bestimmte Gruppen lassen sich meist nicht auf ein Set an Motiven oder auf eine Identität festlegen.«

Susanne Schröter ist unter anderem Leiterin des Frankfurter Forschungszentrums Globaler Islam (FFGI), Professorin am Institut für Ethnologie und Direktorin im Cornelia Goethe Centrum für Geschlechterforschung an der Universität Frankfurt am Main. Sie hat eine lange linke Geschichte, zu der ihr Engagement bei Aktionen gegen die »Startbahn West« am Frankfurter Flughafen gehört, eine Szene, aus der sie ausstieg, als im Zuge der Auseinandersetzungen zwei Polizisten getötet wurden. Auch Schröter ist Mitglied des oben genannten »Netzwerks«. Sie betont: »Anfangs fand ich es durchaus sinnvoll, den Zusammenhang zwischen verschiedenen Unterdrückungsverhältnissen herzustellen, doch irgendwann haben sich ideologische Konstruktionen herausgebildet, die totalitär und freiheitsfeindlich waren.«

Die Auswirkungen kann Schröter in ihren Lehrveranstaltungen beobachten: »Einige Studierende sind Aktivist*innen der Identitätspolitik, die ganz schnell mit ihren Schlagworten kommen und andere einschüchtern. Im Lockdown zu Corona-Zeiten, bei Online-Veranstaltungen, wenn der persönliche Kontakt fehlt, ist eine kontroverse Diskussion kaum mehr möglich. Sobald ein, zwei Leute aus dem identitären Lager auftauchen, erstirbt die Diskussion im Handumdrehen. Sie machen alle mundtot, indem sie sagen: Das und jenes darf nicht gesagt werden, alles steht unter Rassismusverdacht.« Nachher erhalte sie dann E-Mails von Studierenden, die sagten: »›So geht das nicht, ich habe mich völlig ausgegrenzt gefühlt. Ich kann überhaupt nicht mehr reden, wenn mir jedes Wort im Mund herumgedreht wird, wenn alles unter Verdacht steht.‹«

Der Druck geht Schröter zufolge jedoch nicht nur von identitätspolitischen »Pressure-Groups« unter den Studierenden aus, sondern auch von vor allem jüngeren Kolleg*innen in Forschung und Lehre. Wie an den US-Universitäten gibt es unter ihnen und durch sie eine starke Tendenz zum Konformismus: »Sie haben viele Jahre lang keine festen Stellen, leben in prekären Verhältnissen und sind in extremer Weise auf Unterstützung derjenigen angewiesen, die über Arbeitsverträge, Fördergelder, Publikationsforen und Vortragsgelegenheiten verfügen. Wenn dann einem der Ruf vorauseilt, man sei ›umstritten‹ (und das muss gar nicht begründet werden!), kann man die Karriere vergessen. Ohne Erklärung.« Wie sieht ein solches Karriereende konkret aus? »Man wird einfach nicht mehr eingeladen, die Forschungsprojekte werden nicht mehr genehmigt, man bekommt keine neuen Verträge mehr«, sagt Schröter. »Das betrifft alle, die über die ›falschen‹ Themen arbeiten. In meinem Fach wären dies zum Beispiel der politische Islam, gewaltlegitimierende Gendernormen oder ganz grundsätzlich alles, was die kulturrelativistische Doktrin in Frage stellt.«

Für Schröter sind nicht zuletzt materielle Anreize dafür verantwortlich, dass sich der Erfolg der Identitätspolitik unter anderem an den Universitäten selbst verstärkt: »Die Identitätspolitiken haben derzeit so einen Aufschwung, weil es ein Geschäftsmodell ist. Das lohnt sich. Wenn ich nicht aus tiefster Überzeugung gegen identitäre Politiken eingestellt wäre, weil ich glaube, dass sie falsch sind, universalistische Standards aufweichen und der Gesellschaft letztendlich schaden, würde ich sagen, da sattle ich erst einmal drauf. Da gibt es Geld, und zwar ohne Ende.«

Die Frankfurter Professorin will keine Panik verbreiten, aber sie sieht die Zeichen an der Wand. So verweist sie auf ein Detail, eine Handreichung der Gleichstellungsstelle ihrer Universität mit von oben verordneten Sprachregelungen, etwa der, »schwarz« immer groß zu schreiben wie in den USA. Mit der Großschreibung von »Schwarz« wird, knapp gesagt, angezeigt, dass man dieses Attribut in Bezug auf Hautfarbe nicht immer ganz wörtlich nehmen müsse, es geht eher um die Diskriminierungserfahrung, die nicht-weiße Menschen alle gemeinsam erdulden müssen. So fasst Susanne Schröter zusammen: »Wir sind noch nicht so weit wie in den USA, aber es gibt einen Ideologie-Transfer, der zu beobachten ist. Die identitätspolitische Richtung wird auch hierzulande definitiv stärker, weil sie gerade institutionalisiert wird.« Jedenfalls ist sie in der akademischen Welt nicht mehr nur eine frei zu diskutierende Weltanschauung unter anderen.

Besondere Brutstätten sieht der *taz*-Redakteur Christian Jakob, ein intimer Kenner linker Identitätspolitik, in bestimmten Disziplinen: »Heute sind die meisten Lehrstühle, an denen soziale Arbeit gelehrt wird, intersektional-identitär gestrickt, ebenso die Kulturwissenschaften, die Ethnologie, die postcolonial studies und Teile der Geschichtswissenschaften.« Aber eine Art Mainstream sei die identitätspolitische Ausrichtung an den deutschen Hochschulen insgesamt, und das habe auch PR-Gründe: »Natürlich wollen heute alle gegen Diskriminierung sein. Das ist in den letzten Jahren bis in hohe gesellschaftliche Sphären und in konservative Kreise gegangen: Auch die seriösesten Wissenschaftsinstitutionen etwa benutzen heute das Gendersternchen und setzen indische Studierende mit aufs Cover ihrer Publikationen.«

Also alles letztlich eine PR-Show, eine Modeerscheinung? Nein, so etwas Harmloses kann der Sozialpsychologe Harald Welzer, der unter anderem an der Europa-Universität Flensburg lehrt, in der Bewegung nicht erkennen. Er sieht »kleine, radikale identitätspolitische Gruppen von Studierenden«, die in manchen Fällen »extrem ausgrenzend vorgehen und von den Universitätsleitungen gedeckt werden, weil sie Angst haben, sich mit diesen Gruppen anzulegen.« Als ein Beispiel nennt er den Fall des Gedichts an der Berliner Alice-Salomon-Hochschule, er sieht darin einen »Sündenfall«.

Der Hintergrund: Vor zehn Jahren vergab die Alice-Salomon-Hochschule Berlin den Alice-Salomon-Poetik-Preis 2011 an den bolivianisch-schweizerischen Dichter Eugen Gomringer, einem Begründer der Konkreten Poesie. Aus diesem Anlass brachte die Hochschule sein aus dem Jahr 1951 stammendes Gedicht »ciudad (avenidas)« an der Südfassade der Hochschule an. Es lautet: «avenidas / avenidas y flores / flores / flores y mujeres / avenidas / avenidas y mujeres / avenidas y flores y mujeres y / un admirador». (auf Deutsch: »Alleen / Alleen und Blumen / Blumen / Blumen und Frauen / Alleen / Alleen und Frauen / Alleen und Blumen und Frauen und / ein Bewunderer«.) Im Jahr 2017 protestierte der Allgemeine Studierendenausschuss (AStA) gegen das Gedicht: Es setze Frauen herab. Der AStA verlangte die umgehende Entfernung des Gedichts – ein Jahr später ließ die Hochschule Gomringers Zeilen tatsächlich überpinseln.

Warum regt sich Welzer so darüber auf? »Es geht nicht um Literatur, nicht um Historizität des Gedichtes von 1951, nicht um die Kunstform der Konkreten Poesie – auch nicht darum, dass Gomringer ja einen Poetik-Preis genau dieser Hochschule gewonnen hatte.« Es scheinen sich hier zwei Entwicklungen, auch an den Unis, zu überschneiden: Die Angehörigen der älteren Generation wollen um fast jeden Preis von der jüngeren gemocht werden, und die jüngere erträgt beinahe nichts, was sie irgendwie verstört – und sie lässt sich zugleich durch alles Mögliche verstören. Es gibt also tendenziell zwei Seiten, die beide weder Widerspruch noch Kritik ertragen können. Welzer spitzt dieses Ping-Pong-Spiel so zu: »Wir haben das ja schon lange, dass die Dozenten und Professoren an den Universitäten sich nicht mehr trauen, ihre Studierenden zu kritisieren. Denn die sind dann ja böse. Bei Eltern ist es ähnlich, die trauen sich auch nichts mehr, denn dann sind ihre Kinder böse.«

Welzer hat für diese Entwicklung ein Beispiel aus eigenem Erleben parat: »Bei einer Tagung über Krieg habe ich vor zwei Jahren Aussagen von deutschen Wehrmachtssoldaten zitiert. Da meldete sich eine Studentin und fragte, warum ich zuvor keine Triggerwarnung gegeben habe. Ich hätte bei einer Kriegstagung also eine Warnung geben müssen, dass es auch um die Vergewaltigung von Zwangsarbeiterinnen gehen könnte. Ich sagte zu ihr: Wir sind auf einer wissenschaftlichen Tagung, bei der es um Krieg und Gewalt geht – sollen wir nicht über Krieg und Gewalt reden? Da meldete sich die veranstaltende Professorin und sagte, diese Kontroverse könne man nun nicht aufmachen.« Und Welzer legt nach: »Da ist das Problem: Wenn Leute blöde Sachen denken in einem bestimmten Alter, ist das völlig okay. Aber wenn niemand mehr etwas dagegen sagt, dann geht es bergab mit der Wissenschaftsfreiheit.«

Der Sozialpsychologe ist so entsetzt über die Identitätspolitik, dass er sogar eine gewagte Parallele sieht: »Es ist auch interessant, dass die Nazibewegung zum großen Teil von den Universitäten ausging. Gerade die Studentenschaft war hoch anfällig für totalitäres Denken. Die identitätspolitische Ideologie ist attraktiv für Menschen, die eine hohe Ausbildung haben und nach Möglichkeiten suchen, die in irgendeiner Weise mächtig werden zu lassen.« Nazivergleich hin oder her: Wir verstehen Welzer so, dass es naiv wäre, die Auswüchse einer Bewegung wegzunicken, nur weil sie im Kern irgendwie links und eher jung ist.

Bisher haben wir in diesem Abschnitt Stimmen von Menschen zitiert, deren Studium schon eine Weile zurückliegt. Wie aber wirkt sich die identitätspolitische Strömung im Leben von Student*innen in Deutschland aus? Näheren Einblick in den studentischen Alltag kann Cindy Adjei geben. Sie kommt aus dem sehr armutsgeprägten, doch wegen der vor zehn Jahren noch tieferen Mieten hippen und Erasmus-Studierenden-geprägten Berliner Bezirk Neukölln. Aufgewachsen ist sie gleichwohl auf halbem Wege zum Flughafen Schönefeld, in der Gropiusstadt, die bei der heranwachsend-akademischen Elite noch nie in Mode stand. Adjei studiert deutsche Literatur und American Studies an der Humboldt Universität. Sie hat einen Familienhintergrund, ihre Mutter betreibt einen Afroshop in Neukölln mit Lebensmitteln und Haarpflegemitteln, ein kleines Café ist noch dabei und ein Friseur im Hinterzimmer. Von »begüterten Verhältnissen« würde man hier wohl nicht reden.

An der Uni fällt Cindy Adjei nicht nur manchmal auf, wie sehr sie sich durch ihre soziale Herkunft von den meisten ihrer Mitstudierenden unterscheidet: »Ich bin an der Uni mit vielen privilegierten Menschen zusammen. Ich sehe mich auch als irgendwie privilegiert an. Ich habe vielleicht nicht das Geld, das andere haben, aber ich habe Bildungskapital von Zuhause mitbekommen. Damit meine ich, dass eine gute Bildung für meine Eltern sehr wichtig war und auch immer noch ist.«

Dennoch scheint es ihr manchmal fast so, als prallten in ihrem Studium zwei Welten aufeinander: »Manche Frauen wollen mir an der Uni zum Beispiel ein schlechtes Gewissen einreden, weil ich Tampons benutze und kein Menstruationstässchen. Ich musste mich verteidigen, denn das sei ja so schlecht für die Umwelt. Dabei sind wir doch alle für Pro Choice – da werde ich doch wissen, was

am besten für meinen Körper ist.« Sie ergänzt: »Manche Kommiliton*innen mokieren sich auch darüber, dass ich bei den Jusos
bin: Da sei doch eine so alteingesessene Partei, die machten doch
eh' nichts für mich. Das ist mit manchen eine endlose Diskussion.
Das sind dann so Momente, in denen ich merke, ich passe hier
doch nicht so krass rein. Die meisten kommen aus bürgerlichen
und Akademiker*innen-Familien. Die *shamen* von einer anderen Position aus. Das sind Leute, die sehe ich vielleicht zweimal
die Woche. Und die wollen dann die Moralkeule schwingen.«

Wenn man Cindy Adjei länger zuhört, wächst der Eindruck,
als sei die identitätspolitische Strömung an den Universitäten
häufig auch ein Distinktionsmerkmal des Mittelstandsnachwuch-
ses gegenüber scheinbar weniger gebildeten und sozial abgesi-
cherten Schichten, die eher selten über das gleiche modisch woke
Vokabular und die passenden angesagten Attitüden verfügen
können – und da spielt die Hautfarbe plötzlich offenbar nicht
mehr so eine große Rolle. »Man wird kritisiert, wenn man etwas
falsch sagt, weil man nicht so da reingewachsen ist und nicht
gelernt hat, dass zum Beispiel Transgender kein guter Begriff
ist. Besser ist, zu sagen: Transmann oder Transfrau, das habe ich
jetzt gelernt.« Sie sagt: »Ich höre Belehrungen auch von Schwarzen wie: Jeder schwarze Mensch wird per se unterdrückt, egal,
wie wir groß werden.«

Die Kids der Bourgeoisie, mit denen es zum Beispiel Adjei zu
tun hat, scheinen sich durch besonderes Sendungsbewusstsein
hervorzutun, und das wiederum hat vielleicht mit dem zu tun,
was sie von zu Hause mitbekommen haben. Etwas pointierter
formuliert: Es scheint, als ob die Identitätspolitik, die doch Minderheiten ermächtigen und ihre Sichtbarkeit beziehungsweise
ihren Sprechanteil erhöhen soll, in der Realität der Uni eher die
privilegierten Kids des weißen Bürgertums munitioniert.

Das deutet Adjei, wenn wir sie recht verstehen, an, wenn sie
sagt: »Zugezogene linke Weiße an der Uni sind Menschen, die sich
sehr gerne sprechen hören. Und es gibt ja sogar Studien, dass die,
die gerade viel gelernt haben über Feminismus oder Antirassismus, darüber auch ganz viel reden wollen. Da solche Leute in
der Mehrzahl sind und bessere Tools haben, sich auszudrücken,

haben die einen großen Sprechanteil.« Wie kommt sie damit zurecht? »Manchmal bin auch sprachlos gegenüber so selbstsicheren weißen Mittelstands-Kommiliton*innen, die alles besser wissen. Aber ich habe da gelernt, einfach mal kurz die Fresse zu halten. Denn man verletzt die Leute auch so schnell, wenn man denen sagt: ›Was redest du jetzt eigentlich für einen Scheiß?‹ Denn viele Leute aus privilegierten Familien meinen es ja auch nicht böse. Aber sie haben halt wenig Einsicht darin, wie die Welt von BIPOCs (»Black, Indigenous, People of Color«) in der Realität wirklich aussieht.«

Es ist ein durchaus stichhaltiger Vorwurf gegen die Identitätspolitik, dass sie zu sehr auf die Hautfarbe (also »race«) achte und dabei die soziale Frage (also »class«) zu wenig beachte. Jedenfalls ist bezeichnend, dass im Uni-Alltag die Fragen »Wer ist eigentlich privilegiert – und welche Rolle spielt dabei am Ende die Hautfarbe?« fast unlösbar miteinander verknotet zu sein scheinen, wenn sozial eher privilegierte, aber woke und weiße Studierende mit nicht-weißen Kommiliton*innen zu tun haben, die sowohl von ihrer Hautfarbe wie von ihrer Herkunft als eher unterprivilegiert gelten müssen.

Adjei erzählt von einem Erlebnis, das für eine merkwürdige Verteilung von Empathie und den oft performativen, bloß abnickenden Charakter steht, den Identitätspolitik bei vielen ihrer Fans hat. Eine Kommilitonin, so Adjei, sei »Veganerin, ein herzensguter Mensch. Sie hat mir neulich gesagt, sie esse jetzt auch keine Pilze mehr, denn sie habe eine Doku gesehen, dass Pilze miteinander kommunizieren. Sie musste fast weinen, denn das seien doch auch Lebewesen.« Es entspann sich eine Diskussion zwischen den beiden, und Adjei erklärte ihr, »dass in Ghana das Fleisch ganz anders produziert wird und viele Menschen davon einfach leben müssen. Sie sagte: Na, gut, aber trotzdem. Ich dachte mir: Kommt da jetzt noch ein Argument? Ein Satz der Selbsterkenntnis wie: ›Das ist eben unsere privilegierte Sichtweise, wir sehen das nicht‹ – nein, dieser Satz kommt selten.«

Unter Studierenden der geistes- und sozialwissenschaftlichen Fächer scheint die identitätspolitische Strömung also auch hierzulande sehr populär zu sein. An den Universitäten insgesamt, und da wiederum vor allem in den genannten Disziplinen, wird sie offenbar ebenfalls immer mächtiger – auch wenn sie noch lange nicht die Durchschlagskraft hat wie etwa in den USA. Auf Seiten der Lehrenden gewinnt aber auch der Widerstand gegen zumindest bestimmte Übertreibungen dieser Denkrichtungen an Zulauf.

Die Kulturszene

Was an den Universitäten wichtig ist, bleibt nicht lange nur in ihnen: Das linksidentitäre Denken komme in einem diskursiven Prozess »in die Gesellschaft hinein und dann in die Institutionen. So breitet es sich aus, genauso wie in früheren Zeiten andere Denkschulen«, sagt *taz*-Redakteur Christian Jakob. Die Identitätspolitik sei sehr stark, »wo Kultur entsteht und vorgedacht wird, also an Kunsthochschulen oder an Theatern«, ergänzt Harald Welzer. Und er warnt: »Gefährlich wird es, wenn dieses identitätspolitische Denken in die Schulen eindringt, auch in Schulbücher. Gleiches gilt für die öffentlich-rechtlichen Rundfunkanstalten, in denen selbst beim ›Tatort‹ dieser ganze Zauber immer mehr Berücksichtigung findet.«

Aber treffen diese Beobachtungen zu? Wie stark ist die identitätspolitische Strömung mittlerweile in der deutschen Kulturszene? Gehören wirklich die Shitstorms gegen den Kabarettisten Dieter Nuhr wegen seiner Sticheleien gegen Greta Thunberg oder wegen seines Audio-Beitrags für die Deutsche Forschungsgemeinschaft (DFG) dazu? Wir sehen das eher nicht so. Es ging ja in beiden Fällen allenfalls am Rande um typisch identitätspolitische Diskurse. Auch die Auseinandersetzungen um die Kabarettistin Lisa Eckhart und ihre Ausladung (und dann wieder Einladung) beim Hamburger Harbour-Front-Literaturfestival, zu dem sie dann selbst nicht mehr kommen wollte, zählen nach unserer Ansicht nicht wirklich dazu. Warum? Weil der Antisemitismusvorwurf, der gegen sie im Raum stand, ob berechtigt oder nicht, wohl auch ohne die identitätspolitische Bewegung zu großen Debatten im deutschsprachigen Raum geführt hätte.

Eher dazu passte die Diskussion darüber, ob die Autobiografie des US-Filmregisseurs Woody Allen trotz der alten Missbrauchsvorwürfe gegen ihn in einem deutschen Verlag erscheinen sollte. Denn dieser Cancel-Forderung lag ja tatsächlich die identitätspolitisch grundierte Auffassung zugrunde, dass Aussagen von Opfern sexueller Gewalt grundsätzlich nicht anzuzweifeln seien. Aber am Ende fand sich dann eben doch ein wichtiger deutscher Verlag, der die Autobiografie veröffentlichte, der Cancel-Versuch lief also ins Leere. Für Daniel Kehlmann zeigt der Fall, »dass das eine amerikanische Diskursmode ist, die bei uns nicht Fuß fasst (...) Die Medien haben in breiter Front die Veröffentlichung unterstützt.«

Ein Fall in der deutschen Kulturszene hatte allerdings eindeutig eine identitätspolitische Grundierung: Die junge Buchhändlerin Emilia von Senger machte nach vielen Mühen im Dezember 2020 trotz Corona am Kottbusser Damm in Berlin-Kreuzberg ihren queerfeministischen Buchladen »She said« auf – angeblich ist es der erste Deutschlands mit dieser Attributierung. Von Senger erklärte öffentlich, ihre Buchhandlung solle auch ein »Raum der Begegnung« und ein »politischer Ort« sein, ja ein »Safe Space« für alle, die ihre Existenz in der Gesellschaft als unsicher erlebten.

Aber dann kam Mitte Februar 2021 eine identitätspolitische Attacke von völlig unerwarteter Seite: Auf ihrem wöchentlichen Instagram-Videolog warfen die Berliner Künstler*innen Moshtari Hilal und Sinthujan Varatharajah ausgerechnet der so woken Neu-Buchhändlerin vor, dass sie Vorfahren habe, die »im Nationalsozialismus tätig« waren. Das stimmt in gewisser Weise: Emilia von Sengers Urgroßvater war General der Wehrmacht, ihr Großvater war ebenfalls Offizier im Weltkrieg und in der Bundesrepublik General der Bundeswehr. Sie thematisierte auch öffentlich, dass ein Teil des Geldes zur Eröffnung ihres Buchladens aus ererbtem Vermögen stammte.

Das aber machten die Künstler*innen ihr de facto zum Vorwurf. Im Video der beiden wurde vorgeschlagen, hierzulande geborene Deutsche »Menschen mit Nazihintergrund« beziehungsweise »Genozidhintergrund« zu nennen. Eine Begründung: Viel

Kapital, das als Erbe auf die sogenannten Bio-Deutschen gekommen sei, sei in der NS-Zeit erwirtschaftet (oder gestohlen) worden – insofern profitiere noch die heutige Enkel-Generation von den Untaten ihrer Großeltern, während Deutsche mit Migrationshintergrund logischerweise davon nicht profitierten. Dahinter steht das Privileg-Argument, das in der identitätspolitischen Logik zentral ist. Deshalb funktionierte von Sengers Fall fast wie ein Paradebeispiel. Varatharajah behauptete zudem, dass beide Generäle von Senger »wahrscheinlich« an Massakern an der Zivilbevölkerung im Zweiten Weltkrieg beteiligt gewesen seien – Vorwürfe, die noch von historischen Fachleuten in Archiven und im Detail überprüft werden müssten. In einem FAZ-Artikel, der die Affäre groß diskutierte, blieb das am Ende offen, auch wenn wohl nicht sehr viel dafür spricht.

So oder so: Das kann man wohl einen Angriff aus der identitätspolitischen Ecke nennen. Und wie reagierte die woke Buchhändlerin darauf? Emilia von Senger zeigte sich öffentlich zerknirscht. Auf Instagram antwortete sie auf die Vorwürfe der Künstler*innen fast devot, jedenfalls ausgesprochen lernwillig und mit der sehr freien Rechtschreibung auf dieser Plattform: »›Kritik ist Liebe‹ wurde am Montag von Moshtari Hilal und Sinthujan Varatharajah bei ihrem Insta Live zu Nazi Erbe in der Kulturbranche gesagt. Auch wenn es sich für mich gestern nicht so angefühlt hat, haben beide mir ein wichtiges Signal gesendet. Einen queerfeministischen Buchladen zu eröffnen und gleichzeitig nicht über seine Nazi Familiengeschichte zu sprechen, geht nicht. Ich möchte nun also diesen überfälligen Schritt gehen und versuchen so transparent wie möglich zu sein. Mangelnde Transparenz liegt teilweise auch am mangelnden Wissen, was natürlich keine Entschuldigung ist sondern ein Beweis fehlender Aufklärungsarbeit ist.« Allerdings, so schob Emilia von Senger später hinterher, sei ihr Buchladen »ein Gegenentwurf zu allen Werten, für die die drei Großväter standen«.

Im März 2021 gab es in der deutschen Theaterszene einen Fall, in dem Rassismus anzutreffen war – und identitätspolitische Konsequenzen gezogen wurden. Im Düsseldorfer Schauspielhaus, so beklagte sich der PoC-Schauspieler Ron Iyamu, sei er während der

Proben mit »Sklave« tituliert worden (was allerdings zu seiner damaligen Rolle passte). Ein Kollege fand es zudem witzig, ihn mit dem N-Wort zu belegen und mit einem Theatermesser in der Hand zu drohen, ihm die Hoden abzuschneiden. Und es war nicht der einzige Fall, bei dem von Seiten des Personals Rassismus und Judenfeindlichkeit in diesem Hause angeprangert wurden.

Die Konsequenz aus diesem Eklat: Die schwarze Regisseurin und Aktivistin Natasha A. Kelly und andere PoC-Schauspieler*innen kündigten an, die Zusammenarbeit mit dem Düsseldorfer Schauspielhaus zu beenden. Die Gruppe forderte in einer Petition beträchtliche öffentliche Mittel in mindestens siebenstelliger Höhe für den Aufbau eines Theaters erst einmal nur für schwarze Schauspieler*innen. Sozusagen als Wiedergutmachung. Im *Spiegel* wurde Kelly mit der Aussage zitiert, die Theater in Deutschland funktionierten »immer vor dem Hintergrund einer eurozentristischen Perspektive.« Das könne man versuchen zu korrigieren mit Workshops und Aufarbeitung. »Aber wir wollen jetzt die Möglichkeit, diesen seit 2000 Jahren andauernden weißen Blick zu durchbrechen. Wir wollen die Blickrichtung komplett ändern.«

Man könnte also sagen, in der deutschen Kulturszene gibt es die identitätspolitische Strömung zwar, aber sie ist bei weitem nicht so einflussreich wie in der US-Kulturszene. Allerdings drängt sich uns der Eindruck auf, dass wir hierzulande erst am Anfang einer Entwicklung stehen.

Die Medien

Zeigt sich der Einfluss der identitätspolitischen Bewegung im US-amerikanischen Journalismus wie in einem Brennglas bei der *New York Times,* so lohnt sich für die hiesigen Verhältnisse vor allem der Blick auf eine viel kleinere Zeitung, die aber in diesem Zusammenhang von kaum zu überschätzender Bedeutung ist: die *tageszeitung – taz* in Berlin, ein feinfühligstes und exzellent informiertes Zentralorgan der linken Bewegungen. In gewisser Weise hat die *taz* den großen identitätspolitischen Diskurs in der deutschen Öffentlichkeit (ungewollt) auch erst ins Rollen gebracht, sie ist seit Jahren fast so etwas wie ein öffentliches Labor für diese Entwicklungen. Die ersten Sprachdebatten um feministische Sprachformen wie das Binnen-I fanden dort statt – vor 36 Jahren.

Unumstritten ist: Die identitätspolitische Richtung ist in der *taz* stark repräsentiert, aber Mitte Juni 2020 hat es exakt um diese Weltanschauung richtig geknallt. Der Anlass oder Grund war eine Kolumne der Schriftsteller*in und Aktivist*in Hengameh Yaghoobifarah – eine sich selbst als non-binär verstehende Person, die 1991 in Kiel geboren wurde und in der *taz* als freie »Mitarbeiter_in« vorgestellt wird. In einer Kolumne sinnierte sie darüber, welche Jobs Polizist*innen annehmen könnten, wenn die Polizei aufgelöst würde, wie es in den USA nach den »Black Lives Matter«-Protesten gefordert worden war. Sie kommt zu dem Ergebnis: »Spontan fällt mir nur eine geeignete Option ein: die Mülldeponie. Nicht als Müllmenschen mit Schlüsseln zu Häusern, sondern auf der Halde, wo sie wirklich nur von Abfall umgeben sind. Unter ihresgleichen fühlen sie sich bestimmt auch selber am wohlsten.«

Das ist allenfalls mit literaturwissenschaftlichem Goodwill als antirassistische Satire zu verstehen, aber die meisten lasen das Stück so, als dass Polizist*innen auf die Mülldeponie müssen, ja Müll *sind* – Müllmenschen passt ja nicht, wie Yaghoobifarah in dem Text betont, vielmehr sei der Platz der Polizist*innen auf der Halde, »nur von Abfall umgeben«, eben »unter ihresgleichen«. Die Deutsche Polizeigewerkschaft und die Gewerkschaft der Polizei erklärten, sie würden Anzeigen gegen die *taz* erstatten. Bundesinnenminister Horst Seehofer (CSU) kündigte dies ebenfalls gegen Yaghoobifarah an, entschied sich aber nach immenser Kritik in der Öffentlichkeit gegen diesen Schritt. Die Berliner Staatsanwaltschaft begann eine Vorprüfung, aber sah dann in der Kolumne keine Straftat und stoppte die Ermittlungen.

Das Medienecho aber war enorm – und in der *taz* prallten Für und Wider frontal aufeinander, in Konferenzen, im Intranet, aber auch in Artikeln, die veröffentlicht wurden. Das Erstaunliche ist: Obwohl die Kolumne mit keinem Wort eine irgendwie geartete identitätspolitische oder migrantische Perspektive beansprucht oder auch nur andeutet, wurde Hengameh Yaghoobifarah genau mit diesen Argumenten häufiger verteidigt. Diesen Spin verfolgte unter anderem Saskia Hödl, selbst »Person of Color« und Ressortleiterin des Gesellschaftsressorts »tazzwei«, wo die Kolumne erschienen war. Sie schrieb: »Es ist eben das Private politisch und im Grunde ist alles Identitätspolitik.« Ein Satz, den man sich auf der Zunge zergehen lassen muss: Bedeutet das etwa, dass alles, alle gesellschaftlichen Entwicklungen, jegliche Politik durch die Schwarz-Weiß- oder PoC-Brille gesehen werden muss? Oder war anderes gemeint?

Und weiter argumentierte Hödl: »Als BPoC (»Black and People of Color«) in einer deutschen Redaktion zu arbeiten bedeutet in der Regel, viele, zum Teil sehr verletzende Debatten führen zu müssen (...) Und für manche heißt es, sich den diskursiven Basisregeln, die andere aufgestellt haben, zu widersetzen.« Das ist kaum anders zu lesen als: Für BPoC wie Yaghoobifarah gelten andere »diskursive Basisregeln«, da sie nicht von ihnen stammen. Das geht eindeutig in die Richtung, dass PoC oder BPoC offensichtlich über den Regeln der Fairness und journalistischen Präzision stehen, wenn sie aus ihrer Betroffenheit heraus argumentieren – und die, wie es viele lasen, Entmenschlichung von Polizist*innen gehört da wohl irgendwie dazu.

Wie sieht die Co-Chefredakteurin der *taz*, Ulrike Winkelmann, den Konflikt um die Kolumne mit mehr als einem halben Jahr Abstand? Winkelmann kam erst ein paar Monate nach der eigentlichen Debatte (zurück) in die *taz*, sie war also keine direkt Beteiligte. In einem Gespräch mit uns sagt sie: »Es herrscht bei der jetzigen Debatte um Identitätspolitik ein Kampf um Aufmerksamkeit und damit auch um öffentliche Macht, um Diskursmacht. Es gibt neue Akteur*innen, die verlangen ihren Raum in den Medien, auch bei uns. Es ist auch Teil einer großen Emanzipationserzählung.« So weit, so gut. Aber Winkelmann schränkt ein: »Diese Emanzipationserzählung der Identitätspolitik hat aber auch ihre Schattenseiten, so wie sie alle Emanzipationsbewegungen in der Vergangenheit hatten.« Auch die zweite große Feminismuswelle im 20. Jahrhundert sei ja mit Übertreibungen, unhaltbaren Anwürfen und Vorwürfen, die man heute so nicht mehr formulieren würde, einher gegangen.

Mit einer gewissen Gelassenheit erklärt Winkelmann folgerichtig: »Vertreter*innen der migrantischen oder nicht-weißen Community sagen: ›Jetzt sind wir dran!‹« Das müsse man akzeptieren. Sie sehe nicht ein, warum diese Gruppe anders behandelt werden sollte als etwa die Frauen der Frauenbewegung in den Sechziger- und Siebzigerjahren, die auch gesagt hätten: »›Jetzt sind wir dran! Da muss der eine oder andere Mann schon mal weichen.‹«

Obwohl Winkelmann gerade einmal um die 50 Jahre alt ist, sagt sie: »Ich amüsiere mich in vieler Hinsicht auch oft. Denn es ist ja ein Emanzipationskonflikt und ein Generationenkonflikt zugleich.« Schließlich meint sie mit leichter Selbstironie: »Da möchte ich gern mal weise und grauhaarig sagen: ›Da brauchen die jungen Leute eben hier mal ihren Raum.‹ Obwohl ich diesen identitätspolitischen Aktivismus oft weder inhaltlich und erst recht nicht im Ton teile.«

War also alles eher harmlos? Nein, bestimmt nicht. Besonders emotionalisierend wirkt der häufig vorgebrachte Rassismusvorwurf, in ihm trete »das spalterische Potential des identitätspolitischen Ansatzes« zu Tage, meint Winkelmann. »Selbst wenn der Vorwurf einzeln und konkret niemandem gemacht wird, so ist es doch schwierig, wenn das intersektionale Camp eine Debatte unter dem Vorzeichen führt, der *taz* oder einem Großteil der *taz* sei vorzuwerfen, rassistisch zu sein. Das muss auch die Kolumnen-Debatte so verletzend gemacht haben.«

Auch wenn diese eher sachten Worte es nicht unbedingt vermuten lassen: Es war ein harter Konflikt um die »Müll«-Kolumne in der *taz* – und tatsächlich sind einige Wunden geblieben. Der *taz*-Politik-Redakteur Felix Lee, in Wolfsburg geborenes Kind eingewanderter chinesischer Eltern, erzählt: Als die Wellen wegen der Kolumne im Sommer 2020 hoch schlugen, schrieb ihm eine Kollegin per Twitter: »›Von dir als PoC hätte ich mir schon mehr Solidarität erwartet.‹ – dabei fand ich die Kolumne falsch.« Lee analysiert: »Dass mich dieser Tweet als angeblich Nicht-Deutscher irgendwie beeinflussen sollte, das hat mich empört. Da müssten wir doch in der Linken deutlich weiter sein als das an solchen Merkmalen fest zu machen, ob ich nun deutschstämmig bin oder nicht. Das kann ich bis heute nicht nachvollziehen.« Und er ergänzt: »Es war übrigens nicht das erste Mal, dass von linker Seite von mir erwartet wurde, qua Herkunft mich mit etwas solidarisch zu zeigen, was ich inhaltlich ablehne. Das ist auch eine Form der Diskriminierung.«

taz-Redakteur Christian Jakob beleuchtete wenige Tage nach der Kolumne in einem, wie wir fanden, fairen Artikel die Diskussion und ihre Hintergründe. Darauf erhielt er innerhalb der Zeitung ganz unterschiedliche Reaktionen, die die Dramatik der Zerwürfnisse aufzeigt: »Von ›Der Artikel hat mich versöhnt. Ich war schon drauf und dran zu gehen‹ bis zu ›Das war gemein, das war nicht fair.‹« Oder: »›Wir müssen jemanden finden, der Dich widerlegt, sonst ist die Diskussion vorbei, und das wäre nicht gut.‹ oder ›Das kam so scheinbar objektiv daher, war es aber gar nicht, deshalb war es hinterfotzig.‹« Interessant auch ein weiterer Einwand, den er aus einem Gespräch noch in Erinnerung hat: »Es hieß unter anderem, ich hätte den PoC-KollegInnen nicht in dieser Form widersprechen dürfen. Das ist eine merkwürdige Vorstellung: Wir machen jetzt Diversity stark und holen PoC-Journalist*innen gleichberechtigt in die Redaktion, damit sie Gehör finden – aber ihnen soll man dann bitte nicht widersprechen.«

Auch Jakob sieht einen Generationenkonflikt am Werk: »Identitärer Antirassismus ist für viele Junge, die derzeit in politische oder publizistische Positionen kommen, einfach gesetzt.« Das mag in der Tat ein Teil der Erklärung sein. Gerade bei der *taz*, aber nicht nur dort, kommt der Nachwuchs fast direkt von den Hochschulen in die Redaktion – mit den entsprechenden identitätspolitischen Prägungen. Ulrike Winkelmann beschreibt, welche Faktoren die derzeitige Absolvent*innengeneration aus ihrer Sicht prägen: »Die Jahrgänge heute sind kleiner und haben viel, viel bessere Jobchancen als etwa die geburtenstarken Jahrgänge 1964 bis 1968. Diese Studierenden heute haben vom ersten Tag ihrer Bildungskarriere an direkt oder indirekt mitgeteilt bekommen, dass jede und jeder von ihnen kostbar, unersetzlich sei, dass man sie brauche. Das ist ein großer Unterschied zu den

Achtzigern und Neunzigern und wirkt sich erkennbar auf das Selbstverständnis und Selbstbewusstsein aus.«

Und Auswirkungen auf die Medienlandschaft hat es nach Winkelmanns Einschätzung auf jeden Fall: »Die Studierenden sind artikulierter und medienerfahrener als unsere Jahrgänge Mitte der Neunziger. Sie sind selbstbewusster – aber nutzen ähnliche Mittel der Selbstermächtigung, wie sie mir von damals vertraut sind.« Auch dass »die Errungenschaften des liberalen Rechtsstaates« so wenig Anerkennung fänden, führt sie auf die Jugend der Aktivist*innen zurück – sie selbst sei in dieser Hinsicht allerdings früher auch nicht besser gewesen. Und das muss nicht das Ende des Lieds sein, denn ein noch neueres Thema könnte bald alles überlagern, deutet die *taz*-Chefredakteurin an: »Ich glaube zum Beispiel, dass für die jüngere Generation das Thema Klimawandel stärker ist als Identitätspolitik. Die Rettung des Planeten ist einfach wichtiger als alles andere. Ich spüre auch in der *taz* in Sachen Identitätspolitik ein Entgegenkommen in vielen persönlichen Gesprächen.«

Hier müssen wir auf den Topos Mikroaggressionen eingehen. Gerade im Journalismus wird (oft in Ich-Reportagen) häufiger gesagt oder geschrieben, dass man/mensch als PoC Mikroaggressionen erleide, die man als Nicht-PoC gar nicht nachempfinden könne. Aber ist das wirklich so? Ulrike Winkelmann ist da vorsichtig: »Ich glaube, viele Leute, die damit regelmäßig argumentieren, sind gar nicht so empfindlich. Sondern sie nutzen eine Gelegenheit, sich oder auch ihrem Anliegen Aufmerksamkeit zu sichern, indem sie Empfindlichkeit auch performen.« Sie ergänzt, auch wenn sie dies in ihrer Zeitung noch nicht erlebt habe: »Da wird etwas behauptet, von dem ich kaum glauben mag, dass es jemanden wirklich aus der Bahn wirft. Sondern es geht um Themensetzung und Aufmerksamkeitsökonomie. Vielfach wird auch eine Erschütterung gezeigt, die mir nicht ganz echt vorkommt.« Dieses Unbehagen aber ist kaum zu thematisieren: »Ich glaube, es hat keinen Sinn, bei angeblichen Mikroaggressionen zu sagen, ihr solltet etwas hornhautiger sein. Denn da ist ja meist überhaupt nicht das Problem, sondern dass da vielmehr mit unterschiedlichen, teils unfairen Mitteln um Diskursmacht gestritten wird.«

Sowohl in den USA als auch in Deutschland hat eine neue Generation (vielleicht erstmals seit den Siebzigerjahren) wieder Gefallen daran gefunden, die eigene Subjektivität stärker zu betonen, sich einer als gut erkannten Sache zu verschreiben und sich auch irgendwie als Aktivist*innen für diese Sache zu begreifen. Bari Weiss hat dieses Phänomen für die *New York Times* beschrieben, Mithu Sanyal beschreibt es in ihrem Roman *Identitti* für das Uni-Milieu gut in der fiktiven Figur der Professorin Saraswati, die bewusst sowohl Lehrerin wie Aktivistin für die Identitätspolitik ist und dafür von vielen ihrer Studierenden geradezu verehrt wird.

Auch in der *taz* hat der Aktivismus für die gute Sache der Identitätspolitik vor allem bei jüngeren Kolleg*innen eindeutig zugenommen. Das ging so weit, dass Felix Zimmermann, langjähriger Chef der »taz am Wochenende« und ein charmant-überzeugter Kritiker dieser Entwicklung, an der Wand über seinem Schreibtisch vor einiger Zeit ein Stück Pappe aufgehängt hatte, auf die er schrieb: »Kein Fußbreit den Aktivisten! Für 100 % Journalismus in der *taz*.« Die freie Journalistin Anna Fastabend schrieb dazu in der internen Abschiedszeitung für Zimmermann, der die Ressortleitung im Sommer 2021 abgegeben hat: »Es ist lustig, weil Felix die Demo-Methoden der Aktivist:innen imitiert, um sie zugleich zu kritisieren. Und es ist bemerkenswert, weil er mit dieser Haltung in der taz relativ alleine ist.«

Stehen nun die Erfahrungen in der *taz* für eine generelle Entwicklung im deutschen Journalismus? Schwer zu sagen. Wir fanden die Einschätzungen von Ijoma Mangold allerdings recht hilfreich. Mangold ist Autor und als Mitglied der *Zeit*-Redaktion einer der führenden Literaturkritiker des Landes; seine Mutter ist Schlesierin, sein Vater Nigerianer. Er kann wenig mit Identitätspolitik anfangen. Das Konzept »Person of Color« ist ihm beispielsweise eher fremd: »Ich möchte nicht verstanden werden als ein schwarzer oder PoC-Intellektueller, der, wenn er sich identitätspolitisch nicht orthodox äußert, dann als Verräter dasteht.« Er erzählt: »Der *Spiegel*-Redakteur Hasnain Kazim fand es neulich bei einem Gespräch genauso irritierend wie ich, dass wir nun etwas sein sollen, von dem wir vor sechs Jahren noch gar nicht wussten, dass wir es sind. Und das soll nun die entscheidende

Kategorie sein: Wir sollen PoC sein? Da wird mir ein Konzept, das aus den USA importiert wurde, übergestülpt, das nichts mit meiner Biografie zu tun hat.«

Davon abgesehen habe ihm der Drang nach Buntheit in den Redaktionen in seiner Karriere nicht geholfen, meint Mangold: »Ich habe meine berufliche Laufbahn begonnen, ohne dass die Vorgesetzten auf die Idee gekommen sind, es zahle sich aus, mich einzustellen, damit der Laden diverser wird. Das wäre heute undenkbar. Würde ich heute den Job wechseln, würden die Vorgesetzten unzweifelhaft denken: Super, das zahlt auch in die Diversity-Kasse ein.«

Deutet das darauf hin, dass die identitätspolitische Strömung in den deutschen Medien bereits mächtig ist? Mangold ist da noch vergleichsweise gelassen und hält die Verhältnisse hier zumindest im Vergleich zu den USA für liberal: »In Deutschland fliegt kein Redakteur raus, weil er eine gewisse Sprachregelung nicht benutzt oder irgendeine *woke* Position nicht vertritt, das lässt sich in der Tat gar nicht behaupten.« Doch auch wenn sich der Einfluss der Identitätspolitik am Redaktionspersonal noch nicht beobachten lässt, so ist sie seiner Meinung nach »in der Masse der Artikel und Berichte« sehr wohl zu einer Art »Orthodoxie« avanciert. »Allerdings ist die Identitätspolitik auch nicht mehr der heiße Scheiß, sondern nur noch eine traurige, lauwarme Brühe, die fast jeden Text grundiert. Diese Prämisse wird aber übernommen, da wird einfach nicht mehr darüber nachgedacht. Die Verkehrsregeln der Identitätspolitik werden befolgt.« Es reiche, den Gesslerhut zu grüßen. »Da ist ganz viel Denkfaulheit.«

Steffen Grimberg, Vorsitzender des Landesverbandes Berlin-Brandenburg des Deutschen Journalisten-Verbandes (DJV), der größten Journalisten-Organisation Europas, klagt in einer öffentlichen Stellungnahme Mitte Februar 2021 einerseits, »die Zusammensetzung fast keiner Redaktion in Deutschland spiegelt die gesellschaftliche Normalität, Vielfalt und Buntheit wider«, und betont: »Rassismus geht nicht. Nirgends. Hier ist in jedem Fall klare Kante gefordert.« Andererseits macht er klar: »Dogmatische Frontalangriffe bringen nichts. Und schon gar nicht eine honorige, aber ins Extrem übersteigerte Identitätspolitik.« Mit Blick auf den *New York Times*-Fall McNeil befürwortet er Diskussionen über Diversität in den Medien, will aber professionelle Standards nicht opfern. »Denn nur so kann es gelingen, die Gesellschaft nicht weiter zu spalten – eine der Herausforderungen, vor denen der Journalismus steht. Denn am Ende muss es immer heißen: Divers UND objektiv.«

Das erscheint uns als ein gutes Fazit für dieses Kapitel: Die identitätspolitische Strömung wird im deutschen Journalismus eindeutig stärker – was mit den jungen Leuten zu tun hat, die mit den entsprechenden Prägungen aus den Universitäten in die Redaktionen strömen, und das hat durchaus Züge eines untergründigen Generationenkonflikts in den Medienhäusern. Die Befürworter*innen und Gegner*innen des identitätspolitischen Ansatzes stehen sich dabei nach unserem Eindruck hierzulande eher wenig versöhnlich gegenüber. Welche Gruppe am Ende im hiesigen Medienwesen bestimmend sein wird, ist aber, anders als in den USA, noch lange nicht entschieden.

Innere Widersprüche

Wir haben in den beiden vorangegangenen Kapiteln für die USA und Deutschland beschrieben, welche gesellschaftlichen Orte die Hauptschlachtfelder der Identitätspolitik sind. Im Folgenden wollen wir wesentliche Themen, wichtige Argumentationslinien und auch die Widersprüche der Identitätspolitik beschreiben und diskutieren. Dabei kommen wir auf den ein oder anderen Aspekt zurück, der bislang eher gestreift wurde.

Positionaler Fundamentalismus

In der Identitätspolitik wird oft, wie anfangs erwähnt, nach der Sprecher*innenposition gefragt: Vor welchem persönlichen Hintergrund spricht man? Bin ich ein PoC, eine »Schwarze Person« oder »nicht-weiße Person«? Bin ich queer? Bin ich in irgendeiner anderen Form von Diskriminierung betroffen? Und so weiter und so endlos. Warum ist die Sprecher*innenposition wichtig? Weil sich daraus in der Logik der Identitätspolitik das Gewicht ableitet, das das Gesagte haben soll. Es geht hier also, unumwunden gesagt, nicht um Höflichkeit, sondern um Macht durch (behauptete) Opfer-Authentizität.

Die hervorgehobene Bedeutung der Sprecherposition wird selbstverständlich mit dem zentralen Anliegen der Identitätspolitik begründet, dafür zu sorgen, dass die bisher marginalisierten Minderheiten im Konzert der Vielen als Stimmen nicht mehr überhört werden. So sagen sie es ja: Wir wollen unsere Geschichten erzählen, unsere Perspektiven zur Geltung bringen, zur Sichtbarkeit kommen. Und ja, das soll so sein. Man möchte zuhören, man möchte wissen, was sie sagen und aus welcher Position sie es sagen.

Identitätspolitik ist insofern Ausdruck einer bunter werdenden Gesellschaft und eine Reaktion darauf, dass eine Mehrheit der Bevölkerung diese Buntheit nur langsam zur Kenntnis genommen und sich fatalerweise erst sehr spät mit dem Gedanken angefreundet hat, dass es eben gar nicht so wenig homosexuelles Begehren gibt, dass geschlechtliche Identität uneindeutig sein kann und dass die Bundesrepublik ein Einwanderungsland ist. Wenn etwa ein Viertel der Bevölkerung in Deutschland eine Migrationsgeschichte hat, ob in der Familie oder individuell, dann ist klar, dass diese Menschen ihre Geschichte erzählen und sichtbar, also repräsentiert sein wollen – so, wie es ihrem Bevölkerungsanteil auch entspricht. Die Identitätspolitik ist ein Mittel dazu, das ist ihre kaum zu kritisierende Seite.

Daher ist es auch wenig verwunderlich, dass die Co-Vorsitzende der Grünen-nahen Heinrich-Böll-Stiftung, Ellen Ueberschär, diesen gesellschaftlichen Prozess uns gegenüber erst einmal positiv beschreibt: »Identitätspolitik ist eine Phase und Teil der Neufindung einer ganzen Gesellschaft. Es ist ein Aushandlungsprozess. Bestimmte Gruppen wollen sich in die Gesellschaft einbringen und ihre Stimme laut machen. Sie wollen nicht nur ihren Anteil vom Kuchen haben, sondern auch das Rezept des Kuchens mitbestimmen.«

Dafür ist auch Paula-Irene Villa Braslavsky, geboren 1968 in Santiago de Chile als Kind argentinischer Eltern, ein Beispiel. Die Professorin kann die Identitätspolitik historisch, soziologisch und politisch erklären und herleiten – aber eben auch persönlich beschreiben. Im Gespräch mit uns sagt sie, auf den Anhänger ihrer Halskette weisend: »Das (an manchen Tagen Nicht-)Tragen dieses queeren Regenbogen-Davidsterns ist für mich Identitätspolitik.«

Villa Braslavsky vertritt wichtige Ansätze der identitätspolitischen Bewegung, mit dem Konzept der unterschiedlichen Sprecher*innenpositionen fremdelt sie nicht. Aber: »Manchmal findet man bei der Identitätspolitik auch einen positionalen Fundamentalismus. Dass manche Leute glauben, schwul sein, reich sein, urban sein, bedeute automatisch, schwul, reich oder urban zu denken. Das ist ein großer Fehler. Es ist aber auch ein großer Fehler zu glauben, es spiele keine Rolle, wer was sagt beziehungsweise aus welcher Position heraus gesprochen wird im Politischen.«

Beides ist sicher richtig. Gleichwohl warnt auch *taz*-Redakteur Christian Jakob davor, daraus zwingende Zusammenhänge zu konstruieren: »Bedenklich finde ich die Erwartung, dass aus einer subjektiven Betroffenheit eine bestimmte Sicht auf die Welt folgen muss. Das geht an der Wirklichkeit und der Individualität vorbei: Es gibt Weiße, die den identitären Antirassismus mit dem ganz großen Löffel gefressen haben, und Schwarze, die damit nichts zu tun haben wollen. Das ist ein politisches Problem, das für identitär Denkende gar nicht auflösbar ist.«

Auch *Zeit*-Literaturkritiker Ijoma Mangold sieht in erster Linie die Nachteile bei der Zuweisung und Gewichtung von Sprecher*innenpositionen anhand von Identitätsmerkmalen: »Es macht den Diskurs dümmer, weil Menschen auf ihre Rolle festgelegt werden, und zwar auf ein ziemlich äußeres Kriterium. Diese verengte Rolle verkleinert den Raum für überraschende Positionierungen. Es ist dann immer schon klar, wer welches Argument bringt, denn das ist vor allem an seiner intersektionalen Verortung zu bestimmen.« Markanter formuliert bedeutet das: Ich bin nicht besonders interessiert an deiner Meinung, denn du bist weiß, ich weiß, was du sagen wirst.

Zu welch abstrusen Folgen der von Villa Braslavsky angesprochene »positionale Fundamentalismus« führen kann, hat der Fall der jungen schwarzen US-amerikanischen Poetin Amanda Gorman gezeigt. Es gehört zu den fast tragischen Entwicklungen der jüngsten Zeit, dass ausgerechnet ihr großes und mittlerweile berühmtes Gedicht »The Hill We Climb« in Europa in eine völlig schiefe Übersetzungsdebatte geriet. Erstmals vorgetragen wurde es vor einem weltweiten Publikum bei der Amtseinführung des neuen US-Präsidenten Joe Biden Ende Januar 2021 vor dem Kapitol in Washington. Es war ein flammender Appell gegen Rassismus sowie für das Zusammenleben aller Menschen unabhängig von ihrer Hautfarbe (man könnte es auch »farbenblind« nennen).

In Europa aber hat das Gedicht einen absurden Streit darüber ausgelöst, wer diese Zeilen denn nun ins Niederländische, Katalanische oder Deutsche übersetzen dürfe. Jedenfalls keine »Weißen«, wie manche Feuilletonist*innen forderten.

Stattdessen hatte der Verlag Hoffmann und Campe für die deutsche Übertragung eine erfahrene (weiße) Übersetzerin völlig willkürlich mit zwei anderen Frauen zusammengespannt: einer in Übersetzungen unerfahrenen PoC und einer Muslima, die weder schwarz ist noch je ihre Übersetzungsfertigkeiten bewiesen hat. Eine Entscheidung, die sowohl bloße Verachtung für die Poesie zeigt, als auch Gormans Intention diametral widerspricht. Der frühere *taz*- und heutige *Welt*-Redakteur Deniz Yücel hat diese Farce im Frühjahr 2021 akkurat auf den Punkt gebracht: »Wer meint, Amanda Gorman könne nur von schwarzen Übersetzerinnen in andere Sprachen übertragen werden, interessiert sich nicht für die Lyrikerin Gorman, sondern für die eigenen ideologischen Projektionen auf sie. Für dieses Denken, das Menschen ihre Individualität abspricht und in ihnen bloß Repräsentanten und Träger von Identität sieht, gibt es einen Fachbegriff: Rassismus.«

Auch die Schriftstellerin Ronya Othmann setzt sich mit der Frage nach der »subjektiven Betroffenheit« auseinander: »Manchmal werden identitätspolitische Debatten eins zu eins auch auf die Literatur übertragen, als dürften nur bestimmte Menschen manche Geschichten erzählen.« Sie berichtet: »Als ich am Literaturinstitut in Leipzig zu studieren begonnen habe, hatten wir intern einen Konsens, dass alle über alles schreiben können sollen, wenn es Fiktion ist. Mittlerweile muss man sich, in der literaturaffinen Bubble der Woken, rechtfertigen, wenn man als Autorin manche Figuren entwirft, ohne selbst ›betroffen‹ zu sein.« Die Freiheit, dies zu tun, möchte Othmann sich nicht nehmen lassen. Deswegen fordert sie: »Die Frage bei Literatur sollte nicht sein: Wer darf über etwas schreiben? Sondern: Wer kann über etwas schreiben? Schließlich ist viel über Recherche herauszukriegen. Deshalb finde ich auch, dass weiße Menschen auch aus einer nicht-weißen Perspektive schreiben können sollten.«

Auf einer allgemeinen Ebene wird zudem mit der Überbetonung der Sprecher*innenposition tendenziell eine sinnvolle Grundmaxime der Aufklärung und des demokratischen Diskurses negiert oder zumindest angegriffen: dass nämlich das Argument der sprechenden Person wichtiger sein sollte als ihre Herkunft oder ihr Hintergrund. Auch wenn es je nach Kontext wichtig sein kann, wer spricht, sollte es niemals zum Ausschluss vom Diskurs führen, wenn jemand eine bestimmte Sprecher*innenposition eben nicht hat – solche Ausschlüsse sind jedoch bei manchen Auswüchsen der Identitätspolitik der Fall. Auch Nicht-Betroffene können wichtige Beiträge leisten, sie sind zu Empathie fähig, natürlich. Wer sie auf das ausschließliche Zuhören reduzieren will, versteht unserer Meinung nach die Moral demokratischer Kommunikation nicht oder falsch. Wer zudem nicht erst einmal auf alles hört, was an ernsten Argumenten kommt, schwächt nicht nur ein Grundprinzip des rationalen Debattierens, er schwächt am Ende seine Position selbst, macht sie leichter angreifbar. Wir kommen darauf zurück.

Strategische Essenzialisierung

Wegen ihrer eigenen Geschichte weiß Susanne Schröter, dass es im linken Milieu »immer Ansätze von Identitätspolitiken« gegeben hat, und die seien auch berechtigt gewesen, insofern es um Bürgerrechte gegangen sei, die manchen Gruppen vorenthalten wurden. Aber: »Mittlerweile, und das ist einer meiner Hauptkritikpunkte, geht es fast nur noch um Zuschreibungen, die etwas mit unveränderbaren Merkmalen des Körpers zu tun haben, nämlich um Hautfarbe, Alter und Geschlecht.« Um es mit einem Schlagwort noch konkreter zu machen: »Die Kategorie des ›alten weißen Mannes‹ ist meiner Meinung nach zutiefst rassistisch. Sie beurteilt Menschen nach Hautfarbe, Geschlecht und Alter und ordnet diesen Menschen dann noch umstandslos Macht zu.«

Der Vorwurf weist auf einen Grundwiderspruch der Identitätspolitik hin, der eng mit der Verabsolutierung der Sprecher*innenposition zusammenhängt: Obwohl sie stets betont, dass die Kategorie Hautfarbe oder »race« überwunden werden müsse, macht sie sie zugleich zum Dreh- und Angelpunkt ihrer Welterkenntnis und der erhofften Gesellschaftsformung. Äußere Merkmale, vor allem eine schwarze beziehungsweise nicht weiße oder weiße Hautfarbe, werden »essenzialisiert«, wie ein häufig genutzter Fachbegriff es ausdrückt. So bezeichnen diese Kategorien zwar eigentlich die Eigenschaften eines Individuums (Du bist schwarz), in der Identitätspolitik werden sie aber zugleich zu einer Kollektivbezeichnung (Du gehörst zur Gruppe der Schwarzen). Dabei wird betont, dass diese Eigenschaften mehr oder weniger essenzielle Bestandteile der jeweiligen Identität seien, also sowohl das Wesen des Individuums als auch der Gruppe ausmachen.

taz-Redakteur Christian Jakob kommentiert, welche politisch-strategischen Argumente dieser Betonung von Identitäten zugrunde liegen: »Die Unterdrückten müssen sich als Kollektiv entlang identitärer, äußerer Merkmale organisieren, weil es nur so die Möglichkeit gebe, politischen Druck zu machen und das Unrecht der Ungleichbehandlung anzugreifen.« Dahinter stünden geschichtliche Erfahrungen: »Das historische Vorbild dafür ist vor allem der antikoloniale Kampf, in dem man sich positiv auf die künstlich geschaffenen Nationen Afrikas bezog, weil man nur so die Kolonialmächte vertreiben konnte. Nach dem Motto: Wir nehmen die Identität als eine Nation an, die die Kolonialisten erst geschaffen haben, um das koloniale Joch abzuschütteln.«

Allerdings werden dabei häufig Eigenschaften essenzialisiert, die eigentlich hinterfragt werden müssten. Der für die Identitätspolitik in den USA so zentrale (und dort wenig problematisierte) Begriff »race«, also »Rasse«, beispielsweise funktioniert hierzulande so gut wie gar nicht. Denn darin klingt nicht nur die Rassenpolitik der Nazis an, vielmehr ist das dahinter stehende Konzept auch wissenschaftlich nicht mehr zu halten, es sei denn, man spricht über Hunderassen. In ähnliche Richtung argumentiert auch Daniel Kehlmann. Vor allem mit Blick auf die USA sagt er: »Das ist das größte Problem der Identitätspolitik, dass sie die Existenz von Rassen nicht als die Fiktion sieht, die sie letztlich ist, sondern vielmehr verfestigen will. Das widerspricht sowohl der Wissenschaft wie der Utopie, dass wir eines Tages über all das hinwegkommen.«

Das stimmt umso mehr, als sich vor allem in der US-Ge-schichte als ziemlich willkürlich und wandelbar erwiesen hat, was unter – um es mit diesem schlimmen Wort zu sagen – »an-dersrassig«, also nicht-weiß verstanden wurde: »Anfang des 20. Jahrhunderts galten in den USA noch Italiener als ›farbig‹, selbst Iren! Wie fluide die Wahrnehmung ist!«, sagt Daniel Kehl-mann. Das betrifft übrigens auch das derzeit gängige Konzept »Person/People of Color« (oder: »Colour«), das ältere Begriffe wie »farbig« abgelöst hat. Kehlmann verweist etwa darauf, dass der spanische Schauspieler Antonio Banderas 2020 bei den Oscar-Nominierungen als »Person of Color« auf den Listen gestanden habe, weil alle spanischsprachigen Menschen als PoC gelten.

Fairerweise muss man aber auch sagen: Auch wenn es wis-senschaftlich gesehen bei Menschen keine »Rassen« gibt, so steht doch hinter der Betonung etwa der Hautfarbe durch die Identi-tätspolitik die Erfahrung, dass diese Hautfarbe eben konkrete und fast durchweg negative Folgen im Leben vieler Menschen hatte und hat – und zwar als Folge rassistischer weißer Identi-tätspolitik. Der schwarze US-Autor und Aktivist James Baldwin (1924–1987) hat das in einem Dokumentarfilm leicht schnodd-rig einmal so auf den Punkt gebracht: »Ich glaube nicht an Schwarze oder Weiße. Aber ich weiß, dass es heute ein existen-tieller Unterschied ist, ob einer weiß ist oder schwarz.« Auch die schwarze Feministin Pat Parker (1944–1989) hat ihn in ihrem Gedicht »For the white Person who wants to know how to be my friend«, auf persönliche Verhältnisse bezogen Ähnliches formu-liert: »The first thing you do is to forget that i'm black. / Second, you must never forget that i'm black.« Aber müsste die Konse-quenz daraus nicht eher sein, gegen weiße Identitätspolitik zu kämpfen, als nicht-weiße Identitäten zu essenzialisieren?

Welche unterschiedlichen Erfahrungen »weiße« oder »schwarze« Menschen auch in der deutschen Gesellschaft ma-chen, davon kann der *Deutschlandfunk Kultur*-Redakteur, Autor und Moderator René Aguigah berichten. Er wurde 1974 in Würz-burg als Sohn einer Deutschen und eines Togolesen geboren. Auf den ersten Blick habe er wegen seines Aussehens keine beruf-lichen Hindernisse gehabt, erzählt er uns. »Aber Fragen nach meinen persönlichen Erlebnissen haben offensichtlich wenig generelle Aussagekraft. Aus meinem beruflichen Weg lässt sich weder ableiten, es gäbe in beruflichen Zusammenhängen nicht auch strukturell Rassismus, noch dass ich in meinem Leben insgesamt keinen Rassismus erlebt hätte. Das sind jeweils andere Fragen.« Und Rassismus kenne er natürlich auch.

Familiär hat Aguigah manches erlebt, was man, sehr vorsichtig, mindestens mit Kränkungen umschreiben könnte: »Mein Vater ist 1960 von Togo nach Deutschland migriert und hat erst 1988 einen deutschen Pass erhalten, da war ich 14 Jahre alt, und er hatte schon 24 Jahre in der Bundesrepublik gelebt und Steuern gezahlt. Aber er war die ganze Zeit nur Ausländer. Das machte etwas mit ihm und mit seiner Familie.« Und es hatte länger anhaltende Folgen für den Sohn: »Das ist vielleicht einer der Gründe dafür, dass ich die längste Zeit meines Lebens davor zurückscheute, mich selbst ›deutsch‹ zu nennen. Eher habe ich mich selbst als ›Ausländer‹ bezeichnet, in einer Art trotziger Ironie: ›Wenn mein Vater hier als Ausländer behandelt wird, dann bin ich auch Ausländer.‹«

Aguigah kann wenig damit anfangen, dass der Identitätspolitik (ein Begriff, mit dem er sowieso sehr hadert) vorgeworfen wird, sie »essenzialisiere« äußere Merkmale: »Man zeige mir, wo Identitätspolitik denn Identitäten tatsächlich ›essenzialisiert‹, wie es vonseiten der Kritik so gern heißt.« Er sieht, wie in diesem Sinne auch die Jenaer Soziologin Silke van Dyk, vor allem ein Ziel, eine verbesserte Gesellschaft: »Es geht doch um Förderung, um Zugänge, im Namen der Gleichbehandlung. Dass also Minderheiten ein bisschen mehr so behandelt werden wie ein 50-jähriger weißer Mann, der gesund und heterosexuell ist. Das ist doch nicht linksradikal, das ist nur inklusiver und demokratischer. Im Namen der Gleichheit und Freiheit.«

Man könnte sagen: Das wäre die klassische Inklusion in eine demokratische Gesellschaft, die von sich weiß, in jeder Hinsicht wandelbar sein zu können. Braucht es dazu den identitätspolitischen Überbau? Ist er nicht sogar kontraproduktiv, insofern »Gleichheit und Freiheit« als Ideale der Französischen Revolution und der Linken, zu denen noch die »Brüderlichkeit« beziehungsweise Geschwisterlichkeit gehörten, also die Solidarität, durch die Betonung der verschiedenen Merkmale der Menschen beschädigt werden, weil zumindest an die bedingungslose Gleichheit der Menschen untereinander nur noch bedingt geglaubt wird? Dem hält Aguigah ein historisches Argument entgegen: »Das Leben ist seit 1789 nicht für alle frei und gleich. Alle sollten frei und gleich sein, aber wie durch einen Zufall werden die Menschen in den Kolonien 1789 eben nicht befreit. Ebenso wenig die Frauen.«

Aguigah betont, grundsätzlich sei er gegen Essenzialisierung, »dafür habe ich zu viel Foucault gelesen.« Aber: »Wenn man identitätspolitisch argumentiert, betont man temporär und provisorisch sein Schwarz-Sein oder ein anderes Merkmal, und eines Tages, so die Hoffnung, ist das strategische Ziel erreicht, dann erübrigt sich die Akzentuierung bestimmter Merkmale, so etwa funktioniert strategische Essenzialisierung – soweit ich das verstehe.« In der Tat ist dies der Ansatz der Identitätspolitik: Das Hervorheben (äußerer) Merkmale sei eher etwas Vorübergehendes, das auch wieder aufgegeben werden kann und am Ende auch soll.

Aber kann das funktionieren? Ist es möglich, Unterschiede zur (weißen und heterosexuellen) Mehrheitsgesellschaft erst über viele Jahre, vielleicht Jahrzehnte zu betonen und sie zu einem wesentlichen Baustein eines identitär gefärbten Kampfes gegen Diskriminierung zu machen – um sie dann eines Tages wieder zu vergessen, wenn nämlich niemand mehr Hautfarben und Geschlechter und sexuelle Orientierungen sieht oder für bedeutend hält, also die egalitäre Gesellschaft erreicht ist? *taz*-Redakteur Christian Jakob ist davon nicht überzeugt. Denn es bleibe die Frage: »Wer entscheidet, wann es so weit ist? Tatsächlich reißt man heute mit enormem Nachdruck identitäre Gräben auf, die sich womöglich nicht so leicht wieder schließen lassen.« Selbst die Soziologin Paula-Irene Villa Braslavsky, ja eine grundsätzliche Befürworterin der Identitätspolitik, ist ein wenig skeptisch, ob das mit der strategischen Essenzialisierung klappt: »Wir können strategisch verschiedene Erfahrungen einspeisen, ohne dass wir sie verabsolutieren müssen. Ob das erfolgreich ist, wird man sehen.«

So ist und bleibt die Essenzialisierung von Identitäten eine mehr als zwiespältige Angelegenheit. Am Ende ist es wie ein Sozialexperiment mit offenem Ausgang. Ob sich eine Gesellschaft ein solches Experiment leisten sollte, ohne zu wissen, ob die Resultate notfalls wieder rückgängig gemacht werden können, ob also die Gräben wieder zu schließen sind, ist doch mehr als fraglich. Die Schriftstellerin und Publizistin Ronya Othmann meint: »Wir kommen nicht weiter, wenn jeder und jede nur über seine oder ihre Identität redet – und was machen wir dann?« Kann eine Gesellschaft funktionieren, in der Identitäten in einem permanenten Kampf miteinander verhakt sind – auch wenn es ein gewaltfreier Kampf sein sollte?

Ellen Ueberschär sieht in der Essenzialisierung jedenfalls einen Rückschritt: »Wir wollen doch dorthin kommen, dass wir eine plurale Gesellschaft von Freien und Gleichen sind, in die sich alle einbringen können. In dem Moment, in dem die Selbstermächtigung dazu führt, nicht nur gegen meine eigene oder die Diskriminierung von anderen zu kämpfen, sondern eine eigene Blase zu bilden, also nicht Teilhabe an der ganzen Gesellschaft der Freien und Gleichen im Vordergrund steht, ist das keine gute Entwicklung.«

Hinzu kommt: Viele PoC und Angehörige anderer marginalisierter Gruppen wollen sich die Essenzialisierung von Identitäten keineswegs zu eigen machen. Denn sie fühlen sich dadurch zum einen auf ein Merkmal reduziert, das sie bestenfalls neben vielen anderen Dingen ausmacht, und zum anderen gedanklich und gesellschaftspolitisch in ein Kollektiv von Träger*innen desselben Merkmals gezwungen, dem sie sich nicht unbedingt zugehörig fühlen. Gerade für manche Individualist*innen (und die Identitätspolitik betont ja immer den einzelnen Menschen, das Individuum) ist das nur schwer erträglich.

Zu ihnen gehört etwa Ijoma Mangold, der Literaturkritiker der *Zeit*. Er sagt im Gespräch mit uns: »Jeder soll sich jedes Etikett umhängen, das er möchte.« Und weiter: »Aber ich möchte nicht mit 49 Jahren genötigt sein, meine Identität, die ohnehin sehr fluide ist, mit einem neuen Etikett zu taggen, und das lautet jetzt PoC. Nö, ich habe 49 Jahre sehr gut ohne es gelebt, ich will nicht mit ihm leben. Dazu bin ich zu sehr Poststrukturalist, um dem Zugriff der symbolischen Ordnung nicht Misstrauen entgegenzubringen.«

Verstehen wir den Literaturkritiker richtig, so steckt hinter seiner Kritik ein grundsätzlicher Einwand: die Reduktion des Menschen auf ein oder mehrere Merkmale, die entweder mit Diskriminierung oder Privilegierung verbunden sind: »Ich glaube nicht, dass die Identität den Menschen in seiner Individualität ausmacht oder dass er durch die intersektionellen Kategorien ›race‹, ›gender‹, ›culture‹ und ›class‹ erschöpfend beschrieben ist.« Mangold räumt ein: »Das sind wichtige Kategorien, aber das Ich, die Individualität, erschöpft sich nicht in ihnen, ganz im Gegenteil. Was mich ausmacht, wofür ich als Liberaler einstehen möchte, ist meine eigene Individualität und Persönlichkeit. Dass die ohnehin so individuell nicht ist, ist schon bedauerlich genug, denn natürlich ist die Individualisierung ein gesamtgesellschaftlicher Prozess.«

Auch der langjährige China-Korrespondent der *taz* Felix Lee, seiner Selbstbeschreibung nach ein Linker, empfindet das Reden über Identitäten als einengend. Er erzählt, in seiner Heimatstadt Wolfsburg habe es nur zwei Familien mit chinesischem Hintergrund gegeben. Die eine war seine eigene, die andere führte, und das ist schon fast ein Klischee, ein China-Restaurant, in das die Lees jedes Wochenende essen gingen. Lee sagt, er habe in seinem Leben das Anderssein immer zu überwinden versucht. Daraus nun eine eigene Identität zu schaffen, damit tue er sich schwer. »Mein Anderssaussehen im Vergleich mit der Mehrheit der Bevölkerung, das sollte nach meinem politischen Anspruch keine Rolle mehr spielen. Deshalb habe ich ein Problem damit, dass das Aussehen auch von linker Seite aufgegriffen, als positiv gewertet und zu einem Politikansatz gemacht wird.«

Lee meint, wenn man nun so etwas wie »Person of Color« sage, setze man eine Art von Bezeichnung in die Welt, die man doch eigentlich überwinden wolle. »Darauf will ich mich weder positiv noch negativ beziehen. Das dürften doch keine Kriterien sein für eine Bewegung, die sich als progressiv begreift.« Er hält an dem Ziel fest, dass eine diskriminierungsfreie Gesellschaft das

Denken in Kategorien wie Herkunft, Geschlecht oder sexuelle Orientierung überwinden sollte.

So warnt Lee: »Die, die sich der Identitätspolitik bedienen, nutzen ja im Grunde ähnliche Elemente, wie sie Rassisten verwenden. Das finde ich gerade aus linker Sicht sehr fragwürdig.« Das ist ein massiver Einwand gegen die Identitätspolitik, der auch von Anderen (etwa von Thomas Chatterton Williams) immer wieder vorgebracht wird: dass mit ihr Linke tendenziell das gleiche Welterklärungsmodell wie die meisten Rassist*innen nutzen, nämlich eine Einteilung der Menschen nach Hautfarben (oder mit den Worten der Rassist*innen: nach Rassen). Etwas milder könnte man sagen, die identitätshuberische Sortierung der Menschheit hat etwas Vormodern-Ständisches und passt somit bestenfalls zu traditionellen, vor- oder undemokratischen Gesellschaften.

Auf diese Schwäche des Identitätsbegriffs, der mindestens wandelbar ist, wenn er denn überhaupt noch funktioniert, macht, wenn wir sie richtig verstehen, die Schriftstellerin und Journalistin Ronya Othmann aufmerksam. Sie wurde 1993 als Tochter eines kurdisch-jesidischen Vaters und einer deutschen Mutter in München geboren. Sie sagt: »Ich weiß nicht, ob ich mich als ›Person of Color‹ bezeichnen soll. Mein Vater hat einen Migrationshintergrund, insofern passt das. Aber schon unter anderen Jesiden ist es umstritten, ob ich mich mit nur einem jesidischen Vater, aber einer deutschen Mutter überhaupt als Jesidin bezeichnen kann.« Deshalb betont sie: »›Person of Color‹ ist für mich eine politische Bezeichnung. Und in politischen Umständen finde ich es manchmal wichtig, mich als Kurdin zu bezeichnen. Andererseits finde ich es komisch, wenn mein Kurdischsein dauernd eine Rolle spielt. Ich möchte jedenfalls nicht darauf reduziert werden.«

Das Reden in Identitäten, das hören wir immer wieder von PoC, kann Menschen reduzieren, ja trivialisieren auf etwas, was sie zwar auch sind, was sie aber keineswegs ausreichend beschreibt. Und da hilft es auch wenig, wenn zugleich Verfechter*innen der Identitätspolitik immer wieder betonen, »schwarz«, »weiß« oder »PoC« seien ja nicht wörtlich zu nehmen, sondern eher politische Begriffe. Es ist nicht selten fast wie ein sprachlicher Zaubertrick, der verwendet wird, wenn es passt: Mal nehmen wir »weiß« wörtlich, etwa wenn weißen Menschen bedeutet wird, sie hätten nur zu schweigen und zu lernen, sobald PoC von ihren Erfahrungen berichten – dann aber wird beispielsweise betont, der blonde, weißhäutige Deutschtürke sei durchaus eine PoC, nämlich als politische Lesart.

Wie starr und wie wenig den Lebensrealitäten angemessen das politisierte Identitätskonzept ist, macht Othmann, die in Leipzig lebt, an einem etwas überraschenden Beispiel deutlich: »Warum spielt es etwa immer noch eine Rolle, dass der Oberbürgermeister von Leipzig, der seit 1992 hier wohnt, ursprünglich aus Westdeutschland kommt?« Und weiter sagt sie: »Manche definieren ihre Identität ja auch durch ihren Fußballverein oder allein über ihren Beruf.« Was aber, fragen wir, taugt eine Kategorie, wenn sie tendenziell so willkürlich ist?

Seyran Ateş geht noch einen Schritt weiter. Die Berliner Juristin empfindet bestimmte Aspekte der Identitätspolitik sogar als diskriminierend oder wenigstens als paternalistisch. Denn sie fühlt sich durch die Betonung ihrer angeblichen Identität als »die Migrantin« immer wieder in die Migranten-Ecke gestellt: »Wenn man Identitätspolitik macht und Menschen immer wieder in Kategorien einordnet und explizit niemals damit aufhört, den Migrationshintergrund in den Vordergrund zu stellen, dann gibt man mir als einem Menschen, der seit 51 Jahren hier lebt, nie die Chance zu sagen, ich bin Deutsche.« Sie als Migrantin zu sehen, sei »kolonialistisches Denken, das ist rassistisches Denken«. Man stelle die sogenannte kulturelle Identität von Menschen in den Vordergrund. »Darauf reduziert man Menschen – und projiziert in diese Identität zugleich sehr viel, was so einfach nie existiert. Kulturen und Identitäten sind viel komplizierter, als ich es in der Identitätspolitik wahrnehme.«

Ateş spricht nicht aus einer naiven Position. Die Rechtsanwältin, 1963 in Istanbul geboren, wuchs in Berlin auf und erkämpfte sich ihr Jurastudium regelrecht gegen widrigste Verhältnisse, vor allem familiäre. Im Jahr 1984 erschoss ein Mann, mutmaßlich ein türkischer Nationlist, während der Beratungszeit ihre Klientin Fatma E. Ateş wurde lebensgefährlich verletzt. Es dauerte viele Jahre, bis sie vom Attentat und seinen Folgen genesen war. Seit den Achtzigerjahren ist sie in der Migrant*innen- und Frauenarbeit aktiv – deshalb kennt sie viele Diskussionen schon sehr lang, man könnte fast sagen: allzu lang.

Aus Sicht der Identitätspolitik ließe sich vielleicht einwenden, dass eben entscheidend sei, ob ein Identitätsmerkmal Diskriminierung begründet oder nicht. Doch sie kann selbst gar nicht immer trennscharf bestimmen, bei welchen Merkmalen das der Fall ist. Deshalb ist der »identitäre Antirassismus«, wie Jakob ihn nennt, seiner Meinung nach fluide, es sei eben nie klar, welche diskriminierte Gruppen nun dazu gehören solle und welche nicht: »Anders als bei der Frauenbewegung etwa ist die Gruppe der Rassismus-Betroffenen oder der PoC nicht klar abgrenzbar. Es gibt dafür kein sinnvolles Kriterium – identitäre AntirassistInnen tun aber so, als gebe es dies. Was zum Beispiel ist mit mir: Latino-Wurzeln, deutscher Name und weiße Hautfarbe?«

Und ein Gegenargument pariert Jakob gleich mit: »Es heißt dann gern: Die konkrete Hautfarbe sei nicht entscheidend, Schwarz-Sein sei schließlich eine soziale Konstruktion. Aber was dann? Ein Kriterium soll sein: Hast du Rassismus-Erfahrung? Aber es gibt etwa einen schwarzen CDUler in Sachsen, der sagt, die Sachsen seien gar nicht rassistisch, er habe dort nie solche Erfahrungen gemacht.« Ein anderes Kriterium für PoC soll »Mensch mit Migrationsgeschichte« sein. Doch was bedeutet das perspektivisch? »Was ist mit eigener Migrationserfahrung? Wie lange soll die gelten? Eine Generation? Zwei? Drei? Da argumentiert man dann wieder wie die AfD, die bei Straftätern ›Stammbaumforschung‹ betreiben will.«

Folgt man diesen Gedanken weiter, könnte sich am Ende jede Person zur PoC erklären, deren Familie irgendwann aus der Ferne in deutsche Lande gekommen ist und berichtet, sie sei diskriminiert worden. Das aber würde bedeuten, dass die Identitätspolitik sich tendenziell selbst ad absurdum führt. Das hehre Ziel Antirassismus würde inflationär ausgelaugt. Das könnte sich zudem als kontraproduktiv herausstellen, denn wenn irgendwann alle irgendwie diskriminiert sein sollen oder es zumindest behaupten, ist es am Ende keiner mehr. Jakob erklärt: »Die Kategorie verliert jeden Wert, wenn sowohl Menschen, die ganz klar rassistisch benachteiligt werden, etwa Schwarze oder Menschen mit unsicherem Aufenthaltsstatus, als auch solche wie ich – ohne jede Benachteiligung, aber allein aufgrund meiner Herkunft – gleichermaßen als PoC und deshalb ›strukturell diskriminiert‹ gefasst werden sollen.«

So sei es für ihn theoretisch möglich, sich auf seinen Latino-Background zu berufen und so, etwa bei einer Bewerbung, eine Quote in Anspruch zu nehmen. »Das fände ich persönlich für mich völlig unangemessen – aber wer soll das entscheiden? Es gibt in der Gesellschaft ganz viele Zwischenformen, die man nicht sinnvoll von der Gruppe der Bio-Deutschen ohne eigene Rassismuserfahrung abtrennen kann.« Das Schöne sei ja, dass die deutsche Gesellschaft sich spätestens seit den Sechzigerjahren sehr migrantisiert habe. »Es gibt keine ethnische Homogenität, wenn es die denn überhaupt je gegeben haben sollte. Aber der identitäre Antirassismus hält daran fest, dass sich Bio-Deutsche von den anderen, den Diskriminierten, abgrenzen lassen können, die man dann mit Quoten unterstützen müsse.« Es ist letztlich genau das »Othering«, also das Jemand-zum-Anderen/Fremden-Erklären, das man sonst der Mehrheitsgesellschaft vorwirft, nur zu einem anderen, angeblich guten Zweck.

Wenn der Begriff PoC nur an die erklärte Diskriminierungserfahrung durch Betroffene geknüpft ist – und diese Selbstauskunft auch nicht hinterfragt werden darf –, werden auch gesellschaftliche Instrumente zur Besserung dieser Nachteile nur noch schwer vorstellbar, etwa Quoten für Minderheiten oder für Menschen mit Rassismuserfahrung. Es ist kaum mehr möglich, sinnvoll zu definieren, wen diese Schutzregelungen betreffen.

Das schiefe Konstrukt »Antimuslimischer Rassismus«

Die Identitätspolitik sieht sich in Vertretung (oder Verteidigung) vieler Menschengruppen, die Diskriminierung erleiden oder »unsichtbar« sind. Das ist selbstverständlich zu unterstützen. Aber weil diese Strömung in den vergangenen Jahren zumindest in den Medien ebenso wie auch in staatlichen Institutionen so erfolgreich war, springen jetzt andere Gruppen auf diesen Zug. Es sind Gruppierungen, die manchmal eine ganz eigene, sehr ungute Agenda haben. Sie jazzen vieles zu einer Identitätsfrage hoch, denn der Opferstatus hat ja gewisse Vorteile im Diskurs.

Konkret heißt das, dass manche islamistische Ideolog*innen oder Funktionär*innen Vorbehalte gegen islamistisch-fundamentalistische Auslegungen des Islam als Rassismus diskreditieren, eben als »Antimuslimischen Rassismus«, um diese Form der Kritik und alle, die sie teilen, öffentlich unmöglich zu machen. Denn welcher Kritiker, welche Kritikerin des Islamismus, der ja meist mit einem zweifelhaften und kritikwürdigen Frauen- und Demokratiebild einhergeht, um es vorsichtig zu sagen, will schon als Rassist*in dastehen? Dabei geht Kritik am Islamismus doch gegen eine ideologisch-religiös-politische Ausrichtung einer Person, nicht gegen ein unveräußerliches Merkmal dieser Person. Da ist also kein Rassismus zu finden. Wie schief das Konstrukt »Antimuslimischer Rassismus« ist, zeigt sich, wenn man vergleichsweise das Schlagwort eines »Antichristlichen Rassismus« konstruierte – das würde einem kaum jemand abkaufen, schon weil es gedanklich schief daher kommt. (Ganz abgesehen davon, dass das Christentum von der Identitätspolitik in der Regel sowieso vor allem als die Religion des Kolonialismus und der Unterdrückung gesehen wird.)

In der Argumentation, die dem Begriff »Antimuslimischer Rassismus« zugrunde liegt, werden Muslim*innen zu so etwas wie einer »race« fehlgedeutet, der Islam selbst zu einem irgendwie biologischen Merkmal, das unauflösbar zur Identität gehöre. Damit lässt sich »Antimuslimischer Rassismus« in Diskussionen als

Totschlagargument verwenden. Gerade konservative, ja konservativste muslimische Gruppen benutzen das Konzept gern, um sich die Diskursvorteile der woken Bewegung zu sichern: Religion als schützenwerte und unkritisierbare Eigenschaft.

Die Schriftstellerin Ronya Othmann beschreibt, wie das ablaufen kann: »Manchmal wird in der linken Szene das Gespräch abgebrochen, weil angeblich antimuslimischer Rassismus geäußert worden sei. Dabei ist gerade dieser Vorwurf einer, der gern von Erdogan-nahen Leuten vorgebracht wird, um Kritiker Erdogans zum Schweigen zu bringen.« Ein verwandtes argumentatives Maschinengewehr aus dieser Ecke ist die »Verletzung religiöser Gefühle«. Der Psychologe Ahmad Mansour, selbst ein Muslim, reagiert auf solche Vorwürfe schroff: »Wenn ich einen Vortrag halte und ich mich kritisch zum Islam äußere, höre ich ab und zu, ich hätte nun die religiösen Gefühle von Anwesenden verletzt. Da sage ich: ›Das interessiert mich nicht. Das ist Ihr Problem. In einer Demokratie müssen Sie das aushalten.‹ Dieses Gerede von Verletzungen und Traumata halte ich für falsch.«

Judith Sevinç Basad, die 2018 für die von Seyran Ateş gegründete Ibn Rushd-Goethe Moschee in Berlin-Moabit tätig gewesen ist, hat in ihrem Buch *Schäm dich!* nachgezeichnet, wie die Vorwürfe des »Antimuslimischen Rassismus« und der »Islamophobie« vor allem aus den Mündern von Islamist*innen und ihren Apologet*innen zu Totschlagargumenten gegen fast alle werden, die den Islam liberaler auslegen und Kritik an konservativen Auslegungen dieser Glaubensrichtung üben. So wurden bereits Seyran Ateş, Susanne Schröter, Ahmad Mansour, ja selbst der liberale Münsteraner Islamwissenschaftler und Soziologe Mouhanad Khorchide als »islamophob« diffamiert.

Susanne Schröter hat solche Dynamiken als Leiterin des Frankfurter Forschungszentrums Globaler Islam (FFGI) erlebt und zieht eine interessante historische und psychologische Parallele: »Es gibt muslimische Aktivisten, die ihr Vorgehen jetzt identitär aufladen und beanspruchen, für alle Muslime zu sprechen. Schon da wird es schräg, da sie natürlich nur eine Minderheit repräsentieren. Es ist ein bisschen so wie bei den Linken der Siebzigerjahre, die glaubten, für die Arbeiterklasse zu sprechen, aber von

Arbeitern ausgelacht wurden, wenn sie mit ihren Flugblättern vor den Fabriktoren auftauchten.« Sie ergänzt: »Schräg ist auch die klare Feindbildorientierung der muslimischen Aktivisten – es ist so, wie ich das früher als junge Linke auch erlebt habe: Man fühlt sich von Feinden umgeben, und man fühlt sich deshalb verdammt gut.«

Obskur ist beim Konstrukt »Antimuslimischer Rassismus« auch, dass Religion in eigentlich säkularen Ländern plötzlich zu den besonders behüteten Dingen gehören soll. Fast alle oder zumindest sehr viel geistesgeschichtliche Aufklärung ist aus der Religionskritik erwachsen, aus dem intellektuellen Abschied von Göttern und religiösen Systemen – und ihrer Macht. Zwar können Glaubensinhalte eine einzelne Person sehr wohl prägen und wichtig für sie sein, aber kein Gott sollte, staatsrechtlich gesehen, höher stehen als beispielsweise das Grundgesetz. Zur Kritik des Religiösen gehört in diesem Sinne auch Satire, wie etwa die der französischen Zeitschrift *Charlie Hebdo*. Dass das mörderische Attentat auf deren Verlagsangehörige von Islamisten ausgeübt wurde, war nicht erstaunlich, sehr wohl aber, dass viele radikale Linke sich kaum zur Solidarität mit dem Flaggschiff einer Satire in der Tradition der Aufklärung aufraffen mochten.

Das Ganze ist, das sei betont, mehr als eine Geschmackssache, es kann gefährlich werden: Mit dem Schlagwort »Antimuslimischer Rassismus« versuchen islamistisch-fundamentalistische Vertreter*innen und mit ihnen viele Linke, eine reaktionäre Lesart des Islam als die einzig mögliche zu stilisieren. Dabei werden demokratische und universalistische Werte des Westens gleich mit diskreditiert. Seyran Ateş sagt, hier seien sich die linken Identitätsaktivist*innen mit Mullahs, Königen und Regierungsvertreter*innen aus islamischen Ländern einig: Beide behaupteten, dass die westlichen Werte nicht für Muslim*innen gelten. Wenn man, so Ateş, dieser Logik folgen würde, »würden Leute wie Erdogan, die Wahabiten in Saudi Arabien oder die Mullahs im Iran meine Werte bestimmen – also die, die dort am lautesten sind oder die Politik bestimmen. Diese sogenannten Autoritäten, Vertreter eines politischen Islam, sollen mir zudem sagen, was der richtige Islam ist.«

Es ist trostlos, dass die woken, identitätspolitischen Freundlichkeiten inzwischen sogar dem Schutz von religiös begründeten Machtverhältnissen dienen. Im hiesigen Diskurs sind es Ateş zufolge manchmal ausgerechnet die meist nicht-religiösen Identitätsaktivist*innen, die definieren, was angeblich muslimische Werte sind. »Aus der Identitätspolitik heraus werden Migrant*innen, die die Universalität der Menschenrechte einfordern, auch noch als rassistisch und islamfeindlich beschimpft.« Sie kann sich mächtig darüber aufregen: »Absurder geht es nicht! Und warum? Weil der*die überzeugte Identitätspolitiker*in nur urdeutsche Rechte als Feindbild hat. Sie stecken mit Scheuklappen in einer ideologisierten Rassismusfalle fest, in der es ausschließlich urdeutsche Identitäre und Faschisten gibt. Nur der Kampf gegen urdeutsche Rechte kann sie darin bestätigen, dass sie etwas gegen Rechte tun. Rechte Muslime und Migrant*innen, identitäre Muslime, religiöse Fanatiker*innen, Islamist*innen, politischer Islam sind Begriffe, die sie in diesem Zusammenhang eher ablehnen und als weiteren Beleg für rechte Gesinnung betrachten.«

Vielleicht liegt es auch an einem oft geringen Wissen über die Vielfalt des Islam (oder der Religion an sich), dass Muslim*innen im identitätspolitischen Theater häufig auf die Opferrolle festgelegt werden. Da kann eben nicht sein, was nicht sein darf. Judith Sevinç Basad schildert in ihrem Buch knapp zwei Dutzend Seiten lang, wie die woke Bewegung einen schwulenfeindlichen Mord in Dresden 2020 durch einen radikalen Muslim, der 2015 als Flüchtling nach Deutschland gekommen war, fast totschwieg, weil das Verbrechen ihr Weltbild gestört hätte. Sie beschreibt weiter, wie in wissenschaftlichen Texten aus diesem Milieu ein Kulturrelativismus gepflegt wird, der zum Beispiel Genitalverstümmelungen von Mädchen als »Genitalbeschneidungen« verharmlost und behauptet, nur der weiße, koloniale Blick lade diese brutalen Verbrechen mit einer negativen Bedeutung auf. Auch Vojin Saša Vukadinović liefert immer wieder Beispiele für diese Richtung. Basad zitiert die Philosophin und Gender-Theoretikerin Judith Butler, eine Heilige der identitätspolitischen Bewegung, mit Äußerungen, die die islamistischen Terroranschläge relativieren und die islamistischen palästinensischen Bewegungen Hamas und Hisbollah als irgendwie progressiv und »Teil der globalen Linken« aufwerten.

Butler steht mit dieser Haltung übrigens nicht allein. Caroline Fourest schreibt in ihrem Buch *Generation Beleidigt* mit der ihr üblichen Schärfe: »Die Intersektionalisten wollen die Islamisten als dominante Kraft nicht wahrnehmen, sondern vermengen sie lieber mit allen anderen Moslems, so als ob es eine einzige traute Gemeinschaft wäre, wenn sie sie nicht gar als bedrängte Minderheit, als Opfer des Rassismus des Westens halluzinieren. Ob sie nun vergewaltigen, verschleiern oder enthaupten, in dieser kruden Wahrnehmung sind sie vor allem eines: Rebellen und Verdammte dieser Erde, die versuchen, sich selbst zu dekolonisieren.« Das Ganze funktioniert im Wesentlichen nach dem alten Motto: Der Feind meines Feindes ist mein Freund. Wenn es gegen den Westen, den Kapitalismus oder angeblich noch irgendwie kolonialistisch-imperialistische Staaten geht, sind manche identitätspolitische Vertreter*innen zu absurdesten Allianzen und ideologischen Verdrehungen bereit.

Die bittere Bilanz der linken Verirrungen gerade im Hinblick auf Menschenrechtsfragen ist deshalb, dass im Zweifelsfall alles zum politischen Borderline-Syndrom wird: Einerseits verachtet die identitätspolitische Crowd den »Kapitalismus«, andererseits will sie sich gern von diesem und seinen Fördertöpfen – diesen vor allem – ernähren; einerseits rufen ihre migrantischen Vertreter*innen: Alles Rassismus!, andererseits wollen sie auf gar keinen Fall wieder in die Regionen zurück, aus denen ihre Vorfahren einwanderten, flüchteten oder schlicht weg wollten – oft wegen religiösen Terrors. Sie canceln hierzulande zwar nur selten direkt. Doch säkulare, nicht-religiöse Künstler*innen, Feminist*innen und Menschenrechtssensible etwa in den maghrebinischen Ländern gelten ihnen als islamophob oder Islam-Aversion befördernde Figuren. Wer in Algerien, Tunesien, Marokko oder Ägypten für das Recht auf religiöse Distanz pocht und dies in westlichen Kontexten gewürdigt sehen will, bekommt als Antwort häufig nur die kalte Schulter gezeigt: Sie dürften bitte nicht so agieren, das nutze nur den Rechten. Unsere Pseudo-Held*innen mit identitätspolitischer Aura, nun ja, sind menschenrechtlich

sehr oft von einer Sorte, die jede*r Zuchtmeister*in zur Ehre ge-
reichen würde.

Die Sache ist dabei im Kern recht einfach: Hauptsache, es geht
gegen die westliche Welt, den Kapitalismus und angebliche kolonialistische Mächte, da werden selbst Mullahs ganz schnell zu
»Allies«, zu Verbündeten der angeblich guten Sache. Aber wie wir
aus vielen leidvollen Jahrhunderten wissen: Der angeblich gute
Zweck heiligt nie die bösen Mittel.

Die Sackgasse der Kulturellen Aneignung

Wir haben schon mehrmals ein zweifelhaftes, aber wirkmäch-
tiges Konzept angesprochen, das näher beleuchtet zu werden verdient: »Cultural Appropriation« – Kulturelle Aneignung. Es bezeichnet, das zur Erinnerung, die Adaption vor allem kultureller
Leistungen eines anderen Kulturkreises oder anderer Ethnien
durch Menschen, die diesem Kulturkreis oder dieser Ethnie nicht
angehören. Diese Adaption wird von Anhänger*innen der Identitätspolitik vor allem dann kritisiert, wenn die kulturelle Leistung von einer Minderheit stammt, die in irgendeiner Weise benachteiligt oder diskriminiert ist oder wird, und sie zugleich von
Menschen adaptiert wird, die selber unterdrücken oder deren
Vorfahren früher zu den Unterdrücker*innen gehörten.

Bei den übernommenen oder angeblich irgendwie »geraub-
ten« Kulturleistungen kann es etwa um Mode gehen, um die verschiedenen Küchen aus aller Welt, um Musik und Tanz, um spi-
rituelle und religiöse Zeichen, sogar um Sprachstile, Sitten und
Gebräuche, kurz: um alles, was im entferntesten Sinne zur Kultur von Menschen und Menschengruppen gehört. Das klassische
Beispiel sind von »Weißen« getragene Dreadlocks (Filzlocken).
Obwohl verfilztes Haar auch in der Geschichte Europas zu finden ist und es Beispiele dafür etwa im islamischen und hinduis-
tischen Kulturraum gibt, werden Dreadlocks heutzutage in erster
Linie mit ihrem karibisch-afrikanischen Hintergrund assoziiert.
(Und wer verkündet als weißer Mensch schon cool und ge-
schichtsbewusst: Ich trage das verfilzte Haar nicht wegen meiner

Karibik-Faszination, sondern in Erinnerung an die Filzlocken meiner europäischen Ahnen?)

Argumente gegen diese Übernahme sind im Sinne des Vorwurfs »Cultural Appropriation« unter anderem, dass zwar das Schöne oder Anregende der fremden Kultur übernommen oder adaptiert werde, jedoch ohne zugleich (die Erinnerung an) die Unterdrückung, die damit häufig verbunden war und ist, zu wahren oder gar mitzuleiden. Auch die eigentliche Bedeutung der übernommenen Kultur werde nicht mittransportiert.

Das ist nicht so schlecht gedacht, aber die Folgen des »Cultural-Appropriation«-Konzeptes sind kaum zu überblicken, vor allem im angelsächsischen Raum nicht. So wurde beispielsweise die britische Sängerin Adele in den Sozialen Medien angegriffen, als sie im Sommer 2020 ein Foto von sich mit einer afrikanischen Frisur, sogenannten Bantu Knots, postete. Dazu trug sie einen Bikini-Top in den Farben der jamaikanischen Flagge. Mit dieser Aufmachung wollte sie auf den Londoner Notting-Hill-Karneval hinweisen, der schon vor Jahrzehnten von Migrant*innen aus der Karibik ins Leben gerufen worden war.

Studierende aus Kanada verlangten die Streichung eines Yogakurses, weil man sich hier die indische Kultur aneigne. Der britische Star-Koch Jamie Oliver wurde von einer Abgeordneten des britischen Parlaments (!) angegriffen, weil er einen Reis kreiert hatte, den er mit einem jamaikanischen Namen aufpeppte; es wurden sogar Boykottforderungen gegen ihn laut. Die US-Sängerin Katy Perry fand sich in einem Shitstorm wieder, weil sie angeblich »afrikanische« (vielleicht aber auch eher ukrainische?) Zöpfe trug. Das alte und bedeutende American-Football-Team »Washington Redskins« hat Name und Logo (der Kopf eines ernsten »Indianers« mit Federn) nach den »Black-Lives-Matter«-Demonstrationen des Jahres 2020 aufgegeben. Und so weiter und so fort. Dabei sind die genannten Fälle nur die, die es überhaupt in die europäischen Medien schafften.

Wie gesagt, manche Überlegungen hinter all dem sind nicht ganz von der Hand zu weisen, aber das Meiste ist, so glauben wir, zu lebensfern gedacht. Denn: Ist nicht jede neue Kultur immer durch Adaption fremder Kulturleistung entstanden? Ist Kultur nicht geradezu notwendigerweise immer die Übernahme und kreative Verwandlung von Neuem und Fremden? So übernahm die römische Zivilisation hellenistische und altägyptische Elemente, die muslimische Kultur wurde inspiriert durch die Philosophie der alten Griechen, das Christentum ist eine Art Sekte des Judentums, der Islam ein Produkt auch von jüdischen und christlichen Ideen, das späte Mittelalter und die Renaissance waren fasziniert von der Antike und der muslimischen Welt, sie inkorporierten von dort viel. Chinesische und osmanische Einflüsse waren in der Frühen Neuzeit an den europäischen Fürstenhöfen populär und wurden kopiert, die Klassische Moderne in der Kunst übernahm zum Teil die Formensprache afrikanischer Kunst. Die Geschichte der Adaption in der Kultur ist reich und uferlos, den Himmeln sei Dank.

Außerdem: Eine ursprüngliche, »reine« Kultur gibt es ohnehin nicht, alles ist immer und überall adaptiert worden. Und was sollte das überhaupt sein: »rein«? Man kann die Aneignung der bis zum Moment ihrer Entdeckung fremden Kulturen bis heute meist als Ausdruck von Hochschätzung, Respekt und Faszination sehen. Denkt man die Logik der Cultural Appropriation weiter, müssten dann nicht-weiße Jazzmusiker*innen aufhören, Jazz zu spielen, weiße Soulmusiker*innen ihren Gesang einstellen, weiße Surfer*innen ihr Wellenreiten beenden und Menschen ohne italienische Wurzeln im Restaurant ihre Pizza zurück in die Küche bringen lassen, zumindest wenn sie nicht von »echten« Italiener*innen zubereitet wurde? Und was wäre überhaupt gewonnen? Caroline Fourest spricht in ihrem Buch *Generation Beleidigt* zurecht davon, die Identitätspolitik und der Vorwurf der Kulturellen Aneignung hinterließen ein »geistiges und kulturelles Ruinenfeld«.

Wie widersprüchlich das Konzept der Kulturellen Aneignung ist, zeigt sich auch in der Tatsache, dass die die identitätspolitische Bewegung viel gelassener ist, wenn die Kulturelle Aneignung mal in ihrem Sinne funktioniert: In Berlin gibt es linke Frauen, die mit Kopftuch herumlaufen, um sich mit Kopftuch tragenden Frauen zu solidarisieren. Über Ähnliches regt sich Fourest auf: Offenbar sei es normal, wenn »weiße Studentinnen zum ›Hijab

Day‹ einen islamischen Schleier anprobieren. Diese von fundamentalistischen Kreisen ausgehende Initiative haben Studentinnen der Sciences Po (der Elitehochschule für politische Studien in Frankreich, die Autoren) aufgegriffen und ihren Genossinnen vorgeschlagen, sich einen Tag lang in ›Sittsamkeit‹ zu üben. Komischerweise wollte darin keiner der üblichen Inquisitoren die geringste kulturelle Aneignung erkennen.«

Es kommt eben immer sehr darauf an, wer was macht. Die identitätspolitische Reinheitssehnsucht geht an US-Universitäten mittlerweile so weit, dass sie auch die Freizeitvergnügen der Studierenden zu regeln versucht – mit Verweis auf die Idee der zu verdammenden Kulturellen Aneignung. So startete, das als Beispiel, kurz vor Halloween 2017 das Center for Diversity and Inclusion der Southern Utah University die Kampagne »Meine Kultur ist kein Kostüm«. Die Poster- und Online-Kampagne umfasste eine Foto-Reihe von Studierenden, die gestellte Bilder verschiedener »rassischer« und ethnischer Outfits halten, um auf kulturell »unsensible« Kostüme aufmerksam zu machen. Die Direktorin des Diversity-Zentrums erklärte, wer zu Halloween, wo man sich wie beim Karneval in Europa gerne verkleidet, ein Kostüm trage, das Stereotypen oder kulturelle Missverständnisse fördere, reduziere die jeweilige Kultur zu einer Karikatur – ein mexikanischer Sombrero oder ein Federschmuck von »Native Americans« haben also im Schrank zu bleiben. Andere Universitäten wie die University of Maryland oder die University of Northern Colorado veröffentlichten in späteren Jahren ähnliche Aufrufe.

Das Konzept »Cultural Appropriation« hat längst auch Deutschland erreicht. Von einer Folge hat der *Zeit*-Chefredakteur Giovanni di Lorenzo 2021 in einem Leitartikel berichtet: »Ein weltberühmter US-Basketballer traute sich nicht, in der *Zeit* einen ergreifenden Nachruf auf einen verstorbenen Kollegen zu veröffentlichen, weil er befürchtete, als Weißer dafür kritisiert zu werden, über einen Schwarzen geschrieben zu haben. Ein Akt vorauseilender Selbstzensur.« Es ist gut vorstellbar, dass der genannte weiße Basketballspieler der deutsch-amerikanische Champion Dirk Nowitzki war, der zwei Jahrzehnte in der US-amerikanischen Basketballliga, der besten der Welt, spielte. Er könnte über den bei einem Hubschrauberunfall gestorbenen Kollegen und US-Superstar Kobe Bryant etwas geschrieben haben, allerdings etwas, das am Ende nie veröffentlicht wurde – aus Angst, irgendwie einer »Cultural Appropriation« beschuldigt werden zu können.

Doch unabhängig davon, wer der weiße und der schwarze Basketballspieler wirklich waren: Dass so genannte »race«-Grenzen über den Tod hinaus Wirkung haben oder haben sollen, ja wichtiger sein sollen als Gesten des Respekts, der Trauer und des Mitgefühls, ist eine traurige Entwicklung. Auch dieser Fall zeigt: Das identitätspolitische Konzept von der »Cultural Appropriation« ist intellektueller, emotionaler und kultureller Irrsinn.

Die schönste, frechste und cleverste Entgegnung auf den Vorwurf der Kulturellen Aneignung stammt nach unserer Meinung übrigens von Madonna. Als sie 2015 (noch mal aktualisiert 2017) in der *Huffpost* darauf angesprochen wurde, dass manche Leute entsprechende Kritik an ihr übten, antwortete sie: »Oh, sie können meinen Arsch küssen.« (»Oh, they can kiss my ass.«) Die berühmte Popsängerin ergänzte: »Ich eigne mir nichts an. Ich bin inspiriert und beziehe mich auf andere Kulturen. Das ist mein Recht als Künstlerin. Sie sagten, Elvis Presley habe die afroamerikanische Kultur gestohlen. Das ist unsere Aufgabe als Künstler, die Welt auf den Kopf zu stellen und alle zu verwirren, damit sie alles neu überdenken müssen.«

Äußere Wirkungen

Opferkonkurrenz

Wer will schon Opfer sein? Auf Schulhöfen ist »Du Opfer!« ein geläufiges Schimpfwort, ebenso wie »schwul«. In der Identitätspolitik verhält sich das ein wenig anders: Opfer gesellschaftlicher Diskriminierung sind ihr Fixpunkt und werden enorm positiv gewertet. Warum ist das so und wie werden Opfer definiert? Paula-Irene Villa Braslavsky gibt einige Hinweise: »Es geht darum: Wie wahrscheinlich ist Gewalt oder Beschämung? Wie steht es um die Sichtbarkeit? Werde ich nur als Ausnahme und Sonderfall dargestellt? Man will sagen: Für uns ist es anders als eure Normalität – und das tangiert, verändert Eure Normalität.«

Wenn sich jemand als Opfer von Diskriminierung bezeichnet, darf diese Selbstbezeichnung nicht angezweifelt werden, denn das retraumatisiere diese Person. Auf dieses Prinzip der Identitätspolitik sind wir im vorhergehenden Abschnitt immer wieder gestoßen. Die Logik dabei ist: Wenn ich sage, ich bin ein Opfer, wer bist du dann zu sagen, ich sei keines? (Nur bei weißen Männern wird die Selbstbezeichnung als Opfer nicht akzeptiert.)

So kann der Opferstatus zumindest im Diskurs gewisse Vorteile haben: Wenn ich ein Opfer (von Diskriminierung) bin, haben das die anderen erst einmal ernst zu nehmen, ja zu schweigen und zu »lernen«, wie es dann meist heißt. Die nicht zwingende, aber häufig anzutreffende Folge oder Versuchung ist, dass sich immer mehr Gruppen oder Menschen als Opfer definieren. Im Sinne des Intersektionalitätskonzepts gibt es zudem die Tendenz, jene besonders als Opfer wahrzunehmen, zu achten und zu hören, die mehrere Diskriminierungsaspekte in sich vereinen –

gemäß dem alten, etwas zynischen Witz von Woody Allen: Ein alter schwarzer Mann sitzt in der U-Bahn und holt aus dem Netz seines Rollstuhls eine Zeitung in Jiddisch heraus. Da schnauzt ihn ein anderer Fahrgast an: »Jetzt übertreiben Sie aber!«

Dabei versteht sich die identitätspolitische Bewegung als eine sehr lose, vor allem ideologische Allianz von Menschen, die in verschiedener Weise Opfer von Diskriminierung sind. Diese Opferbetonung bricht jedoch in gewisser Weise mit einer Tradition linker Emanzipationsbewegungen, in denen immer das Selbstverständnis dominant war, vor allem (gemeinsam) selbstermächtigend aktiv zu sein. Schlagwort: »Alle Räder stehen still, wenn dein starker Arm es will.« Gerade traditionelle Linke werfen daher der identitätspolitischen Strömung vor, es herrsche in ihr ein fast weinerlicher, opferseliger Grundton vor.

Ist der Vorwurf gerechtfertigt? Villa Braslavsky wischt ihn zur Seite und dreht das Argument vielmehr um: »Es ist ein Zeichen der neoliberalen Veränderung, dass vieles als Opfergejammer abgetan wird. Weil nicht mehr in sozialen Verhältnissen gedacht, weil Erfahrungen nicht mehr als Teil von Gesellschaft gerahmt sind.« Die Frankfurter Ethnologin Susanne Schröter hält dagegen und spricht von einem »ausgeprägten Opferkult«: »Opfersein ist jetzt Mainstream. Jeder will Opfer sein. Wer keiner Opfergruppe angehört, kann nichts mehr reklamieren: keine Gelder, keine bevorzugte Behandlung bei Einstellungen oder bei der Besetzung von Gremien.« Die Sache hat sich nach ihrer Beobachtung »extrem verselbständigt«: »Andere sind auf den Zug aufgesprungen. Deshalb haben wir nun unendlich viele, sich multiplizierende Identitätskategorien oder Gruppen, die zum Teil miteinander fusionieren oder gegeneinander arbeiten.«

Dieser sehr weite Opferbegriff kann nur funktionieren, wenn auch rassistische oder anders motivierte Aggressionen sehr weit gefasst werden. Dafür gibt es in der Identitätspolitik das zentrale Schlagwort der Mikroaggressionen, das allerdings nur schwer zu fassen ist. So können Mikroaggressionen schon angeblich schiefe Blicke des Busfahrers gegenüber schwarzen Fahrgästen sein – möglicherweise rassistisch motiviert, aber vielleicht auch nur der schlechten Laune des Busfahrers geschuldet, worunter zum

Beispiel in Berlin leider sehr häufig alle ÖPNV-Nutzer*innen zu leiden haben. Auch hier funktioniert wieder der identitätspolitische Trick: Wenn zum Beispiel ein PoC etwas als Mikroaggression wertet, ist es eine weitere Mikroaggression, dies in Frage zu stellen. Das Infragestellen funktioniere bereits als »Trigger« für »Retraumatisierungen«, es könnte also Auslöser sein für die Erinnerung und das erneute Durchleben noch schlimmerer Diskriminierungserfahrungen. Damit solche Gefahren nicht aufkommen, sollen sich PoC dann in, auch ein wichtiger Begriff, »Safe Spaces« zurückziehen können, wo alle ihrer Meinung sind und sie nicht belästigt werden durch andere, die ihre Definition von Mikroaggression vielleicht nicht teilen. Und wer diese Setzungen nicht ernst nimmt oder anzweifelt, gilt schnell als herzlos oder sogar als latent rassistisch (oder als trans*phob).

Ijoma Mangold bemängelt die tendenzielle Uferlosigkeit der Opferdefinition: »Jedes Jahr wird an die LGBTQ ein Buchstabe drangehängt.« Auch das Kriterium Hautfarbe wird immer absurder. Für manche sind nur Menschen mit afrikanischem Hintergrund PoC, für andere zählt man auch beispielsweise Menschen mit italienischem, türkischem, arabischem oder iranischem Hintergrund dazu. Einige Deutsch-Türk*innen, besser: Deutsche mit türkischem Hintergrund werfen allerdings anderen vor, sie seien »Weißtürken«, also, so muss man das wohl lesen, keine astreinen PoC, könnten also nicht wirklich mitreden.

Manche nennen das hier angesprochene Phänomen Opferkonkurrenz, einen Wettlauf darum, welches Merkmal die heftigste Diskriminierung bedeutet und deshalb auch ein besonderes Recht nach sich zieht, gehört zu werden. Oder wie stark ein Merkmal ausgeprägt sein muss, um als vollwertiges Mitglied der diskriminierten Gruppe durchzugehen und entsprechendes Rederecht zu genießen. Um mit so etwas konfrontiert zu werden, muss Mangold nur in sein Handy schauen: »Da gibt es zum Beispiel auf Twitter leidenschaftliche Debatten, ob es ›mixed-race‹-Personen wie mir erlaubt sein sollte, eine Meinung darüber zu haben, wie es Schwarzen in Deutschland geht. Das ist Identitätspolitik ›at its best‹. Am Ende geht es wirklich um die rassische Reinheit, die dir den Zutritt, das Rederecht verschafft.«

»Rassische Reinheit« – das ist sehr scharf ausgedrückt, aber nicht völlig verkehrt, wenn man ein Konzept nachvollzieht, das so etwas wie einen Tiefpunkt in diesem traurigen Spiel darstellt: Es geht um »Colorism«. Diese identitätspolitische Idee geht davon aus, dass zwar alle schwarzen Menschen in den westlichen Gesellschaften Diskriminierung erlebten, aber wer als schwarze Person etwas hellere Haut habe, werde angeblich von der weißen Mehrheitsgesellschaft bevorzugt. »Colorism« sei eine besonders perfide Form von Rassismus, weil er einen Graben durch die schwarze Community treibe.

Deutlich wurde die Schlagkraft des identitätspolitisch begründeten Colorism-Konzepts etwa beim »25 Frauen Award« des Jahres 2020, einem Preis für herausragende Frauen, den *Edition F* vergibt. *Edition F* ist ein Berliner Onlinemagazin für Frauen, das schwerpunktmäßig über Business- und Lifestyle-Themen berichtet, sich aber als sehr woke versteht. Das wurde in jenem Jahr indes zu einem besonderen Problem: Kurz vor Preisvergabe schrieben sieben für den Preis nominierte PoC-Frauen einen Brief, der es in sich hatte und den Preis de facto torpedierte: Alice Hasters, Aminata Belli, Ciani-Sophia Hoeder, Fabienne Sand, Hadnet Tesfai, Josephine Apraku und Noah Sow.

In dem Brief hieß es: »Wir haben uns entschlossen, uns aus der Auswahl für den 25 Frauen Award zurückzuziehen. Obwohl wir uns über unsere Nominierung und die anderer Frauen, deren Arbeit Rassismus thematisiert, gefreut haben, nehmen wir auch wahr, wie wenig divers die Auswahl der Schwarzen Frauen ist (...) Wir möchten uns – insbesondere hinsichtlich der öffentlichen Debatte um strukturellen Rassismus der vergangenen Wochen – auf einen bedeutsamen Punkt fokussieren: Colorism (...) Colorism, die strukturelle Diskriminierung von BIPoC zum Beispiel mit dunklerem Hautton, wirkt wie Säure – ätzend – in Schwarze Communities hinein und schafft einen vergleichsweise schlechteren Zugang zu gesellschaftlichen Ressourcen für Schwarze Menschen mit beispielsweise dunklerer Haut. Damit meint Colorism die Hierarchisierung innerhalb Schwarzer Communities.«

»Colorism«, so heißt es in dem Schreiben weiter, »dient der Sicherung weißer Privilegien: Wenn wir in unseren diversen

Schwarzen Communities gegeneinander darum kämpfen müssen, wer im Mainstream sprechen darf, dann ist das so, weil weiße Menschen unseren vielfältigen Perspektiven und unserer unterschiedlichen Betroffenheit von Rassismus und Colorism zu wenig Platz einräumen. Wir wissen, dass es unsere Nähe zum Weiß-Sein ist, die es für weiße Menschen bequemer macht, uns einen bestimmten Raum im Diskurs um Rassismus zuzugestehen.« Dies sei ein Privileg, das einen verantwortungsvollen Umgang für ihre Rassismuskritik erfordere: »Wenn wir uns als Schwarze Frauen, die im Hinblick auf Colorism privilegiert sind, gegen Rassismus einsetzen wollen, dann ist es notwendig, dass wir das thematisieren und Platz für unsere Geschwister machen. Die Entscheidung unsere Plätze freizumachen, ist uns nicht leicht gefallen, weil wir als Schwarze Menschen insgesamt zu wenig repräsentiert sind.«

Man sollte die ziemlich defensive Sprache vielleicht etwas klarer formulieren: Da traten also bekanntere PoC-Frauen wie etwa die Bestseller-Autorin Alice Hasters und die TV-Moderatorin Aminata Belli als Preisnominierte zurück, weil sie, tja, nicht schwarz genug waren? Das aber, betonten sie, sei nicht etwa das Problem von Rassismus oder Hautfarben-Fixierung innerhalb der PoC-Gruppe, sondern ein von außen oktroyiertes Problem, weil die weiße Mehrheitsgesellschaft angeblich jene PoC bevorzuge, die etwas weißer seien.

Hinter diesem Einzelfall wird Grundsätzliches deutlich: Es gibt offensichtlich mindestens ein Gerangel in der angeblich irgendwie harmonischen Community der Diskriminierten – und zwar trotz aller Appelle, dass man doch mit allen anderen Diskriminierten so viel gemeinsam habe und man gemeinsam »kämpfen« (ein sehr beliebtes Wort in der Szene, was auch immer »Kämpfen« bedeutet) müsse. Dabei werden manche Minderheiten in diesem Milieu noch nicht einmal wirklich beachtet. Als Beispiel nennt Ronya Othmann kurdische LGBT-Menschen oder Aramäer. »Diese Minderheiten-Position wird von der Mehrheit in diesen Minderheiten kaum wahr genommen.«

Ein Problem mit der Opferdefinition in vielen identitätspolitischen Debatten ist schließlich, dass mit diesem Begriff kaum mehr Differenzierungen möglich sind. Wer Menschen nur noch als Opfer wahrnimmt, kann sie tendenziell auch indirekt entmündigen. Das deutet der Berliner Antirassismus-Trainer Ahmad Mansour an: »Wenn ich Menschen aus Minderheiten mit Migrationshintergrund mit ihren problematischen Einstellungen etwa zu Frauen, zu Juden oder zur Religion nicht ernst nehme als mündige Menschen und diese Probleme nicht benenne, dann nehme ich diese Menschen nur als entmündigte Gruppe wahr, die man schützen muss. Das ist dann eine sehr klassische Form von Rassismus.«

Schließlich gibt es ein letztes Problem bei der Opferbetonung, die in der identitätspolitischen Bewegung angelegt ist. Davon erzählt Till Randolf Amelung, früher eine »nichtrollenkonforme Frau«, wie er es nennt, die sich als Lesbe outete und nach einer Weile eine Transition zu einem Trans*mann samt Behördenentscheidungen, Operation und Hormonmedikamenten auf sich nahm. Als Publizist hat sich Amelung viel mit den Widersprüchen in der queeren Szene beschäftigt und hadert mit der identitätspolitischen Strömung, vor allem mit deren Opferbegriff: »Wenn jemand sagt, dazu darfst du nichts sagen, weil du weiß und ›cis‹ bist, spricht man ihm oder ihr jedes Mitgefühl ab.« Cis – das nur zur Erinnerung – ist übrigens das Kürzel in identitären Kreisen für Menschen, die nicht trans* sind, also mit dem Geschlecht, mit dem sie geboren worden waren, einverstanden sind. Und Amelung bringt noch einmal auf den Punkt, was viele Mitglieder von Minderheitengruppen an der identitätspolitischen Opferdefinition stört: »Man soll sich als arme Sau fühlen, obwohl man es eigentlich gar nicht ist.«

Eine schöne Zusammenfassung für diesen Abschnitt liefert Christian Jakob. Er argumentiert, auch mit Blick auf die gescheiterte Preisverleihung der *Edition F:* »Es gibt viele solche Fälle, in denen es gar nicht möglich ist, etwas richtig zu machen, weil der identitäre Antirassismus paradoxe, widersprüchliche, teils unerfüllbare Forderungen aufstellt.« Und eine grundsätzliche Frage bleibt dann weiter bestehen: Ist das wirklich noch irgendwie links – ein politischer Kampf, der moralisch an die gegnerische Gruppe appelliert und hofft, ja nur hoffen kann, dass im Falle der moralischen Besinnung kein Unrecht mehr passiert? Wurden mehr Rechte jemals durch die Appelle an das schlechte Gewissen der Mächtigen erlangt?

»Cancel Culture« und Sprechverbote

Die Stadt Hannover wollte eigentlich alles richtig machen. Wie die *taz* Ende März 2021 berichtete, plante die Verwaltung der niedersächsischen Landeshauptstadt, sich mit vier Online-Veranstaltungen an der von den Vereinten Nationen (UNO) ausgerufenen Internationalen Woche gegen Rassismus zu beteiligen. Bei einer davon sollte der emeritierte Professor für Afrikanische Geschichte Helmut Bley ein Referat unter dem Titel »Kolonialgeschichte von Afrikanern und Afrikanerinnen her denken« halten. Neben ihm sollten Mitglieder der Initiative für Diskriminierungssensibilität und Rassismuskritik (Idira) eine Petition für rassismuskritische Lehre in niedersächsischen Bildungsinstitutionen vorstellen. Auch eine Diskussion mit Bley war vorgesehen.

Dann folgte der Eklat: Die Initiative weigerte sich, dabei zu sein. Dass ein weißer Mann im Kontext von Rassismus und Kolonialismus erklären solle, wie man Geschichte von Afrikanerinnen und Afrikanern her erklärt und denkt, wolle man nicht unterstützen, entschieden die Mitglieder. Daraufhin sagte die Stadt gleich die ganze Veranstaltung ab.

Bley sah sich von »Cancel Culture« betroffen, obwohl es genau genommen ja eine vorauseilende Absage seines öffentlichen Referats war. Er kritisierte »eine massive Zensurbewegung, die nur Betroffene für berechtigt hält, über ein Problem zu sprechen«. Bley ist nicht vorzuwerfen, er wisse nicht um die Verbrechen der deutschen Kolonialherren gegenüber den schwarzen Einwohner*innen der von ihnen kolonialisierten Gebiete: Seit den Sechzigerjahren setzt er sich für die Aufarbeitung dieser Verbrechen ein. 2013 musste er sich vor Gericht verteidigen, weil er den kaiserlichen General Paul von Lettow-Vorbeck in einem Gutachten korrekt als Kriegs- und Menschenrechtsverbrecher bezeichnet hatte. Die Töchter des Generals hatten Bley wegen Verunglimpfung des Andenkens ihres Ahnen verklagt – Bley bekam Recht.

Svea Ostermeier, Mitglied bei Idira, verteidigte dennoch das Vorgehen ihrer Initiative, und zwar mit Verweis auf die Idee der Sprecherposition: »Wir wollen weißen Menschen nicht absprechen, sich zu Rassismus zu äußern«, erklärte sie. Schließlich setze sich auch Idira aus schwarzen und weißen Menschen zusammen. Sie selbst sei »weiß positioniert«, räumte Ostermeier ein. Doch wenn es explizit um schwarze Geschichte gehe, sei es doch besser, wenn vorrangig schwarze Menschen zu Wort kämen, da diese ohnehin weniger Gehör in der mehrheitlich weißen Gesellschaft fänden. Ausdrücklich betonte sie: »Wir sind ja nicht gegen Professor Bley oder seine Forschung. Wir wünschen uns vielmehr, dass weiße Menschen ihre Privilegien reflektieren und von selbst drauf kommen, dass es schön wäre, im Rassismuskontext Betroffenen das Wort zu geben.« Es ging also bei der Kritik an der Teilnahme Bleys nicht um dessen, nicht um Expertise überhaupt – lediglich darum, dass schwarze Menschen überhaupt sprechen können, ob sie zum konkreten Thema Näheres wissen oder nicht.

In Deutschland wird seit ein paar Jahren immer wieder über »Cancel Culture« gesprochen – und genau besehen ist damit recht Unterschiedliches gemeint. Veranstaltungen werden abgesagt, weil im Netz identitätspolitische Aktivist*innen einen Shitstorm gegen diese oder die vorgesehenen Sprecher*innen initiiert haben. Es ist so etwas wie ein mediales Niederschreien von Inhalten oder Personen, für die manche am liebsten ein generelles Tabu oder Sprechverbot verhängen würden, weil entweder die Inhalte nicht gehört werden sollten oder bestimmte Sprecher*innen beispielsweise qua Herkunft nicht die Autorität oder Berechtigung haben sollen, über bestimmte Themen überhaupt etwas zu sagen. Einige besonders eifrige Aktivist*innen gehen so weit zu fordern, dass manche Menschen öffentlich überhaupt nichts mehr sagen sollten, egal zu welchem Thema.

Mit der Absagekultur, oder besser: Absageunkultur eng verwandt ist auch die Strategie des »Deplatforming«. Hinter ihr verbirgt sich die Idee der Illegitimierung von bestimmten Menschen und ihren Haltungen. Es ist der Versuch, Menschen oder Organisationen vor allem in den Sozialen Medien Zugänge zu versperren, weil ihnen vorgeworfen wird, menschenverachtende oder diskriminierende Aussagen zu tätigen – wobei es oft aber sehr wohl Ansichtssache sein kann, ob etwas wirklich menschenverachtend oder diskriminierend ist. Shitstorms in den Sozialen Medien wiederum müssen sich nicht auf eine Veranstaltung oder Ähnliches beziehen, sondern können auch einzelnen Äußerungen gelten. Sie gehören zu den brutaleren Methoden identitätspolitischer Fans, also das Beschimpfen von Menschen in den Sozialen Medien, nicht selten unter dem Deckmantel der Anonymität.

Man kann das alles mit einem Achselzucken abtun, gerade Shitstorms gehören vielleicht einfach zur modernen Mediendemokratie. Aber man muss auch fragen, ob die offene Rede, die freie gesellschaftliche Diskussion durch solche Phänomene in Gefahr gerät. Und droht damit vielleicht gar ein Generalausschluss mancher Gruppen aus dem Diskurs – was für die demokratische Kultur in der Tat heikel wäre?

Der Schriftsteller Daniel Kehlmann hält den Ball flach, ohne die Angelegenheit klein zu reden: »Wenn von sogenannten weißen alten Männern verlangt wird, sie sollten in bestimmten Diskussionen nur noch schweigen und zuhören, ist das eine gewisse Diskriminierung. Aber die Identitätspolitik ist eine kulturelle Revolution – und Revolutionen geschehen nie in völliger Gerechtigkeit. Das fällt unter Kollateralschaden einer gesellschaftlichen Veränderung, die im Großen und Ganzen doch sehr wünschenswert ist.«

Was die Entrüstungsstürme gegen bestimmte Aussagen und Positionen angeht, weist der Autor darauf hin, dass es in einer Gesellschaft immer Tabus gebe, »Dinge, die man nicht sagen sollte. Dagegen ist auch nicht unbedingt etwas einzuwenden.« Zwar würden manche Menschen zu Unrecht angegriffen, ja Existenzen vernichtet, vor allem in den USA. Es überwögen am Ende aber die positiven Aspekte der Identitätspolitik. Daher rät Kehlmann zu, so kann man es wohl nennen, einer gewissen Robustheit gerade gegenüber Attacken in den Sozialen Medien: »Ich würde es noch nicht als gefährlichen Auswuchs bezeichnen, wenn Leute in den Sozialen Medien angegriffen werden, auch wenn einem das in manchen Fällen falsch oder ungerecht erscheinen mag.« Das Problem bestehe nicht darin, »dass Tausende sagen, ich werde jetzt J. K. Rowling boykottieren«, sondern darin, dass Menschen ihren Job verlören. Das aber, wir haben es schon angedeutet, ist eher eine Sache der Institutionen, die ihre Leute nicht schützen, sondern vor Shitstorms allzu schnell einknicken, weil sie um ihr Image fürchten, egal, wie gerechtfertigt die medialen Vorwürfe sind oder nicht.

Die Gelassenheit von Daniel Kehlmann können nicht alle nachvollziehen – die Co-Vorsitzende der Heinrich-Böll-Stiftung, Ellen Ueberschär, etwa hält dagegen, mit einem interessanten Argument: Angesichts der Schwierigkeiten, die sie als junge Christin in der DDR hatte, beurteilt sie einerseits Sprachgebote und Sprechverbote als falsche Methoden. »Mit freiem Denken hat das nichts zu tun. Ich kann mit Sprechverbotsexpert*innen nichts anfangen.« Sie ergänzt: »Als ich in der DDR in der Schule war, durfte ich nicht sagen, dass der Besuch Honeckers in der BRD ein deutsch-deutsches Arbeitstreffen war, denn das war nicht das Wording der DDR. Da musste ich mal wieder Kritik und Selbstkritik vor der Klasse üben, das kam häufiger vor.«

Das grundsätzliche Argument hinter identitätspolitischen Sprechverbotsforderungen erkennt Ueberschär aber durchaus an: »Es gibt Privilegien im Diskurs, und die sind auch struktureller Art.« Nur glaubt sie nicht, dass diese durch die »Cancel Culture« ausgleichbar seien – dafür brauche es andere Wege. Zudem sieht sie schon jetzt in dialektischem Sinne Veränderungen in der Gesellschaft, die der identitätspolitischen Bewegung entgegenkommen: »Dass Cancel Culture überhaupt manchmal funktioniert, zeigt doch die gesellschaftliche Macht der identitätspolitischen Aktivist*innen. Ihre Machtlosigkeit stimmt gar nicht mehr. Aber es schafft neue Ungleichheiten im Diskurs.« Ueberschär hofft in dieser Diskussion folgerichtig auf die Zukunft: »Ich halte Sprechverbote für eine Kinderkrankheit auf der Suche nach der vielfältigen Gesellschaft. Wieviel Toleranz haben wir mit dem Sprechen des Anderen?« In diesem Zusammenhang plädiert die

Theologin, gut christlich, dafür, die identitätspolitische Perspektive auch einmal umzudrehen: Es werde zu wenig bedacht, welche Wirkung eine Sprechverbotsforderung auf den Angegriffenen habe.

Nach unserem Empfinden wird zudem ein weiterer Aspekt unbeachtet gelassen: Es kann nämlich auch der Sache selbst schaden, wenn nur die unmittelbar davon Betroffenen moralisch legitimiert sein sollen, sich dazu zu äußern, und alle anderen »von selbst drauf kommen« mögen zu schweigen. Autorin Othmann findet es jedenfalls »seltsam, wenn man meint, dass die eigene Identität, etwa als sogenannten Bio-Deutsche, einen nicht legitimiere, etwas über Menschenrechtsverbrechen zum Beispiel in Syrien zu sagen oder den Genozid an den Jesiden. Menschenrechtsverletzungen und Völkermord gehen alle an.« Sie führt noch zwei weitere Beispiele an: »Wenn nur die Betroffenen sich etwa zum NSU äußern dürften, käme man mit der Aufarbeitung nicht voran. Auch bei der ›Ehe für alle‹ war es wichtig, dass alle etwas dazu sagen.«

Außerdem: Von einer Sache unmittelbar betroffen zu sein, schützt ebenso wenig vor identitätspolitischen Sprechverbotsforderungen wie die Zugehörigkeit zu einer benachteiligten Gruppe. Davon kann Ahmad Mansour ein Lied singen: Ihm wird, so berichtet er, in den Sozialen Medien regelmäßig vorgeworfen, er sei ein Rassist, ein Nazi und rechtsradikal. »Wenn ich mal die Linke kritisiere, kriege ich Mails mit der Aussage: Herr Mansour, merken Sie nicht, dass Sie die Rechten damit bedienen?« Als er einmal im Berliner *Tagesspiegel* die Polizei, mit der er als Antirassismus-Trainer kooperiert, verteidigte, sei er danach beschimpft worden.

Ganz offenbar entzündet sich die Kritik häufig daran, dass Mansours Positionen nicht der identitätspolitischen Orthodoxie entsprechen. Das hat auch berufliche Folgen für ihn. Denn es kann, wie schon Ulrike Winkelmann und Ellen Ueberschär festgestellt haben, keine Rede mehr davon sein, dass die Identitätspolitik nicht über Macht verfüge. Längst ist sie nicht nur in den Universitäten und den Sozialen Medien stark, sondern auch in den Institutionen. Mansour sagt: »Die identitätspolitische These wird als richtig erklärt, fast alles andere wird gecancelt. Das ist sehr gefährlich.« Mit seiner Agentur, die Toleranz-Trainings anbietet, könne er nur noch in Bayern und Baden-Württemberg arbeiten, nicht mehr in Berlin.

Angesichts dieser Erfahrungen kommt Mansour – ähnlich wie Seyran Ateş – zu dem harschen Urteil: »Dass die Minderheiten anfangen zu reden, heißt nicht, dass sie homogen reden. Es werden nur die zugelassen, die die Narrative dieser identitätspolitischen Gruppe auch bestätigen. Das ist ein Teil des Rassismus in der Identitätspolitik und der linksradikalen Ecke.« Als Ausländer*in werde man dort nur so lange akzeptiert, wie man diese Ideologie bestätigt. Tue man es nicht, sei man plötzlich nicht mehr willkommen. »Cancel Culture«, Shitstorms, »Deplatforming« und Sprechverbote treffen eben auch PoC – wenn sie nicht der reinen Lehre zu folgen bereit sind.

Spaltung der Linken und der Gesellschaft

Die Berlinerin Patsy l'Amour laLove ist mit einem bürgerlichen, männlichen Namen aufgewachsen, hat sich aber seit Göttinger Studierendentagen auf hinreißende Art und Weise als »Polittunte« mit anderem Namen neu erfunden. Sie ist Aktivistin, Geschlechterforscherin und Herausgeberin mehrerer Bücher zu vor allem queeren Themen. Über die westdeutsche Schwulenbewegung der Siebzigerjahre hat sie promoviert. Im März 2017 veröffentlichte l'Amour laLove einen Sammelband, der in der queerfeministischen Szene schwer verstörte und alte Streitlinien durcheinander brachte. Er heißt *Beißreflexe. Kritik an queerem Aktivismus, autoritären Sehnsüchten, Sprechverboten* und versammelte Beiträge von meist genervten Mitgliedern der (nicht nur LGBTI*)-Szene, die die inneren Widersprüche dieser scheinbaren Gemeinschaft im identitätspolitischen Kampf um eine bessere Welt aufdeckte.

Gerade die ersten Seiten von laLoves Einleitungsaufsatz in *Beißreflexe* sind furios, weil sie an einer ganzen Reihe von Beispielen den Prozess kultureller Selbstzerfleischung in der linken, queeren Szene dokumentieren. So schildert sie eine Begebenheit in einem Berliner Szenetreff 2013, bei der Träger*innen von Dreadlocks (Filzlocken) sich diese öffentlich abschnitten und ihre Tunnelohrringe abnahmen – weil sie eine weiße Hautfarbe hatten und die Frisur wie die Ohrringe »Cultural Appropriation« seien, was Weißen nicht zustehe, ja für Nicht-Weiße verletzend sei. Die Show der sich ausdrücklich links und gegen den Mainstraem gebenden LGBTI*-Parade »Transgenialer CSD« im Berliner Bezirk Kreuzberg geriet zum Eklat, weil eine sogenannte Tunte einen Chanson aus den Fünfzigerjahren vortrug, in dem das N-Wort vorkam. 2013 sollte bei der Vorstellung eines Buches der »genderfreien« damaligen »Profx« Lann Hornscheidt die Sängerin Heidi Mohr auftreten – als man ihr jedoch zu verstehen gab, sie solle dafür ihren Nachnamen ablegen, da der rassistisch klinge, lehnte sie die Einladung ab. Weitere solcher Begebenheiten finden sich in dem Kompendium von Patsy l'Amour laLove in Hülle und Fülle.

Der springende Punkt: Die identitätspolitische Strömung neigt offenbar dazu, und das trotz aller gegenteiligen Bekundungen und Appelle, linke und progressive Bewegungen zu spalten. Das zeigte sich zuletzt auch in einer besonderen Ausgabe der *taz*. Alle paar Jahre lässt die Zeitung eine Ausgabe von einer politischen oder zivilgesellschaftlichen Gruppierung schreiben, einige von deren Mitgliedern sind dann für einen Tag als Redakteur*innen aktiv. Am 25. September 2020 waren es über 40 vor allem jüngere Aktivist*innen der globalen Klimaschutzbewegung. Die Zeitung erschien an diesem Tag unter dem Namen *taz – die Klimazeitung*. In einem Artikel kritisierte der Leipziger Aktivist Shayli Kartal jedoch das Verhalten der in Deutschland wohl prominentesten – und, was hier wichtig ist: weißen – Vertreterinnen der damals noch ziemlich jungen globalen Klimaschutzbewegung »Fridays for Future«, Greta Thunberg und Luisa Neubauer. Es ging um ihren Auftritt bei einer Pressekonferenz auf der 25. Weltklimakonferenz im Dezember 2019 in Madrid. Zugegen waren Vertreter*innen der Klimaschutzbewegungen aus vielen Teilen der Welt.

Thunberg führte damals, so der Autor des *taz*-Klimazeitungstextes, in die Pressekonferenz mit folgenden Worten ein: »Luisa und ich wollen unsere Plattform nutzen, um unsere Stimmen an diejenigen zu verleihen, die ihre Geschichten (noch) erzählen müssen.« Das war als Anmoderation für sechs Vertreter*innen des Südens der Welt gedacht, die nach ihr sprachen. Darin aber sah Kartal in der *taz* ein Verhalten von oben herab. Die Tatsache, dass vor allem Thunberg von den Medien zitiert wurde, führte den Autor zu der Aussage: »Gretas koloniales Wohlwollen bringt somit letztendlich die Menschen zum Schweigen, denen sie eigentlich eine Stimme geben möchte.«

Kartal fuhr in dem Artikel fort: »Diese unsichtbare Macht wird auch durch Luisas Moderation deutlich. Die Aussagen der sechs Aktivist*innen können nicht für sich selbst stehen, sondern werden durch Sätze wie ›Das ist so wichtig zu hören‹ oder ›Bitte denkt über ihre Worte nach‹ bewertet. Damit beansprucht Luisa eine Deutungshoheit.« Aber es brauche keine Absegnung weißer Aktivist*innen, um zu betonen, dass die Anliegen von Menschen des Globalen Südens wichtig seien. »Genauso wenig nützt es, marginalisierten Gruppen eine Stimme geben zu wollen. Sie haben schon eine Stimme, sie reden seit Jahrzehnten – es geht darum, zuzuhören und Strukturen wirklich zu verändern. Eine klimagerechte Welt und ein gutes Leben für Alle erreichen wir nur, wenn wir dekolonial kämpfen. In diesem Sinne endete auch Rose Whipples Rede auf der Pressekonferenz mit: ›Destroy White Supremacy!‹«

Hat die identitätspolitische Strömung also die Kraft, »Fridays for Future« zu spalten? Die Linke insgesamt? Und wäre das so tragisch? Die Soziologin Paula-Irene Villa Braslavsky ist da eher gelassen und sieht eine historische Normalität: »Jede soziale, linke Bewegung hatte und hat in der Moderne die Tendenz, dass sie sich differenziert, zersplittert oder gar sektiererisch bekriegt. Das kann man an der Arbeiterbewegung beobachten, am Feminismus, bei der Schwulen- und Queerbewegung.« Ein grundsätzliches Problem liegt darin nicht für sie: »Das kann die linke Bewegung schwächen, wenn sie nur dabei ist, intern ihre Grabenkämpfe zu kämpfen, also zum Beispiel: Wer ist der richtige Schwule oder die richtige Feministin? Aber auf diese Auseinandersetzungen kann man eben nicht verzichten. Und das interne Verkämpfen ist nicht zwingend.«

taz-Redakteur Felix Lee hingegen dient der Blick in die Geschichte eher als Menetekel: »Das hat es ja in der Linken immer wieder gegeben, dass das große Ganze aus dem Blick gerät, um was es eigentlich geht, und man sich auf Nischen konzentriert. Dann finden dort, wenn man sich nicht völlig einig ist, die Schlachten statt, aber eben interne. Vielleicht, weil die Linke dazu neigt, sich immer einen eigenen Kosmos zu schaffen.« Ihm zufolge könnte das gruppenpsychologisch zu erklären sein: »Vielleicht ist es in der linken Szene, weil sie immer in der Minderheit ist, umso wichtiger, gemeinsame Merkmale zu haben, damit man ein Gemeinschaftsgefühl hat. Das ist nicht weiter schlimm. Aber wenn es dann nur noch um einen gemeinsamen Habitus geht, eine gemeinsame Sprache – und nicht mehr darum, was man eigentlich denkt, dann hat das was Zerstörerisches. So erlebe ich die identitätspolitische Diskussion.«

Nun könnte es, etwas drastisch gesagt, gesellschaftlich relativ egal sein, ob sich die Linke nun wegen der Identitätspolitik zerfleischt. Aber spaltet sie nicht sogar schon die ganze Gesellschaft? Genau so argumentiert die Frankfurter Ethnologin Susanne Schröter: »Die identitätspolitische Bewegung verursacht Stress. Die Gesellschaft zerfällt zunehmend in Segmente, die sich anhand bestimmter Merkmale (zum Beispiel Hautfarbe, Geschlecht, Religionszugehörigkeit, sexuelle Orientierung) konstruieren und sich mit Misstrauen oder gar Ablehnung gegenüberstehen. Das ist keine gute Voraussetzung für ein friedliches Zusammenleben.«

Das zeigte sich auch bei einer schon zweimal kurz angetippten Debatte innerhalb der SPD. Zum Jahresauftakt 2021 mokierte sich der queere Bürgerrechtsverein LSVD lautstark über eine Podiumsdiskussion unter der Leitung von Gesine Schwan, weil die Feuilletonchefin der *Frankfurter Allgemeinen Zeitung*, Sandra Kegel, daran teilnahm. Letztere hatte sich für das Thema des SPD-Kulturforums empfohlen, weil sie eine Aktion von 185 schwulen, lesbischen, nonbinären und Trans*schauspieler*innen kritisiert hatte. Diese hatten im Magazin der *Süddeutsche Zeitung* beklagt, dass sie keine oder kaum Rollenangebote bekämen, wenn ihre Queerness herauskomme. Sie würden gern alles spielen, auch Heterosexuelle. Kegel sah im Manifest der Schauspieler*innen »Kalkül im Ringen um Aufmerksamkeit bei Verkennung der Verhältnisse«. Das empörte viele. Klar, Kegels Kritik musste man ja nicht gutheißen, aber dass nun unterstellt wurde, sie sei außerhalb jeder Debatte, war ebenso zutiefst antifreiheitlich wie die Vorhaltung, man hätte sie gar nicht erst einladen dürfen. So richtete sich der giftende Ärger jedenfalls nicht nur gegen Kegel selbst, sondern auch gegen die liberale, stets auf die Kraft des Arguments setzende Gesine Schwan als Einladende.

Doch dann nahm die Debatte erst richtig Fahrt auf. Denn der Mann, der seiner Parteigenossin Gesine Schwan zu Hilfe eilte und dem Akt von, wie er es sah, »Cancel Culture« widersprach, war Wolfgang Thierse. Ein Mann aus der früheren DDR, verdienstvoll für seine Partei (und unser Land) wie wenige seiner Generation. Er berief sich auf die Perspektive der »Normalen« und kritisierte, eine radikale Identitätspolitik sei eine allem Gemeinsamen widersprechende Haltung. Unglücklicherweise verteidigte er zudem das »Blackfacing« (das Schwarz-Schminken weißer Menschen) als eine Handlungsoption von Schauspieler*innen, um in andere Rolle schlüpfen zu können (also irgendwie als Teil des Jobs) – ohne offenbar recht zu wissen, um welch rassistische Demütigungen es sich bei »Blackfacing«, vor allem im 19. Jahrhundert in den USA beliebt, genau handelt.

Aber vor allem das Wort »normal« war für die woken Kreise die Todesvokabel. Steckte dahinter nicht die angemaßte Definitionsmacht »Alter weißer Männer«? Thierse hatte sich in den Augen vieler Identitätspolitik-Fans maximal diskreditiert, ohne anscheinend recht zu wissen, warum. Lag das an der kulturellen Prägung eines einst aufmüpfigen DDR-Bürgers? Oder ist »normal« nicht nur eine soziologische Erkenntnisgröße, gewonnen aus empirischen Erhebungen, sondern auch eine kulturelle? Denn ausweislich aller Umfragen wollen auch Schwule und Lesben und Trans*menschen nichts als das sein – normal.

Was Thierse offenbar meinte, aber vielen verschlossen blieb: dass jeder Bürgerrechtskampf von Minderheiten und Marginalisierten darauf setzt, ihren Fellows Normalität zu ermöglichen. Dass es kein Ding mehr ist, als »türkisch«, »südlich« oder »schwarz« gelesen zu werden, und nichts Grundstürzendes, für schwul oder lesbisch oder trans* gehalten zu werden. Damit fiel der Konflikt um die angebliche Homo- und Transphobie von Altverdienten wie Thierse und Schwan nach unserem Empfinden letztlich auf deren Kritiker*innen zurück – sie waren die kulturkämpferischen Eiferer*innen, beinah gnadenlos, kommunikativ nicht anschlussbereit.

Gefallen hat uns dagegen, was uns der schwarze Dokumentarfilmer John Kantara zum Fall Thierse gesagt hat: »Seit 30 Jahren bin ich in der SPD, ich mag den Wolfgang Thierse, er hat seine Ostbiographie, er ist ein grundguter Kerl. Den oder Gesine Schwan anzumachen, weil sie mit den modernen Bewegungen nicht vertraut sind, halte ich für extrem dumm. Politisch fahrlässig sogar.« Kantara meint, er könnte Thierse persönlich sagen: »Lieber Wolfgang, das war keine gute Idee, die Du mit dem Blackfacing hattest. Der würde mir auch zuhören. Aber er kommt aus einer Generation, die in ihrem Leben schon einige Transformationen durchgemacht hat.« Deshalb fordert der Mann, der 1987 die Initiative Schwarze Menschen in Deutschland mitbegründet hat, »Sternchentreue oder nicht: Wir dürfen sie nicht beschämen oder gleich zu Rechten erklären, wir müssen sie mitnehmen.«

Miteinander reden und alle mitzunehmen ist sicherlich richtig, aber bleibt nicht dennoch der spalterische Kern der Identitätspolitik bestehen, gerade dann, wenn man sich die Frage stellt, ob diese Bewegung überhaupt als links zu betrachten ist? Harald Welzer etwa hält die identitätspolitische Strömung gar nicht für ein linkes, sondern de facto für ein neoliberales Projekt – zumindest sei es vom Neoliberalismus geprägt, was ja in linken Kreisen einem Vorwurf mit Schwefelgeruch gleichkommt. Er ist gar nicht so selten zu hören. Denn im Zeitalter des Neoliberalismus würden »Probleme nicht gesellschaftlich, sondern zuerst persönlich betrachtet. Auch historische Kontexte, Habitus-Formen und politische Entwicklungen werden enthistorisiert. Fehlverhalten wird in der Gegenwart inkriminiert, ohne irgendwelche Kontexte gelten zu lassen. Das steht nicht in linker, sondern in neoliberaler

Tradition, denn im Neoliberalismus gibt es ja keine Gesellschaft und keine Geschichte«, sagt der Sozialpsychologe. So würde die Identitätspolitik ungewollt imitieren, was sie selbst grundsätzlich und strukturell ablehnt: neoliberale Spaltungen. Mark Lilla lässt grüßen.

Trans*mann Till Randolf Amelung liefert eine gute Erklärung für die negativen Auswirkungen der Identitätspolitik: »Die Philosophin Martha Nussbaum und andere glauben, dass alle Minderheiten durch die umfassenden Erfahrungen der sozialen Marginalisierung von Deformierungen in Psyche und Verhalten geprägt sind, die sie aufarbeiten sollten, damit Emanzipation gelingen kann. Allerdings fordern die Minderheiten nun eher, dass sich die Gesellschaft auf ihre Deformationen einstellen müsse, anstatt die eigene Deformation aufzuarbeiten. Das kann nicht gesund sein.« Weder gesund für die Minderheiten, noch für die Gesellschaft, könnte man ergänzen.

Amelung dreht diese Sache auch noch ins Politische. Er findet, dass der chronische Alarmismus der identitätspolitischen Bewegung nicht zielführend ist: »Wer überall nur Rechte agieren sieht, kann kein tieferes Verständnis der rechten Bewegung gewinnen. Am Ende spielt das den Rechten sogar in die Hände.« Wenn man in anderen nur noch Feinde sehe, würden sie es vielleicht auch eines Tages. Oder parteipolitisch gewendet: »Die AfD und ihre Verbündete versuchen, ihren Einfluss zu steigern. Die Identitätspolitik hilft nicht, diese Versuche zu bekämpfen.«

Das ist das politische Problem der Identitätspolitik: Es fehlt nicht nur eine faire Perspektive auf die Vergangenheit (alles rassistische »Alte weiße Männer«), es mangelt an einer gelassenen Perspektive auf die Gegenwart (der Rechtsruck naht!) – und eine realistische Perspektive für die Zukunft existiert ebensowenig. Eine gestandene Linke wie Ulrike Winkelmann, Co-Chefredakteurin der *taz*, sagt, angesichts der Probleme, die dieser Planet habe, stelle sich doch die Frage: »Wollen wir am Ende noch zusammen arbeiten bei den Themen Klimaschutz oder Krieg und Frieden – oder nicht?« Sie ergänzt: »Mir fehlt bei den Hauptvertreter*innen der Identitätspolitik die Perspektive auf das Wesen einer größeren Gemeinschaft. Dazu müssen wir kommen, trotz aller

Debatten über Herkunft und rassistische Wortwahl: zu klären, was wollen wir als Gesellschaft gemeinsam und welche Probleme können wir nur gemeinsam lösen?« Wenn man es richtig hört: Die Argumentation des »Alten weißen Mannes« Wolfgang Thierse ist von Winkelmanns Position nicht so weit entfernt.

Zum Abschluss sei etwas ausführlicher zitiert, was der prominente Bundestagsabgeordnete und Vize-Fraktionschef der Linkspartei, Fabio de Masi, im Februar 2021 auf seiner Homepage unter der Überschrift »Ich werde nicht wieder antreten« geschrieben hat. Unter anderem dies: »Es gibt in verschiedenen politischen Spektren und vor allem in den sozialen Medien die Tendenz, Politik nur noch über Moral und Haltungen zu debattieren. Ich halte dies für einen Rückschritt. Werte und Moral sind das Fundament politischer Überzeugungen. Wer jedoch meint, dass alleine die ›richtige Haltung‹ über ›richtig oder falsch‹ entscheidet, versucht in Wahrheit, den Streit mit rationalen Argumenten zu verhindern.« Eine solche Debattenkultur habe nichts mit Aufklärung zu tun, sondern sei Ausdruck eines elitären Wahrheitsanspruchs, wie ihn die Kirche im Mittelalter bedient habe. »Vor allem verstärkt dies aber Spaltungen in der Gesellschaft, wovon rechte Demagogen weltweit profitieren. Dies hilft Kräften wie der AfD, sich als Anwältin der kleinen Leute aufzuspielen, obwohl ihnen die Schweizer Franken zu den Ohren herauskommen.«

Fabio de Masi beruft sich auf die große Arbeitertradition der sozialistischen Bewegung und der Linken generell – und hier klingen auch Thesen an, die seine Genossin Sahra Wagenknecht in ihrem Buch ebenfalls stark gemacht hat, auch wenn Fabio de Masis Ton konzilianter ist: »Parteien in der Tradition der Arbeiterbewegung waren immer lebensnah. Sie kannten die Lebenswirklichkeit der Menschen, die von ihrer Hände Arbeit lebten.« Sie hätten Grundwerte wie Solidarität durch Verankerung in der Lebenswelt der Beschäftigten verteidigt. »Die Debatten der Meinungsführer in den akademischen Milieus, die Codes der digitalen Empörung und Hashtags, die häufig nur wenige Stunden überdauern und nichts kosten, sind dafür kein Ersatz.«

Wo heute Herausforderungen sozialistischer Politik liegen und wer ihnen beispielhaft begegnet, beschreibt de Masi schließlich so: »Millionen Frauen im Niedriglohnsektor brauchen Schutz vor Ausbeutung und müssen sich täglich gegen Respektlosigkeiten und Übergriffe von Männern wehren. Auch viele dieser Frauen sind selbstbewusst, aber nicht immer geübt in geschlechtsneutraler Sprache.« Bernie Sanders sei ein alter weißer Mann. Aber er habe sich ein Leben lang für anständige Löhne und eine Krankenversicherung für Millionen von Arbeiterinnen und Arbeitern in McJobs engagiert, die überwiegend von Latinos und Latinas sowie Afroamerikaner*innen verrichtet würden. »Identität ist wichtig im Leben. Sie darf aber nicht dazu führen, dass nur noch Unterschiede statt Gemeinsamkeiten zwischen Menschen betont werden und sich nur noch ›woke‹ Akademiker in Innenstädten angesprochen fühlen. Eine Politik, die nur noch an das Ego und die individuelle Betroffenheit, aber nicht mehr an die Gemeinschaft appelliert, ist auch Donald Trump nicht fremd.«

Die Abgründe der Trans*-Diskussion

Nicht allein klassische, universalistisch orientierte Linke empfinden große Teile des Identitätspolitischen als Heimsuchung, als Schwächung der demokratischen Kultur. Ähnliches gilt auch für die feministische Bewegung, baut die woke Strömung doch Scheinbarrieren der Herkunft (in welcher Hinsicht auch immer) auf zwischen Frauen, die eigentlich ein gemeinsames, eben das emanzipatorische Interesse einen sollte. Alice Schwarzer, nicht die Erfinderin des Feminismus in Deutschland, aber seit Jahrzehnten seine populärste Vertreterin, analysiert diese Entwicklung so: »Es ist das historische Verdienst des Neuen Feminismus, ab Anfang der Siebzigerjahre klargemacht zu haben, dass die Lage der Frauen in dieser Welt zwar sehr unterschiedlich sein kann, dass alle Frauen jedoch auch Entscheidendes gemeinsam haben, jenseits von Klassen, Ethnien, Glauben oder sexueller Identität beziehungsweise Präferenz. Alle Frauen dieser Welt sind betroffen vom ›anderen Blick‹ und der Rollenzuweisung beziehungsweise Arbeitsteilung, von Sexismus und sexueller Gewalt.«

Diese Gemeinsamkeit begründet für Schwarzer die Sprengkraft

des Feminismus. »Denn jenseits aller anderen Unterschiede gelten im Patriarchat alle biologisch weiblichen Menschen als Frauen. Sie sind nicht in erster Linie weiß oder schwarz, hetero oder nicht-binär, ungläubig oder muslimisch – sie sind Frauen! Und das wird nun von den VerfechterInnen der Identitätspolitik geleugnet. Sie wollen ganz einfach die ›Frauen‹ als politische Kategorie abschaffen.«

Genau darum soll es in diesem Kapitel vor allem gehen: um die identitätspolitisch motivierten Angriffe auf »alle biologisch weiblichen Menschen«, genauer: auf die Biologie hinter dem Weiblichen – und um die tendenzielle Abschaffung von Frauen als politische Kategorie. Es sind Attacken, die in ihrer Konsequenz auch die klassische Schwulen- und Lesben-Bewegung unterminieren. Die Angriffe kommen, etwas überraschend, ausgerechnet aus der Aktivist*innen-Szene der Trans*menschen.

Dabei fällt zunächst auf, wie riesig angesichts einer doch recht überschaubaren Betroffenengruppe und häufig geradezu hasserfüllt in den Öffentlichkeiten der westlichen Welt die Diskussion um Trans*menschen ist, also Personen, die sich in einem anderen Geschlecht als ihrem geburtlich scheinbar vorgegebenen fühlen – und oft durch pharmakologische und medizinische Operationen schließlich zum erwünschten Geschlecht wechseln. Sozialpsychologe Welzer sagt: »Wenn man als Wissenschaftler etwas gegen zu frühe Geschlechtsangleichungen – etwa schon im Pubertätsalter, wenn man auf der Suche ist und sowieso die eigene Identität noch nicht fest ist – schreibt, wird man sofort als transphob attackiert. Gegen jede psychologische Erkenntnis!« Wir fragen deshalb zunächst: Woher rührt dieser Hass? Und warum ist diese Bewegung so ungewöhnlich mächtig, sowohl innerhalb der identitätspolitischen Strömung als auch in der Wirkung auf die Gesellschaft?

Was die erste Frage betrifft, so hat das Internet wichtige Voraussetzungen geschaffen. Es hat zum ersten Mal in der Geschichte der Öffentlichkeit ermöglicht, sich ohne vorgeschaltete Gatekeeper – wie eine Zeitungsredaktion einer ist – ungehemmt und anonym zu äußern. Das kann ein demokratisch begrüßenswerter Freiheitsgewinn sein. Oft aber wird das in Hass buchstabiert –

mithilfe meist alternativer Medien. Dabei handelt es sich nicht um klassische journalistische Foren, in denen es zunächst um recherchierte, meist noch einmal geprüfte, jedenfalls nicht allein zurechtgebogene Fakten geht.

Auch wenn das Internet natürlich kein Neuland ist, können doch diese ziemlich neuen technischen Möglichkeiten, wie schon oft beschrieben, auch seltsamste Hassphantasien gruppendynamisch bestärken, und gerade die Trans*-Bewegung profitiert davon. Um es mit Geschlechterforscher Till Randolf Amelung zu sagen: »Es ist nunmal ein Unterschied, ob ich fünf Leute am Stammtisch mit meinem Schmu bespaße oder ein Twitterprofil mit 10 000 Followern habe.« Eine »hatende«, mobartige Kritik kann aus kleinsten, gesellschaftlich eigentlich eher randständigen Zirkeln heraus erfolgen. Und Hass, das sei betont, ist zwar eine toxische Domäne vor allem von Rechten. Aber auch von, so wie sie sich verstehen, Linken und Trans*aktivist*innen, die nur scheinbar sanfter sind, sind gewaltauffordernde Interventionen zu haben.

Bei der zweiten Frage spielen zwei Faktoren hinein. Zum einen wird Sexuelles in den Medien immer gern aufgegriffen, ebenso die Sphäre des Intimen, der Scham und der Beschämung. In den Jahren des Streits um die Ehe für alle, der Gleichstellung Homosexueller im Ehestandsrecht, zündete dieses Thema indes nie so recht: Ehe, Heiraten, Glück und Zufriedenheit – die Klischees über Homosexuelle waren andere, sie blieben hartnäckig und verlangten nach Bizarrität, nach Grellem, nach Buntem. So kam die Trans*-Frage zur medialen Popularität. Sie versprach von der medial ersehnten Sensationalität mehr: Körper, die falsch sind, Identitätsfragen, die die archaisch gewähnten Kategorien »Mann« und »Frau« erschütterten, eine jugendliche Szene, in der diese Fragen auch in früheren Generationen kursierten, aber aktueller waren denn je. Identitäre Transitionen waren medizinisch, so wurde verheißen, möglich, lebbar. Und das in einem Zeitgeist, in dem sich alle Welt plötzlich zur eigenen Identität zu fragen hatte: Wer bin ich – und ist das wirklich so?

Den zweiten, eher indirekten Faktor in dieser Entwicklung benennt die Historikerin Hedwig Richter. Sie kann sich, sagt sie vor-

sichtig, gut vorstellen, »dass es kein Zufall ist, wenn die Identitätspolitik in diesen Zeiten des Umbruchs so viel über Körper spricht,
also zum Beispiel über Homosexualität, Transgender, Hautfarbe
oder das Body Shaming.« Denn: »Wenn wir Machtveränderun-
gen erleben, sehen wir auch Veränderungen der Körperregime
(...) Pierre Bourdieu sagt ja, im Körper kommt vorreflexiv die
Macht zum Ausdruck, der Körper vermittelt die Selbstverständ-
lichkeit von Herrschaftsverhältnissen. Geschlechtsordnungen
sind deshalb so stabil, weil sie auch über den Körper transpor-
tiert werden, der scheinbar natürlich ist und ganz selbstverständlich zum Ausdruck bringe, was Sache ist.« Und wenn Geschlechtsordnungen wie derzeit ins Wanken geraten, äußert sich
das auch in der Körperpolitik, etwa in dem, was die Trans*aktivist*innen mit ihren und den Körpern anderer machen wollen
(können).

Um die Dynamik der Trans*-Bewegung zu verstehen, muss
man schließlich auch ihre komplexe ideologische Vorgeschichte
beleuchten. Durch die Philosophin und Queer-Theoretikerin
Judith Butler kam ab Ende der Achtzigerjahre die Theorie in die
Welt, ein Mensch habe nur scheinbar ein spezifisches, biologisch
gegebenes Geschlecht, angezeigt durch Geschlechtsorgane wie
einen Penis oder eine Vagina, die einen entweder zum Mann oder
zur Frau machen. Von Inter-Menschen abgesehen – das sind Menschen, deren Geschlechtsmerkmale nicht eindeutig als männlich
oder weiblich eingeordnet werden können – betrifft diese klassische duale Kategorisierung allerdings ungefähr 99,5 Prozent aller Menschen. Die These Butlers nimmt sich auf den ersten Blick
also ziemlich steil aus.

Queertheoretisch im Sinne Butlers betrachtet, ist das bei der
Geburt ersichtliche Geschlecht keine naturgegebene Tatsache.
Vielmehr forme die Macht der Heteronormativität, so das Fach-
wort, unsere Vorstellung davon, was weiblich und was männlich
sei. So werden Frauen entlang klassisch weiblicher Geschlechts-
vorstellungen überhaupt erst zu Frauen konstruiert. Das heißt,
man impft als weiblich gelesenen Wesen zum Beispiel die Vor-
liebe für die Farbe Pink ein, körperliche Zurückhaltung in puncto
Keilerei und die angeblich typisch weibliche Passivität. Wer einen

Penis hat, wird dagegen nach dieser Theorie gesellschaftlich anders konstruiert: Er bekommt Blau als Erkennungsfarbe, Hosen und keine Röcke angezogen und die Anregung, sich auf Raufereien einzulassen – und auf einen »männlichen« Habitus sowieso.

Auch für die alte Frauenbewegung und ihre Theoretikerinnen war bereits die Erkenntnis zentral gewesen, dass vor allem die Frauenrolle gesellschaftlich bestimmt werde. Butler und Freund*innen beließen es jedoch nicht dabei, sondern erklärten nun, dass auch das biologische Geschlecht am Ende gesellschaftlich geformt werde. Das bedeutet, vielleicht in einem neoliberalen Moment, die Theorie: Alle biologischen Verhältnisse seien veränderbar. Butler und Co. kehrten also die Deutungsmodi um: Aus einer Naturwissenschaft wie der Biologie wurde eine normierende, unterdrückende Macht. Manche Queertheoretiker*innen behaupteten sogar, dass die durch hormonelle Prägung wesentlich anders gewirkte Muskularität von Männern auch nur ein soziales Konstrukt sei (als Beleg dienen dann zumeist Ausnahmen von der Regel).

Seit den Neunzigerjahren wurde die Theorie der Genderfluidität mächtiger, wonach Geschlechtsidentifikationen eben unabhängig von biologischen Vorgaben seien, ja, die innere Geschlechtszugehörigkeit, etwa als biologisch weiblicher Mensch sich schon immer als männlich zu fühlen, sei angeboren. Das gesellschaftliche Problem dabei: Der damit zusammenhängenden Bewegung ging es nicht in erster Linie um bürgerrechtliche Fortschritte, zum Beispiel die Reform von zuvor diskriminierenden Regelungen, wie etwa beim Eherecht. Am Ende ging es ihr um die Suspendierung der Biologie, um die Verflüssigung aller Vorstellungswelten. Das sollte sich indes als explosiv erweisen. Was sie als Gesetz fordert, ist in den Augen nicht nur der meisten Grünen ein unerfüllbares Ding: die Freigabe pharmakologisch-medizinischer Maßnahmen auch für Kinder, selbst wenn deren Vormünder, Eltern in der Regel, es nicht wollen.

Butlers Ideen sind gleichwohl so erfolgreich, dass inzwischen selbst das Konzept der Frau an sich als nicht mehr tragfähig gilt, sondern als »unterdrückend« und, hier kommt das gefürchtete Wort, »transphob«, also trans*feindlich. Das ist in diesen Kreisen die allerschlimmste Kritik, ungefähr so wie das Wort »Antichrist« für christliche Gläubige. Aber was bedeutet das überhaupt: »trans*«? Die Silbe »trans*« wird zunächst einmal gewählt, um anzuzeigen, dass ein Mensch sich nicht, wie kurz angesprochen, mit seinem biologischen Geburtsgeschlecht übereinstimmend fühlt. »Frau« wird dabei in gewisser Weise entwertet: Das Wort ist zur Identitätsvokabel geworden, zur selbstbestimmten Identifikation wohlgemerkt. Alles sei eben fluide und wechselbar.

Ganz im Sinne moderner Identitätspolitik hat dazu ein fundamentaler Perspektivenwechsel stattgefunden, ein Bruch mit dem traditionellen Sinnsystem, ein zunächst gedanklicher Akt in der akademischen Theorie – und hier zeigte das erweiterte Wort »trans*« seine wahre Kraft zur Erosionsfähigkeit. Es meint nun, alles in allem, die Annahme, dass Menschen völlig frei entscheiden können (sollten), mit welcher geschlechtlichen Identität sie leben möchten, und das qua schlichter Willensäußerung: Ein Mann kann sich zur Frau erklären, eine Frau zum Mann. Transsexuelle, wie es früher hieß, gab es schon immer, aber jetzt ist aus den Wünschen, auch medizinisch-operativ die Anerkennung im anderen Geschlecht zu erlangen, eine pure Identitätsfrage geworden. Mehr noch, so der aktuelle Stand: Im Queeraktivismus ist das Streben nach medizinischen Maßnahmen keine Bedingung mehr, um trans* zu sein. Gleichzeitig darf man nach dieser Ideologie nicht davon abgehalten werden, wenn man eine Transition will. Schon das zaghafte Infragestellen dieses Wunsches zur Transition sei ein aggressiver Akt gegen Trans*menschen.

Hinzu kommt, dass der queertheoretische Aktivismus – und seine akademischen Leuchttürme wie Judith Butler – folgerichtig die prinzipielle Binarität der Geschlechterordnung ablehnen. Die zeitgenössische Krone der diskursiven Schöpfung ist daher das »Nonbinary«-Wesen, der nicht-binäre Mensch, der sich allen Zuschreibungen von außen entziehen will. Es bezeichnet die Weigerung, im Sinne der zweigeschlechtlichen Sortierung verstanden zu werden. Man vergisst in der Neugier, ja, gelegentlichen Begeisterung für neue Impulse und Perspektiven auch beim Thema »Nonbinarität« aber unserer Ansicht nach: Durch keinen Willensakt der Welt sind die biologischen Fakten (mit ihren psychischen Folgen und gesellschaftlichen Voraussetzungen) aus der je eigenen Wirklichkeit zu tilgen.

Aber egal, denn hier wird es nun konkret, und es geht um viel Geld: Eine ganze Infrastruktur ist um die Geschlechtsangleichungen entstanden. Beflügelt werden die Wünsche danach durch ein inzwischen nicht nur für materiell Privilegierte erreichbares Beratungssystem in vielen Städten und Gemeinden, auch in Deutschland; ebenso durch Kliniken, die sich auf Transitionsfragen spezialisiert haben – und durch das Internet, in dem geschlechtsirritierte Personen Rat erhalten können. Kliniken wie die Londoner Tavistock-Einrichtung etwa beraten Jugendliche, Heranwachsende, oft gerade Pubertierende, die eine Geschlechtstransition wünschen. Dabei gelten in Großbritannien und anderen westlichen Ländern seit einiger Zeit neue Leitlinien: Demnach ist jede Beratung zu vermeiden, die die transitorischen Wünsche grundsätzlich hinterfragt.

Das ist auch deshalb eine zweifelhafte Entwicklung, weil sich hinter dem Wunsch nach einem Geschlechtswechsel vieles verbergen kann. Psychologische Schulen mögen sich gewöhnlich uneins sein, gemeinsam gehen sie aber davon aus, dass der Übergang vom Kind zum Erwachsenen Jahre der Geschlechtsirritation markiert. Das ist auch bei heterosexuell Begehrenden so. Die allermeisten im erwachsenen Alter lesbischen oder schwulen Personen berichten, dass sie in der Pubertät durch eine Phase gegangen sind, die in der Sexualwissenschaft als Geschlechterdysphorie (also ein gestörtes Verhältnis zu dem, was körperlich wächst und psychisch sich herauskristallisiert) bezeichnet wird. »Trans*« dient bei potentiell schwulen oder lesbischen Jugendlichen offenbar auch als eine Art Notanker, um dem ja allermeist befürchteten gleichgeschlechtlichen Begehren – Was werden die Eltern sagen? Werde ich auf dem Schulhof gemobbt? – zu entgehen.

Hinter dem Transitionswunsch kann sich aber nicht nur die Leugnung eines nahenden Coming Outs als homosexuelle Person verbergen, sondern beispielsweise bei jungen Frauen hat er mitunter auch mit Mobbing auf Schulhöfen und in ihren sozialen Gruppen zu tun, weil die betreffende Person angeblich nicht nach den klassischen Kriterien schön genug ist, sich nicht schminkt oder nicht rund um die Uhr textilen Fragen nachhängt – und deshalb als »lesbisch« diffamiert wird. Aus all diesen Gründen war früher im Umgang mit jungen Patient*innen ein vorsichtiges, beobachtendes Abwarten angesagt.

Die neuen Leitlinien verkörpern demgegenüber einen Paradigmenwechsel hin zu einem affirmativen Ansatz: Ein frühes Bestätigen von Trans*-Wünschen gilt als erstrebenswert. Das führt offenbar dazu, dass gerade Mädchen mit Pubertätsschwierigkeiten oder einer sich anbahnenden homosexuellen Orientierung durchs Raster rutschen können und vorschnell das Etikett »trans*« angeheftet bekommen. Kliniken wie Tavistock verzeichnen, so sagen es erste Evaluationen, einen krassen Anstieg von Mädchen, die eine Transition möchten. Das ist anders als früher, da waren es überwiegend Jungs, die sich geschlechtlich als Mädchen identifizieren wollten. In diesem Zusammenhang weisen Anhänger*innen der Trans*-Ideologie stets darauf hin, das Anwachsen von Transitionswünschen habe damit zu tun, dass es früher keine Möglichkeiten gegeben habe, sich freundlich beraten zu lassen. Außerdem liege »Trans als eine Erklärungsmöglichkeit für die erlebte Geschlechtsdysphorie und inneren Nöte heute näher«, so Till Randolf Amelung, was durch die affirmativ-suggestiven Diskurse zu Trans* in der Gesellschaft begünstigt wird.

Mit dem trans*sexuellen Diskurs gehen also Änderungen in medizinischer, politischer und therapeutischer Hinsicht einher. Und es gibt auch wesentliche sprachliche Änderungen. So hat sich die identitäre Szene des Trans*-Aktivismus auf folgende sprachliche Chiffren geeinigt: Es gibt »Frauen«, und dazu gehören sowohl Frauen im herkömmlichen Sinn als auch Menschen, die als männliche Wesen mit der entsprechenden Physis aufgewachsen sind und sich nun als weiblich identifizieren – egal, ob sie eine medizinisch-pharmakologische Transition hinter sich haben oder nicht (und somit noch einen Penis haben). Andererseits gibt es Männer, die kürzlich noch Frauen waren und weiterhin über deren Physis verfügen, weil sie keine medizinisch-pharmakologische Transition wollen. Sie sollen nicht mehr »Frauen« heißen, sondern »Menschen, die menstruieren«. Auch für Frauen, die ohne Transition schlicht Frauen sind, soll dieser Begriff gelten.

Nicht verwunderlich: Feministinnen vor allem der alten Schule gehen gegen diesen (auch sprachlichen) Paradigmenwechsel auf die Barrikaden, aber ihre Kritik verhallte meist im Nirwana des allgemeinen Stimmengewirrs oder sollte niedergebrüllt werden. Eine aber ließ sich nicht beirren, und das war für die Trans*aktivist*innenszene der linken Identitären die, wie sich herausstellte, beinhärteste Gegnerin, die sie sich selbst auf die Hälse geschickt hatten: die Schriftstellerin J. K. Rowling. Für den Trans*mann Till Randolf Amelung lag ihre Intervention durchaus in der Luft: »Es wächst seit einigen Jahren in den Sozialen Medien der Widerstand von Frauen, die sagen, sie ließen sich doch keinen vom Pferd erzählen, dass das biologische Geschlecht keine Rolle spiele.« Rowling jedenfalls griff aus einer klassischen feministischen Position heraus die Transgender-Bewegung scharf an.

Im Juli 2020 teilte Rowling auf Twitter ein Bild, das ein globales Entwicklungshilfeportal gepostet hatte: »Eine gleichere Nach-Covid-19-Welt schaffen für Menschen, die menstruieren.« Mit leicht erkennbarem Spott kommentierte die Schriftstellerin: »›Menschen, die menstruieren‹. Ich bin sicher, da gibt es ein Wort für solche Leute. Kann mir jemand helfen?« Auf Englisch weiter: »Wumben? Wimpund? Woomud?« – sprachliche Verballhornungen eben dieses Wortes: »Women«, also »Frauen«.

Was die Harry-Potter-Mutter gewiss einkalkuliert hatte, war die furiose Reaktion: ein regelrechtes Inferno an in die Kürze der Twitterform (280 Zeichen) passendem Hass. Indem Rowling nicht akzeptierte, dass man Menschen wie sie als »Menschen, die menstruieren« rubriziert, hatte sie sich mit der aktivistischsten Szene der Welt angelegt. Es gab einige Tage des Gewitters an Hass bis hin zu Vergewaltigungs- und Todeswünschen und Morddrohungen. Schließlich musste sie sogar registrieren, dass fast die gesamte Riege an Schauspieler*innen der Harry-Potter-Filme sich von ihr abwandte und sie der »Transphobie« beschuldigte. Filmstar Emma Watson schrieb: »Transsexuelle Menschen sind die, für die sie sich ausgeben und die es verdienen, ihr Leben zu leben, ohne ständig infrage gestellt oder ihnen gesagt zu werden, dass sie nicht die sind, für die sie sich ausgeben.« Spätestens da musste es mit Rowlings Geduld vorbei gewesen sein. Auf Facebook schrieb sie ihre Antwort in Form eines langen Essays.

Zu lesen war dies: »Ich bin besorgt über die enorme Explosion von jungen Frauen, die sich umwandeln lassen wollen, und auch über die steigende Zahl derer, die zu ihrem ursprünglichen Geschlecht zurückkehren (detransitionieren), weil sie es bereuen, Schritte unternommen zu haben, die in einigen Fällen ihren Körper unwiderruflich verändert und ihnen ihre Fruchtbarkeit genommen haben. Einige sagen, dass sie sich für die Transition entschieden haben, nachdem sie gemerkt haben, dass sie sich zu gleichgeschlechtlichen Menschen hingezogen fühlen, und dass die Transition teilweise durch Homophobie in der Gesellschaft oder in ihren Familien ausgelöst wurde.«

Die Mega-Bestsellerautorin stellte klar, es gehe ihr um den Schutz aller Frauen: »Ich möchte also, dass trans Frauen sicher sind. Gleichzeitig möchte ich aber nicht, dass gebürtige Mädchen und Frauen weniger sicher sind. Wenn man die Türen von Badezimmern und Umkleidekabinen für jeden Mann öffnet, der sich für eine Frau hält oder fühlt – und, wie ich schon sagte, kann eine Bescheinigung über die Geschlechtszugehörigkeit jetzt auch ohne Operation oder Hormone ausgestellt werden –, dann öffnet man die Tür für alle Männer, die hereinkommen wollen. Das ist die einfache Wahrheit.«

Die britische Feministin Jane Clare Jones sprach vielen Frauen (und Männern) aus nicht-queerfeministischen Zirkeln gewiss aus dem Herzen, als sie sagte: »J. K. Rowling war mit ihren Interventionen eine Heldin. Sie hatte nichts zu gewinnen, vielleicht nur etwas zu verlieren. Aber sie ging das Risiko ein.« Allerdings sei die berühmte Autorin die einzige gewesen, die es mit der diskursiven Aggressivität der trans*aktivistischen Szenen habe aufnehmen können – sie sei wohlhabend genug, jedem sozialen Druck standzuhalten, auch könne es sich kein Verlag, der auf Umsatzzahlen achtet, erlauben, J. K. Rowling zu canceln. Wegen vermuteter »transphober« Zeilen in ihrem neuem Buch *Böses Blut* und ihrer Einstellung in der Transgender-Frage gab es 2020 auf TikTok einen Trend, *Harry-Potter*-Bücher zu verbrennen und dies zu filmen. Bücherverbrennungen – nie eine gute Idee.

Aber übertreibt J. K. Rowling vielleicht? Sind dies alles nur Befürchtungen oder Hirngespinste einer sehr phantasievollen Großschriftstellerin? Nein, die Folgen der Trans*-Ideologie und des Wirkens ihrer »Pressure Groups« in den Parlamenten und den Sozialen Medien sind gravierend. Das verdeutlicht der recht bekannte Fall der inzwischen erwachsenen Britin Keira Bell, die aus vielen Gründen als Jugendliche vor dem Abgrund ihres Lebens stand – dazu zählten familiäre Probleme, aber auch, dass sie als Mädchen von der Prinzessinnennorm abwich, von eher burschikoser Art war und, wie sich am Beginn der Pubertät herausstellte, dass sie eher andere Mädchen begehrte als das, was für Mädchen faktisch immer noch die psychosoziale Norm (auch) in (west- und nordeuropäischen) Schulen ist, Jungen nämlich.

Keira Bell suchte die erwähnte Tavistock-Klinik in London auf, die in Großbritannien berühmt ist. In ihr können schon Minderjährige mit Transitionsbegehren eine Diagnostik und die Einleitung gewünschter medizinischer Maßnahmen erhalten. Bell wurde als einzige Krisenlösung die Transition zu einem Trans*-mann nahegelegt – unter offenkundiger Verkennung der Möglichkeit, dass sie nur fürchtete, nach einem Coming Out als lesbische Frau oder Jugendliche noch stärker diskriminiert zu werden als ohnehin schon.

So unterzog Bell sich einer Operation, die sie zum Mann machte. Nun aber, nach einigen Jahren als Trans*mann, wünscht sie sich die Rückkehr zu einem weiblichen Äußeren. Sie lebt inzwischen in einer Beziehung mit einer Frau und erträgt nicht mehr die Manipulation ihres Körpers durch die operative Abnahme der Brüste, der sie sich, wie sie sagt, nie hätte unterziehen dürfen. Deshalb klagte sie gegen die Klinik. Ihre Klage ging bis an das Oberste Gericht. Und kurz vor Weihnachten 2020 obsiegte Bell. Ihre Berater*innen in der Travistock-Klinik hätten versäumt, so sahen es die High Court-Richter*innen, die Patientin umfassend zu beraten.

Bell sagt heute: »Ich war ein unglückliches Mädchen, das Hilfe brauchte. Stattdessen wurde ich wie ein Experiment behandelt.« Die junge Frau war tatsächlich ein Opfer jenes queeren Ansatzes geworden, der biologische und medizinische Fakten, vor allem aber psychologische Befunde über Bord wirft. Keira Bell war in erster Linie eine junge Frau, die fürchtete, verlacht und ausgegrenzt zu werden, wenn sie als Mädchen lieber andere Mädchen mag, auch in erotischer Hinsicht. Lesbisches scheint aber im trans*aktivistischen Modell praktisch nicht mehr vorgesehen zu sein: Man ignoriert die homophoben Atmosphären – etwa in Schulen – und hält in der Not der Gemobbten quasi das Zaubermittel namens »trans*« parat.

Trotz dieses erschütternden Schicksals und der höchstrichterlichen Entscheidung: In trans*aktivistischen Kreisen wird nicht einmal erwogen, die eigene Agenda darauf zu beschränken, medizinische und pharmakologische Transitionen erst vom 16. Lebensjahr an zu legitimieren, was ja eigentlich immer noch sehr früh ist. Stattdessen wird von einigen Trans*aktivist*innen gefordert, selbst Kindern und auch unabhängig von elterlicher Zustimmung beispielsweise Pubertätsblocker zu verschreiben, was der erste Schritt zu einer möglichen Transition ist.

Ein deutscher Autor, Linus Giese, äußerte sich in diesem Sinne: Er glaube, Kinder (!) wüssten schon, was ihnen gut tut. »Ich bin ein Vertreter davon, Kindern zu glauben und sie ernst zu nehmen. Im Laufe der Zeit wird sich ja herausstellen, wie valide dieser Wunsch ist. (...) Wir müssen allen Menschen zugestehen, Dinge auszuprobieren und experimentieren zu dürfen.« Und, zur psychopharmakologischen Dimension von »trans*«: »In allen Lebensbereichen wird Menschen zugestanden, Dinge bereuen zu dürfen: Menschen bereuen ihre Hochzeit; dass sie Kinder bekommen haben; dass sie abgetrieben haben. Ihre Tätowierungen. Aber trans Menschen wird weniger zugestanden, dass sie Dinge bereuen oder zumindest nach ein paar Jahren feststellen: Das ist doch nicht der Weg, den sie gehen möchten. Dabei entsteht ja kein gesellschaftlicher Schaden.«

Aber ein persönlicher. Brutal gesagt: Wenn die Brüste oder der Penis erst einmal wegoperiert sind, hilft das große Bedauern später auch nichts mehr. Und eine Frau, deren Eierstöcke entfernt wurden, kann keine Kinder mehr bekommen. Das alles hat dann vielleicht doch eine andere Qualität als ein Tattoo, das man wieder loswerden möchte. Sehr wichtig ist zudem zu wissen, dass es keine wirklich validen Untersuchungen gibt – und zwar weltweit keine –, die belegten, dass ein transitionierter Mensch körperlich schadlos durchs Leben kommt. Eine eingehende Beratung und psychologische Betreuung von Teenagern vor einer Entscheidung zu einer Transition sollte also nicht als übergriffig oder gar als aggressiver Akt ihnen gegenüber verstanden werden, sondern als Hilfsangebot. Und natürlich sollte man nicht vor der Volljährigkeit einen so gravierenden Eingriff wie den der medizinisch-pharmakologischen Transition vollziehen dürfen.

Doch mit der Vokabel »transphob« werden alle Argumente auch von Frauen gegen allzu leichte und frühe Transitionen vom Tisch gewischt, die Kritiker*innen sollen einfach nur schweigen. Till Randolf Amelung kommentiert das uns gegenüber kühl: »Der inflationäre Gebrauch des Urteils ›-phob‹ verhindert jedes konstruktive Gespräch. Damit schießt man mit Kanonen auf Spatzen – und das hat zugenommen.« Der immer häufigere Wunsch nach einer Transition bei Jugendlichen oder jungen Frauen dürfe gar nicht mehr diskutiert werden – je mehr man darüber diskutiere, desto radikaler werde die Kritik an der Diskussion. »Die Tendenz, anderen Menschen immer mehr das Rederecht zu entziehen, bringt unter anderem lesbische Frauen auf. Es ist doch wichtig, nicht in der eigenen Blase zu versumpfen.«

Eine ganz andere Frage: Ist es wirklich Zufall, dass die Trans*-Frage zu blühen begann, als die neoliberale Ideologie dominierte – wird sie nicht perfekt ergänzt durch den Glauben, auch körperlich sei alles machbar? Ist die Kombination von queertheoretischer Verachtung der Naturwissenschaften und neoliberalem Zeitgeist nicht gerade für Mädchen und junge Frauen ein unwiderstehliches Angebot, mit den Problemen klar zu kommen, die eine offenbar immer noch häufig misogyne Gesellschaft ihnen macht? Kann dieses Angebot einer schnellen und unhinterfragbaren Geschlechtsumwandlung auch deshalb so verfangen, weil noch längst nicht alle gleichstellungspolitischen Fragen gelöst sind? Ist »trans*« quasi nur eine Variante von Schönheitsoperationen, perfekt gespritzten Lippen, akkurat gestrafften Häuten? Ist es nicht so, dass die identitäre Körperpolitik das gesellschaftliche Faktum namens »Frau« – und seine patriarchale Zurichtung durch das männliche Prinzip – qua Sprachpolitik außer Kraft setzt? »Menschen, die menstruieren«: Frauen werden praktisch ausgelöscht. Wie frauenfeindlich soll es denn noch sein?

Nun mag eingewandt werden, ein bisschen Pubertätsblockerei sei verkraftbar, auch auf Brüste komme es nicht an – und wer keine Kinder mehr bekommen kann, das Privileg des Weiblichen schlechthin, der solle doch welche adoptieren. Doch das wäre zynisch. Es übersieht zudem, dass »trans*« längst ein profitabler Teil medizinisch-pharmakologischer Sonderwege geworden ist: aus körperlich gesunden Menschen vor der Volljährigkeit hormonell abhängige Menschen zu machen, ein Leben lang.

Die britische Regierung hat nun Maßnahmen verfügt, die es der Tavistock-Klinik und anderen medizinischen Einrichtungen untersagen, Minderjährigen mit den Mitteln »affirmativer« Beratung unabhängig von den Eltern pharmakologische Instrumente zu gewähren. Allerdings hat zugleich ein Gericht die Gabe von pharmakologischen Blockern für Unter-14-Jährige erlaubt, sofern die Eltern zustimmen. Alles Weitere ist offen, die Diskussion geht weiter – und das in vielen westlichen Ländern.

Immerhin, vielleicht ist es ja schon ein Erfolg, dass über »trans*« inzwischen auch jenseits der Mainstream-Medien breit diskutiert wird – und das nicht nur in den Sozialen Medien. In einer echten, nicht erpresserischen Debatte um »trans*« – »Wenn Du »trans*« ambivalent findest, bist Du transphob!« – könnte auch zu denken geben, dass in Ländern, die die tödliche Verfolgung von Homosexuellen sogar rechtlich verankert haben, im Iran beispielsweise, »trans*« als Mittel der Enthomosexualisierung anerkannt ist. Über die pharmakologische Transition zum anderen Geschlecht wird so im Sinne der Mullah-Diktatur die heteronormative Ordnung gegen die »Natur« wieder hergestellt.

Und der identitätspolitische Komplex, der sich um diese eine Silbe namens »trans*« rankt, berührt inzwischen nicht nur die Welten heranwachsender Menschen. Seine ganz radikalen Protagonist*innen versuchen bereits, die Geschichte in ihrem Sinne umzuschreiben, konkret: die Ikonen des Freiheitskampfes von

Lesben und Schwulen sollen gestürzt werden. Wenn es um die Unruhen 1969 vor der New Yorker Bar Stonewall Inn geht, mit der in der queeren Welt ein Bewusstsein für militante Abwehrkämpfe erwuchs, darf mittlerweile gegen Strafe eines Shitstorms kaum mehr geschrieben werden, dass es schwule Männer waren, in Drag oder in Bürokleidung, weiß und schwarz, die die Kämpfe gegen die korrupte Polizei ins Werk setzten. Nun heißt es aus der Trans*-Ecke, es seien Trans*menschen gewesen, die die Kämpfe anführten. Historisch ist das nicht zu belegen, aber offenbar haben weiße schwule Männer und weiße lesbische Frauen kaum mehr moralische Autorität, sich etwas auf ihre Geschichte als Kämpfende einzubilden.

Der Furor der militanten Trans*-Szene geht so weit, ausgerechnet eine große Heroin der queeren Bewegung zu entthronen, eine, die das wirklich kann: kämpfen, nämlich die ehemalige Tennisspielerin Martina Navratilova, eine gebürtige Tschechoslowakin. In den mittleren Siebzigerjahren erspielte sie sich als Frau, die keineswegs den Schönheitsnormen in ihrer Sportart entsprach, durch beinhartes Training und gegen ihre wichtigste Konkurrentin Chris Evert, ein weißes heterosexuell orientiertes All-American-Girl, hartnäckig und langfristig die Position als Nummer eins in der Welt. Wichtiger hier aber ist: Navratilova ging nicht nur deshalb in ihr Traumland USA, um in puncto Karriere richtig durchzustarten, sondern auch, weil sie ein Leben als lesbische Frau wollte – unbehelligt, nicht nur diskret und heimlich wie so viele in ihrem Sport damals noch.

Anfang der Achtzigerjahre heuerte Navratilova gegen den Rat ihrer Berater*innen Renée Richards an, eine Frau, die in höherem erwachsenen Alter eine Transition vollzog. Mit Richards markierte Navratilova ihr Selbstbewusstsein, dass sie sich als lesbische Frau nicht vorschreiben lassen wollte, was sich im weißen, vom Image her heteronormativen Sport Tennis geziemt. Renée Richards sei für sie die richtige Trainerin. Am Rande des Tenniscourts verheimlichte Navratilova auch nicht ihre Partnerin, die von Kommentatoren damals meist verschämt als »Freundin« bezeichnet wurde. Dieses Nicht-Verheimlichen war seinerzeit ein fast revolutionärer Akt lesbischen Selbstbewusstseins.

Und in dieser Weise führt die große Athletin ihr gesamtes Leben: im Geiste der queeren Regenbogenkoalition, aufrecht, selbstvertraut bis hin zur öffentlichen Drohung, dass sie den US-Bundesstaat Colorado, in dem sie damals lebte, umgehend verlassen werde, wenn dieser wie geplant ein homophobes Gesetz einführte. Warum hätte sie in einem Bundesstaat leben sollen, in dem Menschen wie sie offensiv abgelehnt wurden? Kein Wunder, dass alle Halls of Fames für Homosexuelle ihrer neuen Heimat Navratilova ehrten: Zu wissen, dass eine wie sie sich nicht hat einschüchtern lassen, machte sie zur Ikone gerade junger Frauen und Männer vor ihren Coming-outs. Die Sportlerin wurde durch ihr praktisch geführtes Leben ein Idol für alle Queers. Ihr Signal war: Legt Euch nicht mit mir oder mit uns an!

So hätte die Geschichte wunderbar enden können. Aber 2020 wurde Navratilova vom Sockel gestürzt, umstandslos. Sie hatte sich, als große Sportlerin, in die Debatte um Trans*menschen und Sport eingemischt: Frauen, die als Männer aufgewachsen sind, also mit den entsprechenden muskulären Vorsprüngen von biologisch männlichen Wesen in Wettkämpfe gehen, sollten nicht gegen andere Frauen antreten, bei denen dies nicht der Fall ist. Sie dachte sich nichts Böses bei dieser Aussage – dass sie »transphob« sein könnte, soll ihr nicht einmal als Möglichkeit in den Sinn gekommen sein.

Dann brach der Shitstorm los. Es hätte Navratilova nicht einmal genutzt, darauf zu verweisen, dass sie die erste Sportlerin war, die von einer Trans*frau trainiert wurde, eben Renée Richards. Richards übrigens betonte wie Navratilova stets, sie habe es als unfair empfunden, als ehemals physiologischer Mann nach der körperlichen Angleichung in Frauenwettbewerben zu starten, denn eine Trans*frau auf der Höhe ihrer Leistungsfähigkeit habe natürlich noch alle Vorteile einer männlichen Physis. Doch es half alles nichts. Wegen der trans*aktivistischen Anwürfe wurde Navratilova aus der Hall of Fame der queeren Sportler*innen in den USA geworfen wie eine Aussätzige.

Etwas weniger dramatisch und beschämend ist der hiesige Fall des bekanntesten deutschen Graphic Novelisten, des schwulen Ralf König. Er hatte im Brüsseler Queer-Viertel am Grote Markt der dortigen Community ein Wandbild mit den typischen Ralf-König-Figuren geschenkt, charmant und buchstäblich liebenswürdig wie alles in seinen Zeichnungen. Vor drei Jahren wurde es aber mit giftigen Graffiti versehen oder beschmiert. Aktivist*innen der neuen queeren Szenen warfen ihm vor, nicht nur »People of Color« diskreditierend und klischeebefrachtet gemalt zu haben, sondern auch Trans*menschen.

Nichts davon traf, kennt man Königs Werk auch nur ein wenig, zu. Aber die queerfeministische Fatwa war gesprochen: Ein alter weißer schwuler Mann, der sein Privileg der Berühmtheit genutzt hat, um sich über nicht-weiße und Trans*menschen zu erheben ... kurzum: Er hatte ihnen das allergrößte Leid unter der Sonne zugefügt. König, ein freundlicher Kritiker der politischen Korrektheit nach buchhalterischer Art, ein Mann des Ausgleichs, nicht der Herablassung, hält sich inzwischen aus allen Streitigkeiten heraus. Immerhin hat die Brüsseler Queer-Community sich von den böswilligen Graffiti distanziert.

Trans*-Aktivismus, die grellste Blüte der Identitätspolitik, ist nicht harmlos, er ist mehr als die laute Artikulation einer diskriminierten Minderheit vor allem in den Sozialen Medien. Er birgt vielmehr die Gefahr in sich, jeden Fortschritt für Schwule, Lesben, Trans*- und Intermenschen zurückzudrehen. Und nicht zuletzt durch die tendenzielle Abschaffung der biologischen Kategorie »Frau«, die dieser radikale Aktivismus befürwortet, wird er am Ende auch der Frauenbewegung schaden.

Stilfragen

Reinheitswahn und Humorlosigkeit

Wir haben es an mehreren Stellen aufbereitet: Es ist, als neige die identitätspolitische Kulturrevolution, wie Daniel Kehlmann sie nennt, in ihrem Drang zu permanenter Linientreue dazu, ihre eigenen Kinder zu fressen. Es mangelt ihr, um einen modernen Begriff zu nehmen, an Ambiguitätstoleranz (Thomas Bauer). Die schwarze Berliner Studentin Cindy Adjei bestätigt das aus ihrem eigenen Erleben an der Uni: »Viele Leute tun in dieser Bewegung so, als sei alles eindeutig.« Sie selbst ist darüber ziemlich befremdet: »Es geht doch darum, Vielfalt darzustellen – wie soll da alles eindeutig sein?« Als Beispiel für das fatale Streben nach Eindeutigkeit nennt sie: »Leute kriegen Shitstorms, weil Tweets von vor – gefühlt – zwanzig Jahren hochkommen, die nicht ganz auf Linie sind.«

Das gilt natürlich umso mehr, je sichtbarer man ist. Der schon genannte Fall der Beinahe-*Teen-Vogue*-Chefredakteurin Alexi McCammond spricht da Bände. Woke-Aktivist*innen scheinen irgendwie zu glauben, man müsse als Heilige*r auf die Welt gekommen sein. Denn Shitstorms oder das wie auch immer gestaltete Canceln kann sich ja auf Jugendsünden oder längst Vergangenes beziehen. Cindy Adjei bringt das mit einem Schuss Selbstironie auf die treffende Formel: »Wenn ich in der linken Bubble mal Aufmerksamkeit bekommen sollte, bin ich innerhalb von zwei Wochen gecancelt. Denn natürlich habe ich auch Scheiße gebaut und ab und zu meine Meinung geändert. Niemand in der linken Bubble wird perfekt geboren.«

Die Forderung nach Linientreue, Eindeutigkeit, ideologischer

Reinheit, ja das starke Misstrauen gegenüber Meinungsänderungen ist logischerweise verbunden mit der Neigung, die Komplexität der Welt zu reduzieren. Dabei ist die Stoßrichtung dieses Kampfes am Ende ziemlich eindeutig und recht schnell intellektuell öde: Es geht eigentlich immer gegen »Weiße«, den »Westen« und die (heterosexuellen Cis-)»Männer«. Das erklärt fast alles und eint fast alle: »Die identitätspolitische Ideologie ist ein Denken, das Ambivalenzen und Mehrdeutigkeiten systematisch ausschließt«, urteilt Harald Welzer.

Widersprüche in der Diskussion müssen abgebügelt werden, koste es, was es wolle. So entsteht ein »Auftritt in der Öffentlichkeit, der hammermäßig stark aussieht«, meint Welzer. Er geht noch weiter: »Unverletzlichkeit – da sind wir beim totalitären Moment – ist Panzerung. Es ist der faschistische Körper, der gepanzert ist, sagt Klaus Theweleit. Damit willst du dich unverletzlich machen. Leben aber bedeutet Verletzlichkeit und Ambivalenz. All das, was nicht so klar ist, das ist Leben.« Doch hinter der Panzerung aus äußerer Eindeutigkeit und Stärke könne es ganz leicht bröckeln: »Die scheinbare starke Selbstsicherheit der ›Woken‹ ist, glaube ich, nur Fassade. Dahinter liegen Angst und Unsicherheit«, meint er. »Geringe Ambiguitätstoleranz ist ein Zeichen für Unsicherheit – Du kannst eben keine Zweideutigkeit oder Unsicherheit aushalten, nichts Changierendes, keine Abtönungen, keine Differenzen und Differenzierungen, keinen Widerspruch ertragen. Du brauchst das, die Welt so klar zu ordnen.«

An dieser Stelle wollen wir kurz über Körperliches oder die Diskussion darüber sprechen, denn wir glauben, dass sich die Identitätspolitik auch in dieser Hinsicht bemerkbar macht. Welzer erklärt: »Man kann durch Identitätspolitik auch sehr gut Kritik üben an Punkten, die gar nicht in der Verfügung des Akteurs liegen, also zum Beispiel Sitzhaltung, Gesten oder Mimik, zum Beispiel das Fläzen, das gleich als ›Manspreading‹ kritisiert wird. Und ich weiß, wovon ich rede, denn ich neige zum Fläzen.« Mit »Manspreading« ist das breitbeinige Sitzen von Männern, besonders in der Öffentlichkeit, gemeint. Es ist ein Kofferwort aus »man« (englisch für »Mann«) und »spreading« (englisch für »spreizen«). Es gibt also akzeptable und unakzeptable Körperhaltungen.

Vom Körper kommt der Sozialpsychologe Welzer schnell auf Sex – und die Zusammenhänge, die er herstellt, wirken unmittelbar einleuchtend. Denn wo Ambivalenz und Uneindeutigkeit nicht mehr sein dürfen, hat es auch der Sex schwer: »Sexualität spielt in diesen identitätspolitischen Kreisen im Sinne von Lust, Verführung und Erotik überhaupt keine Rolle. Es gibt eine Obsession mit der Sexualität und gleichzeitig eine völlige Entsexualisierung der Welt.« Zwischen dieser Ereignislosigkeit in Sachen Sexualität, die er beobachtet, und dem ausführlichen Reden über Homosexualität, Transgender und Heteronormativität besteht seiner Meinung nach ein dialektisches Verhältnis, ähnlich wie bei der Gewalt: »Wir leben in einer ziemlich gewaltfreien Gesellschaft, umso mehr gewaltvolle Filme und Romane gibt es heutzutage.«

Schließlich gibt es ein weiteres Problem der Identitätspolitik, das nicht zentral ist, aber durchaus erwähnenswert, nämlich dass es ihr auch ganz offensichtlich an Humor mangelt. Das ist logisch. Denn wo keine Widersprüche und Ambivalenzen erlaubt sind, verödet auch der Humor sehr schnell. Fast alle unsere Gesprächspartner*innen teilten diese Einschätzung. Die Soziologin Villa Braslavsky etwa, die durchaus als eine Anhängerin der Identitätspolitik gelten darf, ist sich dieser Schwäche der Bewegung bewusst und leidet nach eigenem Bekunden darunter: »Es ist so heikel geworden, jenseits des engen persönlichen Raumes hinaus über sich selbst, das eigene Milieu, die eigenen Widersprüche und Inkonsistenzen zu lachen.« Vielleicht hängt das mit etwas zusammen, was die Feministin Alice Schwarzer als gemeinsames Merkmal linker wie rechter Identitärer ausgemacht hat: »Es darf nicht mehr gedacht und gezweifelt werden, es muss geglaubt werden.«

Noch härter geht die Ethnologin Susanne Schröter in dieser Hinsicht mit der woken Bewegung ins Gericht. Sie sagt uns: »Identitätspolitik ist auch eine absolut humorfreie Veranstaltung, weil nur noch über die ›richtigen‹ Witze gelacht werden darf. Über Trump darf jeder lachen, aber bitte über nichts anderes.« Identitätspolitik liefert Humor keinen »Safe space«: »Humor geht definitiv verloren, denn Satire und Bissigkeit, das alles steht unter

Verdacht. Das ist alles nicht mehr politisch korrekt. Also lässt man es dann. Man ist nur im eigenen Kreis humorvoll, in dem die Regeln schon ausgemacht sind, worüber gelacht werden darf. Ich finde das öde.«

Eindeutigkeit und Einheitlichkeit haben eben ihren Preis, Reinheit und Empfindlichkeit gehen oft Hand in Hand. Der Liedermacher Konstantin Wecker hat einmal, gestählt in der weitgehend humorlosen linken Bewegung der Siebzigerjahre, gesagt: »Erst schafft man sich mal eine Wahrheit an und beginnt dann, sein Leben lang zu fliehen.« »Polittunte« Patsy l'Amour laLove gehört zu den wenigen unserer Gesprächspartner*innen, die in dieser Hinsicht gnädiger sind: Identitätspolitik, meint sie, komme auch ohne Rigidität aus. »Nämlich dann, wenn man den Kampf für Gerechtigkeit nicht mit fixen und starren Identitätsmodellen führt. Dann haben Verlangen, Humor und Ambivalenz – also das Subjekt – auch ihren Platz in Identitäts- und anderer -politik.« Ja, dann.

Bußrituale und andere religiöse Züge

Hat man sich durch ungefähr zwölf Regalmeter gesammelter Texte aus Zeitungen, Magazinen und Büchern zu unserem Thema gepflügt und lässt zunächst nichts als den Klang bei den Lektüren und ihren inneren Nachhall sacken, fällt etwas Kurioses auf: Fast alles Material ist durchzogen von einer seltsamen Stimmung des Religiösen, des Überirdischen, des Metaphysischen – und dies nicht im Guten. Viel Erhabenes ist dabei, aber auch Drohendes und Mühsal Auftragendes. Von Erlösung ist nirgendwo die Rede, also vom Ende der langen Wege durch die Täler der Selbstbefragung. Und das soll auch so sein, denn die religiös anmutende Selbstpeinigung und Selbstbefragung kann gar kein Ende haben, weil sie eben eine religiöse ist.

Und genau wegen dieses allumfassenden, unabwendbaren Appells ans Zuhören, Sprechen, Bekennen und Einräumen hat die moderne Identitätspolitik nach unserem Verständnis unbewusst viel mit der christlichen Religion zu tun. Es ist eine Art Religionsersatz. Mögen die beiden großen Amtskirchen im säkularen und multikulturellen Deutschland an Einfluss verloren haben: Ihre Moralen und rhetorischen Praxen haben überlebt, ziemlich gut sogar, und nicht nur innerhalb ihres institutionellen Gefüges. Lässt man sich auf die Sprache der Identitätspolitik ein und darauf, was aus ihr folgt, ist leicht die christliche Praxis der Lebensführung zu erkennen, ein Potpourri an Mahnungen und Übungen in Einkehr, in Besinnung und Umkehr – und, nicht zu vergessen, in Devotion. Wer sich weigert, den Exerzitien zu folgen, muss mit Bannflüchen rechnen, vor allem mit digitalen Shitstorms.

Wann immer man ins Fadenkreuz identitätspolitischer Aktivist*innen geraten ist, reicht eine Geste wie mit dem Wort »Entschuldigung« nicht, vielmehr muss eine untertänige Geste mitformuliert sein: »Danke, dass ich mich entschuldigen darf.« Denn es gibt eine Schuld, die ist so groß, dass ein fluffiges »Sorry, war wirklich nicht so gemeint« eher schon als Beleidigung und Beschönigung der Sünde verstanden wird denn als ein Wort des Bedauerns: Es ist im Kern die Schuld, weiß zu sein oder irgendwelche anderen Merkmale aufzuweisen, die mit einem Privileg verbunden sein sollen. Diese Schuld ist in manchen Spielarten der Identitätspolitik wie »Critical Whiteness« prinzipiell untilgbar. Weiße sind quasi mit rassistischem Geburtsschaden zur Welt gekommen, und an diesem Fehler haben sie gefälligst zu tragen. Der afroamerikanische Linguistik-Professor John McWhorter sieht hier eine verblüffende Ähnlichkeit zwischen der Bibel und dem Buch *White Fragility* von Robin DiAngelo, insofern auch darin die die Idee der Ursünde stecke. Die Ursünde, die nicht wirklich aus der Welt zu schaffen sei.

White Fragility (Weiße Zerbrechlichkeit) wurde sowohl in den USA als auch in Deutschland ein Bestseller. Die in der Tat weiße DiAngelo lehrt Erziehungswissenschaften an der University of Washington und arbeitet als Antirassismus-Trainerin. Ihre – und die anderer wie der deutschen TV-Journalistin Alice Hasters – These ist, kurz gefasst, dass alle Weißen, ob bewusst oder unbewusst, ob gewollt oder ungewollt, Rassist*innen seien. Vielen Kritiker*innen vor allem in den USA gefiel das Buch DiAngelos ziemlich gut, während der Schriftsteller und Journalist Matt Taibbi sich in seinem Blog fragte, ob die Kolleg*innen das Buch, das Weißen keinerlei Identität zubillige, außer Träger*innen eines rassistischen Überlegenheitsdenkens zu sein, überhaupt gelesen hätten. DiAngelo weise doch die Weißen darauf hin, dass sie eigentlich nichts tun könnten, außer sich zu bemühen, weniger weiß zu sein. Lehne man aber diese Theorie ab oder schleiche sich unverfroren aus der Erwartbarkeit und Langeweile ihrer Vorträge hinaus – was sie als Verlassen einer stressverursachenden Situation beschreibe – bestätige man damit nur ihre Auffassung von der Vorherrschaft der Weißen, ja, dass man sich des eigenen Rassismus nicht bewusst sei. Taibbi nennt dies alles ein intellektuelles Äquivalent zur Hexenprobe, die ungefähr so ablief: Wenn man ins Wasser geworfen wurde und irgendwie überlebte, war man eine Hexe – wenn man ertrank, war man es nicht. Man war dann zwar tot, aber als Seele nicht unbedingt verloren. Eine unentrinnbare Situation. Der Autor meint, diese Art von Hexenprobe sei mittlerweile Orthodoxie in weiten Teilen der akademischen Welt.

Ähnlich vernichtend ist das Urteil von Daniel Kehlmann über DiAngelos Werk. Er nennt es einen »Auswuchs der Identitätspolitik – aber es ist zugleich ein Buch, über das Schwarze nur lachen. Ein Werk für hoch neurotisierte Weiße, die sich auf verdrehte Weise moralisch gut fühlen wollen, indem sie lesen, dass alle Weißen nur rassistisch sein können, ohne Ausweg. Das hat mit der echten Bewältigung rassistischer Strukturen überhaupt nichts zu tun.«

Wir glauben, es ist kein Zufall, dass diese Idee der Unentrinnbarkeit der Schuld doch stark an das Konzept der christlichen Ursünde erinnert – und dass Taibbi dabei ausgerechnet die kirchengeschichtlichen Irrwege und Verbrechen der Hexenprozesse einfallen. Aber man muss bei den pädagogischen Praxen der Identitätspolitik nicht unbedingt an die Straf- und Bekenntnisrituale des Mittelalters und der Frühen Neuzeit denken, auch Assoziationen an Riten der politischen Linken liegen nahe. Die stalinistischen Schauprozesse im sozialistischen System der Sowjetunion und nach 1945 ihrer Satellitenstaaten, die Kulturrevolution der Volksrepublik China ab 1966 oder – ohne die tödlichen Folgen – die Selbstbezichtigungsrituale in den K-Gruppen der Siebzigerjahre: Sie alle lebten von den inneren Zwängen ihrer Fellows, nötigenfalls alles zu bekennen, auch an eigener Schuld, auch an Einwilligung in die eigene Tötung, weil man doch etwas Gutes tue: Wer bin ich schon im Angesicht der ersehnten Weltrevolution?

Für die Sünde des Lebens kann es eben als – um beim Beispiel zu bleiben – weiße Person nie genug Beichte geben. Ein Bekenntnis, an der Verbesserung der Umgangsformen und sozialen Verhältnisse leidenschaftlich mitzuwirken, reicht nicht. So ist auch immer von Eingeständnissen die Rede, nämlich das Falsche getan zu haben, es aber bis ins Innerste – was auch immer das sein, wo auch immer es genau liegen könnte – zu bereuen. Auch dies ist aus dem Christlichen innigst bekannt: die Sünde, die Reue und das Bereuen. Identitätspolitische Tugenden fordern all dies ab, ihre Ausübung entspringt der Gesinnung einer religiösen Tyrannei.

Es gibt allerdings einen bezeichnenden Unterschied zum christlichen Verfahren der Schuldabladung, der Beichte: Als Folge des ernsthaften Bereuens, der Bitte um Vergebung und fromm dargebrachten Sühneleistungen gibt es am Ende keine Vergebung. Denn aus der weißen Haut gibt es kein Entrinnen. Vielleicht verkauft sich das Buch DiAngelos deshalb so gut. Es kann einfach nicht besser werden. Und der Akt des Kaufens dieses Buches demonstriert wenigstens so etwas wie guten Willen. Es ist die vage Hoffnung, der auch die drei Engel am Ende von *Faust II* in einem Urteil über Faust Nahrung geben: »Wer immer strebend sich bemüht, den können wir erlösen.«

Das identitätspolitische Gedankengebäude fungiert also für viele seiner Anhänger*innen als Religionsersatz – mit starker Betonung auf »-ersatz«, können doch gerade die jüngeren unter ihnen mit Religion zuvörderst christlicher Prägung häufig nur noch wenig anfangen, ja sie lehnen sie zum Teil strikt als irrational und rückwärtsgewandt ab. Aber Religion kommt in einer säkularen Welt in ganz unterschiedlichen Gewändern vor, das ist in der Religionssoziologie mittlerweile schon ein alter Hut. Die

Schriftstellerin Ronya Othmann stimmt dem grundsätzlichen Befund jedenfalls zu, wenn sie sagt, Identitätspolitik sei »irgendwie auch wahnsinnig religiös«. So habe man ihr schon für Texte Spenden angeboten. Das sei dann wie ein Ablasshandel – »einer, der in Wahrheit politisch nichts kostet.« Und lässt man sich auf diese Analyse ein, so muss man sagen: Identitätspolitik ist eine ziemlich strikte Religion. Erinnert sei an die so treffende wie schöne Aussage von Alice Schwarzer, dass in der identitätspolitischen Bewegung nicht mehr gedacht und gezweifelt werden dürfe, »es muss geglaubt werden«.

Linguist John McWhorter formuliert das im schon genannten Interview mit dem *Spiegel* ähnlich. Seiner Beobachtung nach erleben wir derzeit, »wie die Freiheit der Kunst und auch die intellektuelle Debattenkultur zunehmend abgelöst werden durch eine quasi-religiöse Weltanschauung, in der sich alles um den Kampf gegen Machtstrukturen dreht. Das ist gefährlich, weil es an den Kern der Aufklärung geht.« An die Stelle der Vernunft träten nämlich »die Gefühle und Betroffenheit von Menschen, von denen gesagt wird, sie seien Opfer eines repressiven Systems.«

McWhorter unterschied Anfang Februar 2021 in der Online-Veröffentlichung eines Abschnitts seines geplanten neuen Buchs *The Elect: Neoracists Posing as Antiracists and their Threat to a Progressive America* verschiedene Formen des Antirassismus, wobei eine davon eine klar religiöse Not habe: »Es gibt einen Unterschied zwischen Antirassismus und Antirassismus auf religiöse Art und Weise. Der Religion zu folgen bedeutet, Menschen für etwas an den Pranger zu stellen, was man noch vor zehn Jahren als Bagatelldelikt oder sogar als gar nichts angesehen hätte; eine Politik zu befürworten, die Schwarzen schadet, solange man sich durch ihre Unterstützung der Existenz von Rassismus bewusst zu sein scheint; so zu tun, als ob Amerika keine wirklichen Fortschritte in Sachen Rassismus macht; und fast zu hoffen, dass es das nicht tut, denn das würde einem die Sinnhaftigkeit rauben.«

Die Ablösung der Vernunft durch ein quasi-religiöses Weltverhältnis zeigt sich für McWhorter auch am Umgang mit dem berüchtigten N-Wort, von dem identitätspolitische Aktivist*innen, wie oben gesehen, meinen, man könne es noch nicht einmal mehr als Zitat (oder gar abgekürzt) in einem bestimmten Kontext oder in wissenschaftlichen Zusammenhängen nutzen: »Wenn nun gesagt wird, eine bestimmte Silbenfolge wird für immer verbannt, dann hat das etwas Atavistisches.« Ein Glauben an den bösen Geist des Alten, der sprachlich gebannt gehört, um keine rändigen Gespenster zu wecken.

Anders, das hier nur en passant, hat dieses magische Verhältnis zu schmähenden Worten in den frühen Siebzigerjahren die Homosexuellen-Bewegung gesucht – und gefunden. Und zwar gegen den Mainstream der eher auf Diskretion und Zurückhaltung geeichten sonstigen Homosexuellen. »Schwul« nannten sie sich, genauso, wie das Wort es sagt: Männer, die andere Männer begehren – und sich so nennen, wie auch die giftige Vokabel lautet, mit der sie markiert wurden. »Schwul« war die souveräne Geste einer politisch-kulturellen Bewegung, identitär nicht um den heißen Brei herumzureden. Man wollte den vergiftenden Inhalt zur eigenen Sache machen, um ihn zu tilgen. Und das mit Erfolg! Heutzutage, da die queere Bewegung das Wort am liebsten gebannt sehen möchte, ja, für überflüssig hält, hat »schwul« wieder die gleiche Kraft gewonnen: um nicht im queeren Brei des sexual-identitären Einerlei unsichtbar zu werden.

Die Radikalität, mit der manche Wörter gebannt werden sollen, erinnert an das über viele Jahrhunderte übliche, christlich-volksfromme Vermeiden oder Umschreiben des Wortes »Teufel«. Es ist die Umkehrung der überaus wichtigen Verheißung an das Volk Israel bei Jesaja (43,1): »Fürchte dich nicht, denn ich habe dich erlöst; ich habe dich bei deinem Namen gerufen; du bist mein!« Aber aus der Befreiung von Angst durch Gott und dem Zuspruch der Erlösung durch ihn wird genau das Gegenteil: Furcht und Beklemmung durch die Nennung des falschen Namens. J. K. Rowling hat diesen Gedanken in ihren *Harry-Potter*-Romanen fein aufgegriffen, denn der unfassbar mächtige, satanhafte Lord Voldemort wird ja von den meisten Zauber*innen aus Furcht ebenfalls nur umständlich umschrieben als: »Er-dessen-Name-nicht-genannt-werden-darf« oder »Du-weißt-schon-wer«. Als gäbe das Nennen des Namens dem Benannten schon Macht über die Gedanken des Sprechenden. Das N-Wort scheint in den Augen der Identitätspolitik-Fans eine ähnliche Magie zu haben.

Um die Analogie zur Religion noch weiter zu führen: McWhorter sieht in den Hardcore-Ideolog*innen dieser Bewegung eine Art Priesterkaste. Seiner Meinung nach glauben diese Leute ernsthaft, »dass sie die Träger einer höheren Weisheit seien. Auf bestimmte Weise gleichen sie damit Anhängern einer fundamentalistischen Religion, etwa den Calvinisten.« (Wobei man fairer Weise sagen sollte, dass man die heutigen calvinistisch geprägten Christ*innen in der Regel nicht mehr als Fundamentalist*innen bezeichnen sollte – aber das ist eine andere Frage.)

Dass diese Menschen so enorm einflussreich werden konnten, hat für McWhorter viel mit der Masse der Wohlmeinenden in der Gesellschaft zu tun: »Sie lassen die offen missbrauchenden Auserwählten frei agieren und sehen deren Verhalten als eine vielleicht notwendige Unannehmlichkeit auf dem Weg zur allgemeinen Aufklärung.« Es ist ein interessanter Gedanke, ob nicht die »Auserwählten«, die McWhorter beschreibt, habituell einiges mit den (christlichen) Gnostiker*innen des zweiten und dritten Jahrhunderts gemein haben könnten, die auch glaubten, über ein Wissen zu verfügen, das sie über andere Menschen erhob. Jedenfalls ist schon frappierend, dass die Woken sich sprachlich ja als »Erwachte« oder »Wache« begreifen, die über eine besondere »Kenntnis« oder »Erkenntnis« (übrigens die wörtliche Übersetzung von »gnosis«) verfügten. Auch die Reinheitsmanie der »perfecti« und der radikale Dualismus der mittelalterlichen christlichen Sekte der Katharer*innen erinnert an die besonders radikalen Identitätspolitik-Fans. Nun sind diese beiden historischen Vergleiche nicht McWhorters Ideen, aber seine Sorge über diese modernen Gruppen erscheint uns als berechtigt: »Die ›Auserwählten‹«, so schreibt er, »saugen in all ihrer Vielfalt die ganze Luft aus dem Raum. Das muss aufhören.«

Religiösen Fundamentalist*innen gleich welcher Couleur geht es vor allem um weltliche Macht, oft vernebeln sie diesen Anspruch durch ein religiöses Vokabular voll liebender Worthülsen. Auch hier mag man Ähnlichkeiten zur Identitätspolitik feststellen. Caroline Fourest sieht sie jedenfalls besonders beim Vorgehen der Streiter*innen wider Kulturelle Aneignung: »Ihr Ziel ist es, ein Monopol über die Darstellung des Glaubens zu wahren, indem sie anderen verbieten, ihre Religion zu malen oder zu zeichnen. Dadurch zeichnen sie selbst sich maßgeblich aus.« Vielleicht erklärt das einen Teil des Furors, den die Identitätspolitik ebenso wie Religionen entfachen können. So verwendet Fourest in ihrem Buch mehr als zwei Dutzend Mal die Wörter »Inquisition« oder »Inquisitoren«, um die eifrigsten Aktivist*innen und ihr Wirken zu beschreiben.

Der Religions- und Inquisitionsvergleich drängt sich auch Judith Sevinç Basad in ihrem Buch *Schäm dich!* auf. Sie zeigt die Analogien zu vor allem traditionell christlich anmutenden Schuldeingeständnissen und Schuldritualen auf. Wer sich als »weiße*r« Journalist*in oder Aktivist*in coram publico der eigenen Privilegien schäme, seinen unentschuldbaren Rassismus betone oder öffentlich Demutsübungen verrichte, dem oder der gehe es nur vordergründig um soziale Gerechtigkeit. »Im Kern geht es nur um sie selbst: darum, religiöse Sehnsüchte auszuleben und bestätigt zu bekommen, ein wertvoller Mensch zu sein. Es ist amüsant: Zwar verachten die Progressiven das Christentum und beschimpfen Kirchgänger als reaktionäre Kleingeister. Dabei sitzt das Bedürfnis nach Tugendhaftigkeit durch Läuterung und Schmerz so tief in ihrer Brust, dass sie sich eine Moral aneignen, die an das Zeitalter der Inquisition erinnert. Der Glaube an den christlichen Gott mag im progressiven Weltbild seinen Platz verloren haben, aber der Glaube an die christliche Erlösung ist geblieben.«

An dieser Stelle ein Wort zu den Antirassismus-Trainings: Bei manchen von ihnen würden, so berichtet es Basad, gegenüber jungen »weißen« Menschen manipulative Psychotricks angewandt, um ihnen eine irgendwie geartete angebliche Mitschuld an rassistischen Verbrechen oder Diskriminierungen schwarzer Menschen einzubläuen. Inzwischen hat diese Praxis besonderer Trainings nicht nur in US-amerikanischen Firmen Einzug gehalten, wo die Befolgung der vermittelten Regeln der Wahrung des guten betrieblichen Miteinanders dienen soll. Es wird aber auch (und vielleicht vor allem dadurch) ein Heer von Opportunist*innen herangezüchtet, die sich, typisch menschlich, den Zumutungen pädagogisch wabernder Instruktionen nicht verweigern. Es muss ja alles nur so aussehen, als ob. Nicht zuletzt markiert der Markt der Antirassismus- und Intersektionalitätstrainings die Pädagogik in Gänze nicht als Disziplin der Vermittlung von Wissen, sondern als Erzwingungswissenschaft.

Die Antirassismus-Trainings sind gerade in den USA zu einem regelrechten Business geworden. Der *Spiegel* berichtete Anfang Juni 2021, es gebe mittlerweile Hunderte Berater*innen, die davon leben, vor allem dem Personal von Unternehmen Antirassismus-Trainings im Sinne der Identitätspolitik anzubieten: ein Heer von Wanderprediger*innen, Frömmigkeitserziehenden, Priester*innen der guten Botschaft. Zitiert werden auch Recherchen der *New York Times*, wonach die Soziologin DiAngelo bereits vor einigen Jahren bis zu 15 000 Dollar Honorar für ihre Vorträge genommen habe. Die Bestseller-Autorin sei durch ihr Engagement für eine antirassistische Welt zu einer wohlhabenden Frau geworden. Dabei sei durch Studien, und das ist der abstruse Clou, inzwischen gut dokumentiert, dass Kurse gegen Rassismus oder Sexismus so gut wie keinen Effekt haben. Antirassismus-Trainings ähneln Ablassübungen sowohl der Firmenleitungen wie ihres Personals. Ob das irgendetwas bringt – egal. Wichtig ist nur, dass diese Belehrungen für beide Seiten, die belehrende wie die scheinbar lernende, das gute Gefühl hinterlassen, etwas Gutes zu tun. Außerdem geht es den Unternehmen ums Image nach außen: Wir sind modern und woke.

Überhaupt: Es muss generell ein großartiges Gefühl sein, als woke Person Unwissenheit aus der Welt schaffen zu können. Basad zitiert Passagen aus Alice Hasters Buch *Was weiße Menschen nicht über Rassismus hören wollen aber wissen sollten*, in denen es um Hasters Umgang mit ihrem Liebhaber geht, bei dem sie, wie Basad es beurteilt, einen »religiösen Erkenntnisprozess« einleiten wolle: »Du wirst Situationen in deinem Kopf abspielen, in denen du dich ignorant gegenüber deinen Freund*innen of Color verhalten hast. Du wirst feststellen, wie wenig du mit ihnen über diese Unterschiede gesprochen hast. Du wirst Dinge jetzt anders bewerten«, schreibt Hasters. Weil ihr Freund nicht wisse, wie sich Diskriminierung anfühle, habe er viele Fragen. »Wenn ich die Geduld aufbringen kann, werde ich dir deine Frage beantworten und die Artikel für dich analysieren. Du wirst mir nicht dafür danken, dass ich so viel Geduld aufbringe, dich aufzuklären. Einfach weil du gar nicht merken wirst, dass diese Gespräche für dich zwar erhellend sind, ich hingegen nichts dazu gelernt habe.« Süffisant urteilt Basad über solche Sätze so: »Ich jedenfalls frage mich, ob Hasters sich einen Partner auf Augenhöhe oder nicht doch lieber ein Haustier wünscht.«

Was Hasters beschreibt, spielt sich in ihrem privaten Raum ab, doch generell geht es in der Identitätspolitik immer zentral um eine öffentliche Performance der rechten Gesinnung, auch das hat sie mit manchen Formen der Religion gemein. In den USA gehört es – wahrscheinlich in der Tradition dort weit verbreiteter Selbstanklagen im vor allem evangelikal-protestantischen Milieu – seit einigen Jahren fast schon zum guten Ton, öffentlich übermäßig Schuld und Reue zu bekunden, so man sich angeblich unverzeihlicher rassistischer Aussagen schuldig gemacht habe. Die private Zerknirschung im stillen Kämmerlein reicht nicht, es muss für alle sichtbar (und laut) passieren.

Wir haben schon den Fall des *New York Times*-Redakteurs Donald McNeil geschildert, der sich wortreich öffentlich der Empathielosigkeit und Dummheit bezichtigte wegen seines nach seinem Bekenntnis durch nichts zu rechtfertigenden Gebrauchs des N-Wortes (wenn auch mit Dutzenden Anführungsstrichen und in einer Art Lehr-Zusammenhang). Auch den Fall der designierten *Teen Vogue*-Chefredakteurin Alexi McCammond haben wir beschrieben, die bei ihrem Rücktritt vom geplanten Job erklärte: »Ich hoffe, die Gelegenheit zu haben, mich wieder den unermüdlichen Journalisten anzuschließen, die jeden Tag Licht in die Themen bringen, die wichtig sind.« Die verbale Selbstgeißelung der weißen US-Sängerin Katy Perry wegen ihrer Zopf-Affäre lief so ab: Fast den Tränen nahe, sagte sie, ihre Hautfarbe hindere sie eben nun mal daran, sich mit einer schwarzen Frau zu identifizieren, die solche Zöpfe trage: »Ich würde niemals verstehen können, was das bedeutet, aufgrund dessen, was ich bin. Aber ich kann versuchen, mich zu erziehen.«

In Deutschland laufen die Selbstbezichtigungen mittlerweile ähnlich ab. Erinnert sei an die öffentlichen Schuldeingeständnisse, die Patsy l'Amour laLove in ihrem Buch *Beißreflexe* aus der woken, linken und queeren Szene geschildert hat – in der Regel garniert mit der Aussage, man sei ja (trotz der öffentlichen Bloßstellung) furchtbar dankbar für die Chance, mehr über die eigenen Fehler, das eigene bisherige Unwissen und das eigene Versagen lernen zu können. Auch die Herausgeberinnen des Frauen-Onlinemagazins *Edition F* in Berlin bedankten sich trotz der Anwürfe gegen ihren mit bestem Wollen und Wissen gestifteten Preis dafür, dass sie nun lernen dürften. Schließlich sei auch auf jene so woke queer-feministische Buchhändlerin aus Berlin mit ihren angeblichen Nazi-Ahnen verwiesen, die sich verbal ob der irgendwie gearteten Schuld, kein Spross aus der Dynastie derer zu Sophie Scholl zu sein, öffentlich im Staub wälzte und sich bei den diese Familiengeschichte aufdeckenden Künstler*innen für die Möglichkeit bedankte, nunmehr lernen zu können. Wir glauben, es sollte einem oder einer hier auch zu denken geben, dass überall die öffentlichen Erklärungen der Selbstbezichtigung und Lernbereitschaft mittlerweile fast wortgleich zu hören sind, mit austauschbaren Textbausteinen. Wie glaubhaft sind solche Aussagen?

Gerade klassisch in diesem Sinne hat der bekannte Theaterregisseur Armin Petras reagiert, der einen schwarzen Schauspieler während einer Probe, wie erwähnt, gemäß der Theaterrolle als »Sklave« tituliert hatte. Petras hat jetzt nach eigenen Angaben, wohl als eine Art Bußübung, schon zum zweiten Mal einen Antirassismus-Workshop absolviert. Er befinde sich in einem Lernprozess, sagte er der *Süddeutschen Zeitung.* Er habe gelernt, dass es heute nicht mehr reiche, kein Rassist zu sein, man müsse sich auch antirassistisch verhalten. Der Regisseur bezeichnete sich als »mehrfach schuldig.« Das geht in die Richtung der Plakate, die man auf Antirassismus-Demos in letzter Zeit immer häufiger sieht: »Silence is violence«, also: »Schweigen ist Gewalt«. Wer schweige, mache sich also irgendwie der Teilnahme an Gewalttaten schuldig. Das ist eine totalitäre Logik (Wer nicht für mich ist, ist gegen mich). Außerdem kriminalisiert es Unschuldige und bedeutet eine völlige Entgrenzung des Gewaltbegriffs – ähnlich wie bei den Mikroaggressionen.

Am Ende dieser Erörterung über Schuldgefühle und die inneren Dienste an der neuen Göttlichkeit der Wokeness mögen die Gedanken eines christlichen Theologen passen, der einen neuen Weg der Versöhnung zwischen den Fronten in der identitätspolitischen Debatte angedacht hat. Auf der Homepage des Monatsmagazins *zeitzeichen* machte sich Peter Scherle, ehemaliger Professor für Kirchentheorie und Kybernetik am Theologischen Seminar Herborn, im April 2021 für den vor allem christlich geprägten Begriff der »Sühne« stark. Er stehe für einen Ansatz, der in diesem Zusammenhang möglicherweise helfen könne, wenngleich er den durch die identitätspolitische Bewegung Angegriffenen einiges abnötige. Scherle erläuterte den Gedanken anhand der »Aktion Sühnezeichen«, die seit Jahrzehnten jungen Menschen aus Deutschland die Chance der zeichenhaften Hilfe vor allem für überlebende Opfer des Holocaust ermöglicht.

Scherle schreibt: »Von den Freiwilligen der Aktion Sühnezeichen erfordert die soziale Grammatik der Sühne eine Haltung, die darauf verzichtet, von den Viktimisierten Versöhnung einzufordern. Mehr noch: Die Freiwilligen, die ihren Dienst vorrangig in sozialen Einrichtungen tun, müssen den Schmerz und eine damit zusammenhängende Bitterkeit von Menschen, die zu Opfern gemacht wurden und werden, aushalten.« Der Theologe Friedrich-Wilhelm Marquardt habe das auf die Formel einer »Ethik des Gemiedenseins« gebracht. »Es geht darum«, meint Scherle, »sich nicht mit den Viktimisierten zu identifizieren (nach dem Motto: Ich bin Anne Frank; Ich stehe auf der Seite der Opfer), sondern mit der Täterschaft, in deren Produktion und Reproduktion Menschen in Deutschland verwickelt sind und bleiben. Es geht um Solidarität durch Nicht-Identifikation.«

Wo die Verantwortung für Täterschaft übernommen und Leid anerkannt werde, so der Theologe Scherle mit Blick auf die Identitätspolitik weiter, »und wo erkennbare Zeichen einer Veränderung viktimisierender Praktiken und der Bereitschaft zur Übernahme der gesellschaftlichen Kosten gesetzt werden – wo alles das geschieht, da können jene Prozesse in Bewegung kommen, die wir im christlich geprägten Abendland Vergebung nennen. Sie lassen sich aber auch – und vielleicht sogar genauer – als Selbstbefreiung der Viktimisierten aus einer essentialisierten Opferidentität verstehen.« In gewisser Weise befreit dieser Ansatz also beide: den Menschen, den man Opfer, und den, den man Täter nennen könnte.

Die Identitätspolitik, so zusammengefasst, hat viele Züge eines Religionsersatzes, vor allem wenn es um die scheinbare Unentrinnbarkeit der Ursünde Weiß-Sein und um organisierte Praktiken des Schuldeingeständnisses und der öffentlich verkündeten Lernbereitschaft geht – bis hin zu Antirassismus-Trainings, die fast nach der verlogenen Logik des Ablasshandels funktionieren. Zu erwägen wäre, ob es auf persönlich-pädagogisierter Ebene auf Versöhnung gar nicht ankomme, dass die Idee der Versöhnung bereits chronische Schuld in sich trägt, die abgearbeitet werden müsse. Aber Scherles Überlegungen für ein reflektiert eingesetztes Konzept der Sühne und eine Solidarität durch Nicht-Identifikation könnten womöglich einen Weg aus den Grabenkämpfen der Identitätspolitik weisen.

Blinde Flecken

Antisemitismus

Tragende Teile der identitätspolitischen Bewegung tun sich gerade in den USA schwer damit, Jüd*innen überhaupt als benachteiligte oder gar diskriminierte Gruppe anzuerkennen. Im Paradigma der Intersektionalität, der Theorie von den ineinander verflochtenen, von weißen Männern ausgehenden Diskriminierungen, spielt das Jüdische keine Rolle. Antisemitismus, also die fundamental entgrenzte humane Differenz gegenüber Jüd*innen, wird lediglich als Variante des hauptsächlich gegen »People of Color« gerichteten Rassismus verstanden. Die spezifische Tiefe und Besonderheit des Antisemitismus, der vom Historiker Robert Wistrich »the longest hatred« (etwa: der älteste Hass) genannt wurde, wird meist nicht reflektiert und die täglichen judenfeindlichen Akte überall (nicht nur) in der westlichen Welt weitgehend ignoriert. Woran liegt das?

Als ein Grund wird gern angeführt, dass in den USA Jüd*innen überproportional zu ihrem Bevölkerungsanteil (rund zwei Prozent) in den Topjobs von Wirtschaft, Kultur, Wissenschaft und Medien zu finden sind. So waren im Jahr 2020 Medienberichten zufolge sieben der 20 reichsten US-Amerikaner*innen jüdischer Herkunft. Eine Opfergruppe, die durch eigenen Ideenreichtum, Können und Fleiß so überdurchschnittlich häufig gesellschaftliche Spitzenpositionen einnimmt, das will nicht ins identitätspolitische Schema passen. Da dieses zum Weltbild geronnene Bild aber nicht erschüttert werden darf, denn dann könnten seine Prämissen ja auch für andere Opfergruppen nicht mehr stimmen, dürfen Jüd*innen keine Opfer mehr sein.

Klingt verrückt – ist es auch, aber genau so wird vor allem an einigen US-amerikanischen Universitäten argumentiert. Pamela Paresky, Psychologin, Publizistin und Wissenschaftlerin an der Universität von Chicago, hat in dem jüdischen Online-Journal *Sapir* im Frühjahr 2021 rund ein Dutzend aktuelle Aussagen und Aktionen gesammelt, die sich gegen jüdische Studierende an US-Universitäten richteten. Urheber*innen waren unterschiedliche universitäre Gruppen, die sich aber eindeutig der woken Weltanschauung verbunden fühlen.

So kursieren zum Beispiel lange Listen, welche Gruppen von welchen Mikroaggressionen wie betroffen sein könnten – Mikroaggressionen gegen Jüd*innen aber (also: Antisemitismus) existieren dabei angeblich nicht. In Seminaren wird die Diskriminierung von Homosexuellen, Behinderten, Dicken, Schwarzen, Trans*menschen und so weiter analysiert und diskutiert – aber Antisemitismus kommt schlicht nicht vor. Die »Critical Race Theory« geht nach den Recherchen von Paresky zumindest in ihren extremen Formen mittlerweile so weit, dass sie das Narrativ verbreitet, Jüd*innen hätten sich als einst unterdrückte Gruppe dem gemeinsamen Kampf aller Opfer für mehr Rechte entzogen, sich stattdessen irgendwie »weiß« gemacht, um sich den »Weißen« und ihrer Vorherrschaft anzuschließen und dem Opferstatus zu entgehen – nur so sei auch ihr großer Erfolg in der US-Gesellschaft zu verstehen. Jüd*innen werden so als eine Form der »Super-Weißen« gesehen. Ist solches Denken am Ende vor allem Ausdruck einer Art Neid von Minderheitengruppen gegenüber der vergleichsweise erfolgreichen jüdischen Minderheit in den USA?

Blake Flayton, ein jüdischer Student an der George Washington University, veröffentlichte in der *New York Times* im November 2019 einen ausführlichen Artikel, in dem er ähnliche Erfahrungen wie bei Paresky schildert. Er solle einfach nicht zur woken Gruppe dazu gehören, obwohl er sich als schwul, liberal, Trump-Gegner, Netanjahu-Kritiker und ökologisch bewusst beschreibt. Es half ihm alles nichts, er blieb auf dem Campus ein Außenseiter. Sein »Fehler«: Er sieht sich zugleich als Zionist, also als jemand, der dafür eintritt, dass einem verfolgten Volk eine staatliche Heimat garantiert wird, wie er es beschreibt. Eigentlich ein emanzipatorisches Projekt. Dennoch wird er als Rassist, als Vertreter der weißen Vorherrschaft und des Kolonialismus (»racist«, »White Supremacist«, »Colonialist«) beschimpft, ja sogar als »Apartheid-Ermöglicher«, »Baby Killer« und »kolonialer Apologet« (»Apartheid-Enabler«, »Baby killer«, »Colonial apologist«).

Nachdem Flayton seine vielen, teilweise hanebüchenen Erlebnisse antisemitischer Diskriminierung und Israel-Dämonisierung an seiner Universität in dem Artikel geschildert hat, kommt er zum bitteren Fazit: »Wenn Sie sich selbst als Zionist bezeichnen, weil Ihre Familie zum Überleben aus einem Land des Nahen Ostens nach Israel geflohen ist, machen Sie sich an ethnischen Säuberungen mitschuldig. Wenn Sie sich Zionist nennen, weil Ihre Familie aus Deutschland aus einem Konzentrationslager geflohen ist, sind Sie Kolonialist. Wenn Sie sich selbst als Zionist bezeichnen, weil Ihre Familie wegen ihres religiösen oder spirituellen Glaubens Aliyah nach Israel gemacht hat, sind Sie mitschuldig an der Apartheid.«

Die Kritik an jüdischen Studierenden durch ihre woken Kommiliton*innen ist in mehrfacher Hinsicht schief, und fast immer spielt da Judenfeindlichkeit eine Rolle. Zum einen wird, ohne Begründung, Zionismus nicht als ein emanzipatorisches Projekt eines unterdrückten Volkes betrachtet (anders als zum Beispiel der in linken Kreisen lange hoch angesehene Kampf des kurdischen Volkes um einen eigenen Staat). Zum anderen werden alle Jüd*innen außerhalb Israels für mögliche Fehler der israelischen Regierung verantwortlich gemacht – ein klassischer antisemitischer Kurzschluss. Die woken Aktivist*innen scheinen zu glauben, alle Jüd*innen weltweit befürworteten die israelische Politik des Siedlungsbaus und wären so irgendwie an einer Unterdrückung der Palästinenser*innen beteiligt, ja, der Staat Israel sei spätestens mit seiner Staatsgründung 1948 ein neokoloniales Projekt, was bedeute: Wer diesen jüdischen Staat grundsätzlich unterstütze, mache sich des Neokolonialismus schuldig. (Inszenieren sich Jüd*innen wie Judith Butler antizionistisch, sind sie in der woken Bewegung dagegen hochwillkommen, denn so kann sie nach außen demonstrieren, kein Antisemitismus-Problem zu haben.) Eine uneingeschränkte Solidarität mit Palästinenser*innen gilt an vielen US-Universitäten mittlerweile als Ausweis woken Bewusstseins. Es ist deshalb kein Zufall, dass mit Alexandria Ocasio-Cortez eine der Heroinnen der identitätspolitisch motivierten US-Linken und andere woke Freund*innen im US-Repräsentantenhaus im Frühsommer 2021 vor allem den israelischen Staat kritisierten, weil er sich gegen den wochenlangen massiven Bombenhagel aus dem palästinensischen Gazastreifen zur Wehr setzte.

Das Faktum namens Israel ist der wirkliche Elefant im diskursiven Raum der woken Bewegung, der neidbesetzte Triumph eines verfolgten Volkes. Für Jüd*innen ist Israel in erster Linie der Staat der Selbstermächtigung, das Erfolgsprojekt schlechthin: Hier darfst Du sein! Postkolonial orientierten Politiker*innen, Aktivist*innen und Intellektuellen ist Israel hingegen wenig mehr als eine historische Panne, eine, die im Extremfall zugunsten eines nichtjüdischen, palästinensischen Staates beseitigt gehört. Dass schon lange vor der Staatsgründung Israels, und zwar seit Jahrhunderten, Jüd*innen zwischen Jordan und Mittelmeer gelebt haben, es also schon vorher auch ihr Land war, dass Israel eben auch das Resultat des Holocaust ist, doch auch immer Heimstatt aller Jüd*innen weltweit, sofern sie das wollen, weil mit der Shoah im kollektiven Gedächtnis das dominierende Gefühl, nirgendwo auf der Welt sicher zu sein, eine Antwort brauchte, fällt dabei unter den Tisch. Ebenso, dass etwa ein Viertel der israelischen Bevölkerung Nicht-Jüd*innen sind – und die aus demokratischen Wahlen hervorgegangene israelische Regierung also auch keine rein jüdische ist.

Auch in der identitätspolitischen Szene Deutschlands sehen viele Israel als ein koloniales oder postkoloniales Projekt der Unterdrückung, einen »Apartheid«-Staat. Ein spezieller Fall ist hier der des kamerunischen Geisteswissenschaftlers Achille Mbembe, ein intellektueller Darling der »woken« Kulturinstitutionen. Der in Südafrika lebende Gelehrte sollte auf dem mit Steuergeldern finanzierten Kulturevent Ruhrtriennale im Jahr 2020 eine Rede halten. Das bot sich auch deshalb an, weil der sich als postkolonial verstehende Intellektuelle im Suhrkamp-Verlag Schriften veröffentlicht hatte und insofern im Caffè-Latte-Bildungsbürgertum einen formidablen Ruf genoss – und weiterhin genießt.

Einem FDP-Abgeordneten im Landtag von Nordrhein-Westfalen waren indes bizarr antiisraelische Passagen in Texten Mbembes aufgefallen. So hatte Mbembe unter anderem geäußert: »(D)ie Auswirkungen des israelischen Projekts auf den palästinensischen Körper sind viel einschneidender als die relativ primitiven Operationen des Apartheidregimes in Südafrika zwischen 1948 und den frühen 1980er Jahren. (...) Das zeigt sich in seiner fanatischen Politik der Zerstörung, die darauf abzielt, das Leben der Palästinenser in einen Ruinenhaufen zu verwandeln oder in einen Abfallhaufen, der gesäubert werden soll. In Südafrika erreichten die Schutthaufen nie solche Ausmaße.« Jürgen Kaube, für das Feuilleton verantwortlicher Mitherausgeber der *Frankfurter Allgemeinen Zeitung*, grub in seiner Zeitung andere Passagen aus dem Werk Mbembes aus, so etwa aus dem Vorwort zu dessen Buch *Apartheid Israel* (2015), in dem zu lesen war, die Besetzung Palästinas sei »der größte moralische Skandal unserer Zeit«, »eine der entmenschlichendsten Torturen« der Gegenwart und »der größte Akt der Feigheit des letzten halben Jahrhunderts.« Israel sei bereit, mit Gemetzel, Zerstörung und schrittweiser Ausrottung der Palästinenser*innen »den ganzen Weg zu gehen«. Das ist nicht anders zu verstehen als ein Vorwurf Mbembes, Israel plane einen Genozid an den Palästinenser*innen – ein typisches antisemitisches Muster von Täter-Opfer-Umkehr. Angesichts solcher Passagen im Werk Mbembes fragte Felix Klein, Antisemitismusbeauftragter der Bundesregierung – wohlgemerkt, er fragte nur, er kann nicht dekretieren! –, ob es okay sein könne, dass auf einem staatlich finanzierten Event jemand spricht, der Israel in solch einer Weise dämonisiere und faktisch sein Existenzrecht bestreite.

Die Empörung des postkolonial gesinnten Bürgertums über die philologisch informierte Kritik an Mbembe war grell und mächtig: Wie kann man nur so einen tapferen und freundlichen Mann wie Achille Mbembe derart diskreditieren? Die ruchbar gewordenen Passagen Mbembes waren allerdings nicht von der Hand zu weisen, ebenso wenig, dass Mbembe eine Nähe zur

Israel-Boykott-Bewegung »Boycott, Divestment and Sanctions« (BDS), die vom Bundestag 2019 verurteilt worden war, bestritt. Dabei hatte er dazu beigetragen, dass eine israelische Traumaforscherin, eine Linke durch und durch, nicht an einer in Südafrika veranstalteten Wissenschaftskonferenz teilnehmen konnte.

Gleichwohl redeten die Fürsprecher*innen Mbembes davon, dass ein schwarzer Geisteswissenschaftler zum Schweigen gebracht werden solle (das Schweigen bestand freilich in einer Fülle von Artikeln von und Interviews mit Mbembe in deutschsprachigen Medien). Mbembe selbst sprach von Rassismus gegen ihn. Das war keineswegs der Fall, vielmehr haben alle, die ihn kritisierten, strikt nicht-rassistisch argumentiert: Etwa, dass es auffällig sei, dass er kein Wort über absichtsvoll mörderische Politiken etwa von Seiten Russlands, Saudi-Arabiens oder des Iran verliere und ausschließlich Israel in den Fokus seiner Kritik an den Mächten des Kolonialen nehme. Dass er obendrein nichts zum identitären Fundamentalismus der politischen Führer der Palästinenser*innen zu sagen habe – der nämlich buchstabiert sich ziemlich schlicht wie: »Jüd*innen ins Meer«.

Mbembe kann womöglich nichts für seine Freund*innen, Tatsache aber ist, dass er mit seinen ahistorisch und antipolitisch orientierten Analysen in eine zeitgeistige Haltung passt, die in Jüd*innen, wie oben geschildert, vor allem »Weiße« erkennt und deshalb im Holocaust nicht mehr als einen leider etwas eskalierten Streit unter »Weißen« sehen möchte. Hinter Mbembe steht fast das versammelte Spektrum der deutschen Kulturinstitutionen, die zwar unentwegt bekunden, nichts gegen Israel an sich zu haben, aber doch schwer damit hadern, dass sie keine Künstler*innen mehr einladen sollen, die sich mit welcher Kraft auch immer dem globalen BDS-Netz angeschlossen haben. BDS, eine hauptsächlich aus Großbritannien und den USA inspirierte Bewegung, wesentlich unterstützt vom Iran und mit der Hamas als alliiertes Mitglied, diskreditiert Israel gern als »zionistisches Gebilde« oder als ein weltgeschichtlich irgendwie irrlichterndes Projekt, das also auch ausradiert werden könnte.

Mit ihrer tief empfundenen Aversion gegen das, was unter »Israel« verstanden wird, steht die woke Bewegung in der Tradition des bei der Neuen Linken in vielen europäischen Ländern verbreiteten »Tiersmondismus«, Drittweltismus: die Leidenschaft für das edlere Wilde, das Authentische, das Echte, das noch nicht vollends Kapitalistische, das Ländliche und Nichturbane und das Nicht-Entgrenzte. Israel war lange in der deutschen Jungerwachsenenschaft höchst beliebt, »Aktion Sühnezeichen« stand als Institution für Reisen dorthin. Solange man im Kibbuz eine gewisse Zeit verbringen konnte, ein bisschen hippiesk und wie in einer Land-WG, schien alles in Ordnung. Aber mit dem Sechs-Tage-Krieg 1967 und vor allem mit der Hinwendung der Neuen Linken zu den entkolonisierten Ländern Afrikas wuchs auch die Liebe zu den Palästinenser*innen und deren militanten Kämpfen: Israel wurde mehr und mehr zu einer Speerspitze des »westlichen Imperialismus«, Holocaust hin oder her.

In der postkolonialen und identitätspolitischen Logik ist Israel ein Produkt des europäischen Siedlerkolonialismus, angesiedelt auf einem angeblich palästinensischen Territorium, das es aber in Wirklichkeit so nie gab, denn es lebten vor Gründung des Staates Israel im »Heiligen Land« sowohl eine jüdische wie eine arabische Bevölkerungsgruppe, und beide standen seit dem Ende des Osmanischen Reiches unter britischer Herrschaft. In Wahrheit geht es diesen Aktivist*innen also, durchaus munitioniert durch Intellektuelle wie Mbembe, um die Delegitimation des jüdischen Volkes als souveräne, auch über einen Staat verfügende Gruppe. Dabei legt diese Szene an Israel andere Maßstäbe an als an jeden anderen Staat, also etwa an die Schweiz, China oder Burkina Faso. Auch das ist ein typischer Hinweis dafür, dass aus dieser »Israelkritik« schon Antisemitismus geworden ist. (Die drei »D«, eine klassische Probe, wann Israelkritik in Antisemitismus umschlägt, sind also erfüllt: Israel wird delegitimiert, dämonisiert und doppelten Standards unterworfen, also anderen als andere Staaten der Welt.)

Doch manche Vertreter*innen der identitären Bewegung gehen noch einen Schritt weiter – der Holocaust als Versuch der restlosen Vernichtung des jüdischen Volkes soll als ein einzigartiges Menschheitsverbrechen, als der große Zivilisationsbruch des 20. Jahrhunderts, relativiert werden. Das Gedankenkonstrukt dahinter ist offenbar dieses: Der Holocaust ist so dominant in der deutschen Erinnerungspolitik, dass dahinter der Kolonialismus, das eigentliche Herzensthema der identitätspolitischen Bewegung, in den Schatten der öffentlichen Wahrnehmung gerät. Also muss der Holocaust verkleinert, um nicht zu sagen: verharmlost werden, damit die kolonialen Verbrechen umso schrecklicher leuchten können.

Kaum anders sind etwa Aussagen der jamaikanischen Kulturwissenschaftlerin Imani Tafari-Ama anlässlich einer von ihr kuratierten Ausstellung in Flensburg zum kolonialen Erbe der Stadt zu verstehen. In einem *taz*-Gespräch gab sie zu Protokoll: »Wenn ich Deutsche nach ihrer kolonialen Schuld befrage, heißt es oft, das kollektive Gedächtnis sei eben mit dem Holocaust viel zu sehr beschäftigt gewesen. Der habe alles andere verdrängt. Das mag stimmen. Trotzdem bleibt der Genozid an den Herero und Nama in Namibia bestehen; trotzdem bleiben die Unterdrückungsmaßnahmen in Togo, in Ruanda, in Tansania, in Kamerun – oder eben auf den Jungferninseln – Verbrechen, für die jemand haften muss. Die Europäer müssen anerkennen, dass die Verschleppung der Afrikaner das größte Verbrechen in der Menschheitsgeschichte ist, größer noch als der Holocaust.«

Es ist hier nicht nur der von der Kulturwissenschaftlerin vorgenommene »Body Count« abstoßend. Irritierend ist auch, dass die Singularität des Holocaust als ein industriell vorgenommener Massenmord aus rein ideologisch-judenfeindlichen und vergangenheitspolitischen Gründen (und nicht aus im Kern wirtschaftlichen Interesse wie bei der Verschleppung der Afrikaner*innen als Sklav*innen in den Norden der Welt – übrigens ein Verbrechen, an dem nicht nur »Weiße«, Christ*innen und Europäer*innen/Nordamerikaner*innen beteiligt waren, sondern Jahrhunderte lang auch nordafrikanische, muslimische Sklavenhändler) offenbar nicht wirklich reflektiert wird.

Ähnlich wie Tafari-Ama argumentiert die prominente Autorin und Aktivistin Emilia Roig in ihrem Buch *Why We Matter*, eine programmatische Schrift zur intersektionalen Strömung in Deutschland. Der Titel ist offensichtlich eine Reverenz an die Bewegung »Black Lives Matter«. Sie schreibt: »Die Shoah hat insofern viel mit der weißen Vorherrschaft zu tun, als die Absurdität des Rassenkonstrukts durch sie enttarnt wird: Juden*Jüdinnen konnten nicht auf der Basis ihres Aussehens erkannt werden – auch wenn die Nazi-Propaganda es behauptete –, sondern mussten durch den gelben Stern als unterlegene Rasse, als Untermenschen und als bedrohlich markiert werden. Sie mussten als nicht-weiße Rasse konstruiert werden. Aimé Césaire erklärt die Macht der weißen Vorherrschaft und ihre Rolle in der Ausnahmebehandlung des jüdischen Genozids: ›Was [wir] Hitler nicht verzeih[en], [ist] nicht das Verbrechen an sich, das Verbrechen gegen den Menschen, nicht die Erniedrigung des Menschen an sich, sondern das Verbrechen gegen den weißen Menschen, die Erniedrigung des weißen Menschen und dass er, Hitler, kolonialistische Methoden auf Europa angewendet hat, denen bislang nur die Araber Algeriens, die Kulis Indiens und die N[-Wort] Afrikas ausgesetzt waren.‹«

Historisch ist das schlicht falsch, weil der Genozid an den Herero und Nama in gewichtigen Teilen der Öffentlichkeit des Kaiserreichs und im Reichstag durchaus für Empörung sorgte, also schon Anfang des 20. Jahrhunderts unter einem viel autoritäreren Regime und in einer medial weniger entwickelten Gesellschaft. Schlimmer aber ist Césaire Insinuation, der Holocaust entsetze die westliche Welt nur deshalb so stark, weil durch ihn sechs Millionen »weiße« Jüd*innen Europas wie »nicht-weiße« Kolonisierte behandelt, nämlich ermordet worden seien. Will Césaire hier ernsthaft sagen, die westliche Welt hätte den Zivilisationsbruch des Holocaust akzeptiert, wenn er gegen Nicht-Weiße verübt worden wäre? Welche Empathielosigkeit unterstellt er da einer Generation, in der Millionen Menschen, vor allem Soldaten, ihr Leben gaben, auch um den Völkermord an den Jüd*innen zu stoppen? Und wo sind seine Belege für diese These? Hier zeigt sich die abenteuerliche Kälte einer Weltsicht, die nur noch in Kolonialismus- und Schwarz-Weiß-Kategorien denken kann.

Der Holocaust, so ließen sich die Statements von Tafari-Ama und Césaire kalt lesen, ist demnach eher ein Nachbeben der Kolonialverbrechen, weil letztere allem anderen vorgelagert sind. Als würde der Massenmord an den Herero nur dann gesellschaftlich angemessen gewürdigt, wenn man weniger an die Shoah dächte (und seit Jahren wird doch der vielen Toten im deutsch besetzten Afrika gedacht, immer wieder ist dies ein prominentes Thema in den wichtigen deutschen Medien, an den Universitäten und in der Bundespolitik). Der Holocaust muss aber offensichtlich als *das* Menschheitsverbrechen entthront, irgendwie in das Kolonialismus- und Schwarz-Weiß-Raster gepresst und in seiner Singularität entwertet werden. Das offenbar mit dem Ziel, dass dann die Verbrechen der »Weißen« und des »Westens« im Süden der Welt im Zuge des Kolonialismus und Imperialismus erst richtig gewertet würden. Das ist, nur halbpolemisch gesagt, typisch Identitätspolitik: ein Opferwettlauf der grausigsten Art. Es braucht auch nicht den Holocaust als eine Art »Türsteher«, damit die Verbrechen der deutschen Kolonialmacht in Afrika in der deutschen Erinnerungspolitik ihren angemessenen Platz erhalten. Beides kann in der Erinnerungspolitik seinen Raum haben, warum denn nicht? Und in Wirklichkeit ist das auch schon der Fall.

Dabei ist die Judenfeindlichkeit in Deutschland, das nur nebenbei, Jahrhunderte älter als der Kolonialismus des deutschen Kaiserreichs. Obendrein verblüfft die – wie sagt man es höflich? – Herzlosigkeit solcher Thesen gegen die Opfer des Antisemitismus. Als ob das Bekenntnis zum Empowerment und zur Empathie, eigentlich emotionale Grundhaltungen der Identitätsbewegungen von links, nur für Ausgewählte, gerade politisch Opportune, vor allem Schwarze passen würde. Dabei sollte, so meinen wir, in einer klassisch linken und universalistischen Position an der prinzipiellen Solidarität mit Jüd*innen und mit der Existenz Israels kein Zweifel bestehen. Und wie im Einzelnen israelische Politiken kritisiert werden, braucht nicht erlernt zu werden, das besorgt die israelische Öffentlichkeit schon gründlich selbst.

Die Klassenfrage

Zehn Tage nach den US-Präsidentschaftswahlen im November 2016 veröffentlichte Mark Lilla, Professor für Geisteswissenschaften an der Columbia University in New York City, den eingangs erwähnten Kommentar in der *New York Times* mit dem Titel »Das Ende des Identitätsliberalismus«. Der Artikel schlug ein wie eine Bombe, er wurde der meistgelesene politische Kommentar des Jahres, mehr als 2400 *Times*-Leser*innen reagierten auf ihn mit Kommentaren.

Was war das Brisante an diesem Artikel? Er glich einem Frontalangriff auf die linksliberale Strömung in den USA, der Lilla selbst angehört. Vor allem versuchte er zu erklären, wie ausgerechnet ein anfangs nur belächelter Kandidat wie Donald Trump Präsident hatte werden können – und das gegen Hillary Clinton, Kandidatin der Demokrat*innen und Liebling der Feministinnen wie überhaupt der Führungsschichten ihrer Partei. Lilla schrieb: »Der amerikanische Liberalismus ist in eine Art moralische Panik über Rasse, Geschlecht und sexuelle Identität abgerutscht, die die Botschaft des Liberalismus verzerrt und ihn daran gehindert hat, zu einer einigenden regierungsfähigen Kraft zu werden.« Also: Selber schuld! »Wir brauchen keine Demonstranten mehr«, so Lilla wenig weiter, »wir brauchen mehr Bürgermeister.«

Zum Verständnis: Der amerikanische Liberalismus meint bei Lilla das, was hierzulande Sozialdemokratie plus Grüne und FDP bedeuten würde. Und die Forderung nach mehr Bürgermeister*innen meinte, nicht nur auf öffentlichen Kundgebungen für dieses oder das einzutreten, Online-Petitionen zu unterzeichnen oder sich mit dem Gestus berechtigter Mitempörung irgendeinem wohlgesinnten Shitstorm anzuschließen, sondern Verantwortung zu übernehmen, etwa in kommunaler Politik, in Städten und Bundesstaaten. Also sich sehr konkreter, oft nerviger, gelegentlich befriedigender Kärrnerarbeit kommunaler politischer Arbeit in den parlamentarischen Institutionen zu widmen, ja, auch nicht lockerzulassen, wenn es mal nicht gleich alles klappt mit der Überzeugungsarbeit in Ausschüssen oder in Parlamenten. Nur wenn die Demokrat*innen, so Lilla, eine politische Vision artikulieren, die alle Amerikaner*innen anspreche, könnten sie die politische Macht (wieder) sichern, das Blatt des Trumpismus wenden und am Ende auch Minderheiten helfen. Lilla appellierte also an die US-Liberalen, in ihrer Politik Gemeinsamkeiten mit und unter den Bürger*innen zu betonen, anstatt Identitätsunterschiede hervorzuheben.

Das saß, auch weil der Artikel nicht nur ein flammender Appell war, sondern auch auf historischen Erklärungen fußte, die Lilla in anderen Beiträgen so zusammenfasste: US-Präsident Roosevelt habe in den Dreißiger- und Vierzigerjahren die Verpflichtungen und die Verantwortung der Amerikaner*innen füreinander als Bürger*innen betont, habe durch für damalige Verhältnisse monströse Millionensummen ein Jobprogramm ins Werk gesetzt, mit dem nicht nur Millionen Amerikaner*innen aus der Armut gelangten, sondern auch der Staat selbst die eigene Infrastruktur modernisierte. Dann aber sei historisch das Pendel in die andere Richtung umgeschlagen. Unter US-Präsident Ronald Reagan sei die Regierung in den Achtzigerjahren als Ursache sozialer Probleme, nicht als deren potenzielle Lösung dargestellt worden. Der Individualismus habe sich durchgesetzt.

Lilla glaubt nun, dass die Beschäftigung der Linken mit Identitätspolitik eine unbewusste Kanalisierung dieses Individualismus sei – »Reaganismus für Linke«, wie er etwas boshaft schrieb. Er fordert einen universellen Liberalismus, der über die individuellen Identitäten und die Betonung von Stammesdenken (Nicht-Weißes, Nicht-Heteronormatives et cetera) hinaus geht und gesellschaftliche Koalitionen bilden kann – Koalitionen wohlgemerkt, nicht Allianzen von Minderheiten. Und mit Blick auf die an Trump verlorenen Wahlen analysiert er: Weiße Wähler*innen der Arbeiterklasse nutzten die Wahlen als eine Art Protest gegen die Politik von Barack Obama wie der Kandidatin Hillary Clinton. »Es dreht sich alles um Symbole und eine Behauptung dessen, was sie sind angesichts einer ihrer Meinung nach feindlichen Kultur.« Lilla weiter: »Menschen, die es in diesem Land nicht schaffen, werden sich schlecht fühlen, und wenn sie sich schlecht fühlen, dann werden sie abwehrend werden.«

Schließlich griff Lilla die liberale Identitätspolitik und ihre politischen Köpfe in den USA frontal an. Mit dem andauernden Reden über (Gruppen-)Identitäten, das zu Hillary Clintons Wahlniederlage gegen Trump beigetragen habe, würden schon Kinder konfrontiert, auch wenn sie noch gar keine eigene Identität herausgebildet hätten. Die amerikanischen Schulen funktionierten da verschärfend. Sie würden junge Menschen heranzüchten, die alles, was außerhalb ihrer Identitätsgruppe (die man selbst definiert habe) vorfalle, ignoriere – und zwar in einer fast narzisstischen Art und Weise. Resümee: Lilla erinnerte nicht nur an die erfolgreichen Zeiten der Demokrat*innen, die immer solche der Verteidigung der ökonomischen Interessen der materiell am schlechtesten gestellten Schichten waren, er kritisierte, dass seine Partei gerade für Arbeiter*innen in den klassischen, inzwischen abgehängten Industrieregionen nicht mehr wählbar sei, – weil sie mit der Wallstreet und der jobvernichtenden Globalisierung identifiziert werde.

Der Ideenhistoriker Lilla erntete, wenig verwunderlich, massiven Protest. Eine Kollegin von ihm an der Columbia University beschuldigte ihn, »White Supremacy respektabel zu machen, erneut«. Aber hat Lilla Recht? Hat die Linke, vor allem in den USA, wirklich vor lauter Identitätspolitik das Gemeinwohl vergessen und deshalb vor allem die (weiße) Arbeiterschaft verloren? Betreibt sie de facto eine ihr unbewusste Form von neoliberalistischer Vereinzelung und Tribalisierung, statt sich am Gemeinwohl und an Gemeinsamkeiten zu orientieren, »Reagan auf links«, sozusagen?

Es war Hillary Clinton selbst, die während des Wahlkampfs etwas getan hatte, was Lilla rückblickend betrachtet Recht gab. Sie gebrauchte nämlich ein Wort, das zu äußern ein schwerer Fehler war und einer rhetorischen Havarie gleichkam: »deplorable«, zu Deutsch: bedauernswert. Zwei Monate vor den Präsidentschaftswahlen sagte sie auf einem Fundraisingtreffen der LGBTI*-Community für ihren Wahlkampf: »Wissen Sie, um es grob zu verallgemeinern, man könnte die Hälfte von Trumps Anhängern in das stecken, was ich den Korb der Bedauernswerten (Original: deplorables) nenne. *(Gelächter/Applaus)* Richtig? *(Gelächter/Beifall)* Sie sind rassistisch, sexistisch, homophob, fremdenfeindlich, islamophob, was auch immer es ist. Und leider gibt es solche Leute. Und er hat sie hochgehoben. Er hat ihren Websites eine Stimme gegeben – früher hatten sie nur 11 000 Leute, jetzt haben sie 11 Millionen. Er tweetet und retweetet ihre beleidigende, hasserfüllte und bösartige Rhetorik. Nun, einige dieser Leute – ihnen ist einfach nicht zu helfen, aber zum Glück sind sie nicht Amerika.«

Ein paar Sätze identitätspolitischster Art vor einem queeren und selbstbewussten Publikum – und schon hatte Clinton ihrer Kandidatur faktisch den Todesstoß versetzt. Es war zwar nicht falsch zu sagen, dass ihr Gegenkandidat unappetitliche Sprüche vom Stapel zu lassen wusste, dass er ungefähr alles verkörperte, was die moderne Linke – und nicht nur sie – moralisch und politisch von Herzen verabscheut. Aber mit ihren launig gemeinten Sätzen hatte Clinton Trump die Vorlage für eine identitätspolitische Volte von rechts geliefert: Der mehrfache Bankrotteur und Multimillionär Trump musste nicht viele Worte gebrauchen, um klarzumachen, dass mit »deplorable« natürlich jene gemeint waren, die nicht im hippen San Francisco oder dem schicken New York City wohnten und keineswegs zu den Profiteur*innen des gesellschaftlichen und ökonomischen Aufstiegs gehören, sondern in Gegenden lebten, die von der Industrie verlassen waren, mit hoher Arbeitslosigkeit und wachsenden Raten an Drogenabhängigkeit, schmerzlindernden Opiaten etwa. So konnte ganz leicht das politisch tödliche Narrativ der Republikaner*innen installiert werden: Die Demokratische Partei als politische Formation, die die unwoken, weißen, angeblich rassistischen, homophoben und sexistischen Menschen der unteren Schichten aufgegeben hat und sich sogar noch über sie lustig machte.

Ein Allgemeinplatz identitätspolitischer Aktivist*innen lautet ja, man solle die Perspektive des Anderen einnehmen, denen zuhören, die in der Öffentlichkeit sonst nicht zu Wort kommen. Wie muss dann die Äußerung der Kandidatin Clinton bei jemandem angekommen sein, der keine höhere Schule besucht hat und von morgens bis abends versucht, in einem Betrieb unter bisweilen schmutzigen, erschöpfenden und kaum durch langfristige Arbeitsverträge gesicherten Umständen über die Runden zu kommen?

Wohl so: Da lacht mich die schöne neue Diversitywelt aus, da bin ich nur noch zu bedauern! Anders gesagt: Clintons Worte waren nichts als kultureller und politischer Klassenkampf von oben.

Sahra Wagenknecht, neben Gregor Gysi einer der ganz wenigen Stars der Linkspartei, sieht offenbar genau diese Gefahr der Herablassung gegenüber den einst von der internationalen Linken umworbenen Arbeiterklassen – und damit sind wir in Deutschland. Sie warf dem woken Milieu der Kulturlinken und der Szene der wirkmächtigen grünen Mittelschichten ebenfalls eine Art politischen und kulturellen Klassenkampf von oben vor – mit kulturellen Mitteln und aus ökonomischen Gründen. In einem Interview zu ihrem Bestseller *Die Selbstgerechten* sagte sie: »Es geht um die Arroganz und Überheblichkeit, mit der relativ gut situierte, meist akademisch gebildete Leute ihre Werte und ihren Lebensstil zum Muster progressiven Lebens verklären und anderen, oft deutlich weniger privilegierten Menschen vorzuschreiben suchen, wie sie zu leben, zu reden und zu denken haben. Hinzu kommt eine große Intoleranz gegenüber Andersdenkenden, die dieses Milieu kennzeichnet. Weil solche Debatten unter dem Label ›links‹ geführt werden, diskreditieren sie linke Politik.«

Linke Politik, so verstehen wir das, soll auch Identitätsfragen stellen – sie muss Rassismus thematisieren und Antisemitismus selbstverständlich nicht minder –, vor allem aber muss sie die soziale, oder, älter ausgedrückt: die Klassenfrage stellen. Sie muss das Gemeinsame betonen, das im Ganzen zueinander findet. Es muss, kurz, in erster Linie darum gehen, die sozialen Verhältnisse der materiell Minderprivilegierten zu bessern.

Ähnlich argumentiert auch die der Identitätspolitik grundsätzlich zugeneigte Soziologin Silke van Dyk. Sie sieht an dieser Stelle Anerkennungsfragen als vergleichsweise nachrangig an: »Es käme darauf an, Klassenverhältnisse zu thematisieren, nicht jedoch, den Deklassierten vor allem Anerkennung zuteilwerden zu lassen. Um dann an den Verhältnissen, an der Armut, an der Deklassierung nichts ändern zu müssen.« Der Begriff Klassismus, also die herablassende Diskriminierung von sozial Schwachen, kennzeichne dann eine Schwäche des Intersektionalitätsansatzes, wenn Klasse nur noch als Anerkennungsfrage vorkomme und von Ausbeutung keine Rede mehr sei.

Allerdings findet van Dyk, dass dieser Aspekt von interessierter Seite instrumentalisiert werde: »Was mich wundert, ja, ärgert, ist, dass, wenn bestimmte Gruppen, Frauen, Schwule oder ›People of Color‹ über ihre Diskriminierung sich beschweren, die Kritisierten sich ganz plötzlich auf die Klassenfrage besinnen. Da werden plötzlich Leute zu rhetorischen Klassenkämpfern, die es noch nie waren und die das auch nur als Abwehrreflex nutzen.«

Da ist etwas dran. Dennoch bleiben wir dabei: Die Klassenfrage brennt der identitätspolitischen Mittelschicht – und das ist sie fast durchweg, praktisch all ihre Akteur*innen sind ihr zuzurechnen – nicht gerade auf den Nägeln. Und diese Schwäche von ihr ist nicht ganz unlogisch, denn das Sein bestimmt eben das Bewusstsein. Wer als akademisch gut ausgebildete linke Person mit Hang zur Identitätspolitik einen guten Job in intellektuellen Sparten der Gesellschaft errungen hat, also etwa an den Unis, im Kulturbetrieb oder in den Medien, ist einfach ziemlich weit weg von den »deplorables«, über die sich Clinton so lustig machte.

Fast schon folgerichtig fehlt meist der Blick dafür, dass weiß und Privilegien gerade bei den »deplorables« fast nie zusammengeht. Das ist auch Teilen der Linken mittlerweile aufgefallen. Sie kritisieren etwa, wie *taz*-Redakteur Christian Jakob es ausdrückt, »dass die Betonung der weißen Privilegien davon absieht, dass es auch unterprivilegierte, marginalisierte Weiße gibt und zugleich sehr privilegierte PoC. Diese Tatsache wird durch die Weiße-Privilegien-Fixierung verwischt.« Das bleibe ein grundsätzliches Problem der identitätspolitischen Bewegung, das Unterschätzen der Kapitalismusfrage: »Der radikalen Linken ging es traditionell vor allem um die Eigentumsverhältnisse und die Macht des Staates. Linksidentitäre von heute schauen auf die Identität. Man steht in diesem Denken nicht unten, weil es Kapitalismus oder einen autoritären Staat gibt, sondern weil man PoC ist und alle Weißen privilegiert sind. Ein absurd schlichtes Weltbild.«

So hat sich die Linke mittlerweile de facto gespalten in eine Linie, die weiterhin die Klassen- und Kapitalismusfrage hochhält, während die andere Linie sich vor allem um Identitätsfragen dreht und die Klassenfrage vernachlässigt. Die Frankfurter Ethnologin Susanne Schröter nennt wie andere diese Spaltung eine »in eine Sozial-Linke und eine Identitäts-Linke«. Und sie konstatiert trocken: »Die Identitäts-Linke hat gewonnen.« Das habe auch mit ihrer sozialen Basis zu tun: »Sie ist mittelständig verortet, gebildet und machtbewusst – unabhängig von Hautfarbe oder Geschlecht.« (Und kleiner Funfact am Rande in den Worten von Schröter: »Allein, um die Terminologie und die Konzepte dieser Identitäts-Linken zu verstehen, muss man im Prinzip schon studiert haben.«)

Kein Missverständnis, bitte: Natürlich sind Kämpfe gegen Rassismus und Sexismus nicht bloß Anhängsel an die soziale Agenda. Aber: Identitätspolitik, die nicht zugleich soziale Verhältnisse, solche der Klassenzugehörigkeit mitdenkt, bleibt für viele ihrer Vertreter*innen nichts als ein Schema der Karriereermöglichung. Ein Jobticket, allerdings eines mit der Wucht einer moralischen Begründung.

Identitätspolitik ist mit allen Vor- und Nachteilen vor allem ein Produkt der anspruchsvollen und aufstiegsbegierigen Mittelschichten. Die Empfindsamkeit auch weißer Mittelstands-Studierender, überall nur Mikroaggressionen zu sehen, stützt zugleich die Theoretiker*innen an ihrer Universität, die sich der Identitätspolitik verschrieben haben. Es ist ein sich selbst aufschaukelnder Prozess, ein Bestätigungszirkus, an dem sich alle Beteiligten wärmen, und von dem alle auf ihre Weise profitieren. Gerade das woke weiße Mittelstandsmilieu geht gern als »Allies« auf »Black Lives Matter«-Demos und zeigt damit seinen Gratismut. Dabei liegt auf der Hand, was es eigentlich als sein Anliegen erkennen sollte, wäre es ihm ernst um die Verbesserung der Welt: die soziale Frage, früher »Klassenfrage« genannt. Doch während auch in linken Medien noch die allerletzten Moden der bildungsbürgerlichen Schichten (Veganes, Autoloses, Entschleunigtes, Sanftes oder Körperbewusstes et cetera) hingebungsvoll reflektiert werden, steht dem keine annähernd gleich große Passion für die Schilderung der Lebenswelten von, wie man früher gesagt hätte, Proleten gegenüber. Letztere sind im Zweifelsfall Opfer, wenn sie denn welche sind oder als solche erkannt werden wollen.

Zwar redet auch die Identitäts-Linke in ihren Publikationen über »Prekäre«, »Abgehängte« oder »Arme«, freilich ohne sie auch nur kennenlernen zu wollen. Sie bleiben lediglich Personal, da hat Sahra Wagenknecht recht, der eigenen Lebensverhältnisse: Putzleute, Kassierer*innen oder für den Notfall Feuerwehrleute. Dienstbare Geister, deren Kulturelles man verachtet, also die angeblich schlimme Musik, das Massentouristische, der Glaube an Familie und Höflichkeit. Klassismus ist so gesehen auch, wenn inzwischen vor sich hin behauptet wird, Kinder von Lehrer*innen seien auch klassenbenachteiligt, weil sie doch keine akademische Anschlussbeschäftigung bekämen. Stattdessen müsste die Rede von jenen sein, die keinem Diktat des eigenen Interessantismus (Andreas Reckwitz) oder der eigenen kulturellen Suprematie anhängen: Normalen (in Deutschland meist weißen, aber auch migrantischen) Menschen eben, die, dies nebenbei, keineswegs »Masse« sind, aber Jammerei und Opferei für fragwürdige Charaktereigenschaften halten.

Anders als ein Gros der Identitätspolitik meint, ist die Frage des Rassismus nicht das A und O aller Welterklärzusammenhänge, vielmehr werden auch hierzulande Fragen der sozialen Gerechtigkeit, also der Klassenfrage mit solchen der Migration und des Rassismus in eins gesetzt. Weil schwarze Menschen in den USA überproportional häufig arm sind, werden sie häufiger diskriminiert – wie eben alle armen Menschen, welcher Hautfarbe auch immer, auch Weiße. Armut ist der Kern ihrer Diskriminierung, nicht ihre Pigmentierung. »Privilegien« von Weißen erklären fast nichts. Arme Weiße sind im Großen und Ganzen ebenso häufig in Gefängnissen oder Opfer von Polizeigewalt wie Schwarze, worauf der britisch-indische Wissenschaftsautor Kenan Malik auf seiner Homepage hinweist. Er kommt deshalb zu dem Ergebnis: »Das Problem liegt in der Überzeugung, dass wir alle Weißen in eine einzige Kategorie ›einsortieren‹ und annehmen können, dass eine solche Kategorie bei der Diskussion sozialer Ungerechtigkeit sinnvoll ist.« So wie es keine Kategorie »weiß« gebe, die für die Diskussion der Identitäten und Interessen aller Menschen, die als weiß gelten, sinnvoll sei, gebe es keine einzelne Kategorie »weiß«, die in Diskussionen über soziale

Ungerechtigkeit oder Privilegien sinnvoll sei. Deshalb kommt Malik zu dem Schluss: »Rassismus ist ein wichtiges Thema, das dringend angegangen werden muss. Ebenso die Klassenungleichheit. Die Betrachtung sozialer Probleme durch die Linse des ›weißen Privilegs‹ aber hilft uns weder das eine noch das andere anzugehen.«

Heimat als Albtraum

Ende der Neunzigerjahre war die Bundesrepublik längst das, was im Politsprech als »Einwanderungsgesellschaft« bezeichnet wird. Von den früher nur »Gastarbeiter« genannten Menschen und ihren Angehörigen lebten hierzulande Millionen. Die Kinder gingen zur Schule, sie selbst gingen Jobs nach, ihre Präsenz hatte auch das äußere Erscheinungsbild von Groß- wie Kleinstädten verändert. Deutschland war multikulturell geworden – nur die Hardcore-Milieus von Konservativen und mit ihnen die völkisch Gesinnten mochten die Tatsache selbst nicht anerkennen.

1996 veröffentlichte der in Göttingen lehrende Politikwissenschaftler Bassam Tibi in der Beilage der Wochenzeitung *Das Parlament* einen Text, der die Diskussionen der folgenden Jahre bestimmen sollte: »Multikultureller Werte-Relativismus und Werte-Verlust«. Darin plädierte er aus radikaldemokratischer Perspektive für eine europäische Leitkultur, für ein gemeinsames Wertesystem. Eine Art Orientierungshilfe für einen Kontinent, ließe sich sagen, der sich durch Flüchtlinge, Migrant*innen aus allen anderen Kontinenten und Neu-Eingesessene erheblich verändert hatte. Umso dringlicher stellte sich einem wie ihm, dem gebürtigen Syrer und gewordenen Deutschen, die Frage: Was stiftet eigentlich in einer Gesellschaft das, was man Zusammengehörigkeit nennt?

Tibi sprach sich für ein säkular Gemeinsames aus, nicht für religiöse Privilegien. Dass Gesellschaften durch etwas Gemeinsames verbunden sein sollten, darin würden ihm wohl viele Menschen zustimmen. Aber worin dieses Gemeinsame bestehen sollte, darüber herrscht bis heute teilweise aggressiv artikulierte

Uneinigkeit. Tibi verfasste seinen Text im Jahrzehnt brennender Asylbewerberheime, der Zeit rassistisch motivierter Anschläge auf Menschen, die für viele nichts in Deutschland zu suchen hatten. 1998 löste die rot-grüne Koalition mit dem Sozialdemokraten Gerhard Schröder an der Spitze die schwarz-gelbe Bundesregierung Helmut Kohls ab – und zu den Reformen, die Rot wie Grün forcierten, gehörte ein neues Staatsbürgerrecht. Deutsches, knapp gesagt, war fortan nicht mehr an ein »Blut-und-Boden«-Verständnis geknüpft, Deutsche*r konnte werden, wer dies wollte, vorausgesetzt, diese Person lebte ein paar Jahre in der Bundesrepublik, verfügte über hinreichend deutsches Sprachvermögen und hatte sich, abgesehen von Bagatelldelikten, nichts zuschulden kommen lassen. Die Opposition, vor allem die konservative CDU/CSU, kämpfte jedoch gegen diese Reform, als ginge es ihr um die letzte Rettung des deutschen Abendlandes.

Es gab einen regelrechten Kulturkampf um »das Deutsche«, um das gesellschaftlich und bürgerrechtlich Zugehörige zur Bundesrepublik Deutschland. In Sonderheit wurde er befeuert durch eine leichte Verschiebung der Leitkultur-Definition Bassam Tibis, die etwa Friedrich Merz, damals noch ein Politiker erster Prominenz in seiner Partei, vornahm, indem er eine *deutsche* Leitkultur einforderte. Gemeint war nicht etwa ein modernisiertes, lebensfähiges Konzept von einem Gemeinsamen, etwa um Einwanderer*innen eine Art grundgesetzlich unterfütterten Guide des guten Zusammenlebens an die Hand zu geben, sondern eine kulturelle Definition des Deutschen, die von der deutschen Dominanzkultur ausging. Darin steckt präzise das Problem des traditionsdeutschen Verständnisses von einem staatsbürgerlich Gemeinsamen. Denn Kultur ist alles, was Gewohnheiten und Traditionen, was Alltagspraxen bei Speisen und Getränken, in der Art des Umgangs und der Bekleidungsweisen bedeuten. Das alles ändert sich und – auf diesen Befund kommt es uns an – hat sich immer geändert. »Leitkultur« mag ein treffender Begriff sein, aber er bleibt immer flüssig, wandelbar und weich.

Bedauerlicherweise haben die rot-grünen Koalitionär*innen nach ihrer Regierungsübernahme allenfalls vereinzelt darauf hingewiesen, dass »Leitkultur« schon durch das seit dem 23. Mai

1949 geltende Grundgesetz, die deutsche Verfassung, umhüllt oder grundgelegt ist: Die Würde des Menschen ist unantastbar – und alle Menschen sind gleich. Nichts steht dort geschrieben über kulturelle Gewohnheiten, und das wussten Konservative bei Verstand auch immer. Nur dass dieses kühle Besinnen auf das Wesentliche, eben das Grundgesetz, kaum geeignet war, um das giftig zu befeuern, was man so nennen muss: eine Identitätspolitik von rechts, von herrschender Seite, von jenen, die die meisten Jahre nach der Nazizeit die Regierungsgeschäfte inne hatten.

Was ist deutsch, was macht Deutsches aus, was ist das, worauf die Bürger*innen der Bundesrepublik Deutschland sich einzulassen haben? Muss mehr ausdrücklich hervorgehoben werden als das Wertegerüst des Grundgesetzes? Es hat Gründe, dass die Debatte um Zugehörigkeiten zu Deutschland so zäh verläuft, dass etwa die von Bassam Tibi – er bedauerte später, Politiker*innen wie Friedrich Merz mit dem Begriff einer »europäischen Leitkultur« eine solche Steilvorlage geliefert zu haben – formulierte »Leitkultur« seitens der Linken und Linksliberalen nur defensiv verhandelt wird: Man war ja mit der deutschen Staatsangehörigkeit ausgerüstet, fand sie aber in kultureller Hinsicht beschämend.

Pickelhaube, deutscher Michel oder Heinrich Heines Vers »Denk ich an Deutschland in der Nacht / Dann bin ich um den Schlaf gebracht«: Das waren die Stichworte, mit denen die deutsche Welt wahrgenommen zu werden beliebte. Vielen Linken der Bundesrepublik war Deutschland kein Land, für das sie sich mitverantwortlich fühlen; für sie war es primär ein Problem, nicht ein Rahmen, innerhalb dessen man mit politischer Arbeit kritisierte Dinge im demokratischen Prozess hätte verändern können. Deutschland samt der Staatsflagge in Schwarz-Rot-Gold ist Linken bis heute peinlich, das Intonieren der dritten Strophe der Nationalhymne ein Akt allenfalls des Ironischen, aber nichts, worin man einstimmen könnte, worauf man stolz wäre, etwa bei Goldmedaillengewinner*innen bei Olympischen Spielen, bei Einbürgerungsakten in den Rathäusern oder bei sonstwie staatsbürgerlichen Anlässen. »Einigkeit und Recht und Freiheit«, die deutsche Dreifaltigkeit Hoffmann von Fallerslebens in der Tradition der

1848er Revolution, sie wird nicht nur von identitären Linken schroff abgelehnt.

Dabei wird meist vergessen (oder nicht gewusst), dass die deutsche Trikolore in der Märzrevolution von 1848 Menschen vereinte, die für ihre Grundrechte und für mehr Freiheit in den erstickenden Monarchien der deutschen Staaten und Territorien kämpften und ihr Blut ließen. Unter diesen Farben erarbeitete die Nationalversammlung der Paulskirche in Frankfurt am Main 1848/49 die erste gesamtdeutsche Verfassung, die die den Bürger*innen Grundrechte garantierte und eine damals recht fortschrittliche konstitutionelle Monarchie in einem geeinten Deutschland etabliert hätte. Doch sie wurde von der Restauration mit Gewalt abgewürgt.

Spätestens seitdem steht die schwarz-rot-goldene Fahne für die Freiheit und gegen die Unterdrückung. Das restaurative Kaiserreich von 1871 firmierte nicht unter der deutschen Trikolore, natürlich nicht. Erst die Weimarer Republik fand ab 1918 zurecht zu ihr zurück. Und es ist kein Zufall, dass diese Farben von den rechten Republikgegner*innen als »schwarz-rot-senf« diskreditiert wurden. Die NS-Diktatur nahm logischerweise sofort von Schwarz-Rot-Gold in der deutschen Fahne Abstand. Wer diese Farben der Demokratie als Linke oder Linker also in irgendeiner Weise als »rechts« missversteht, weiß nicht, wovon er oder sie redet. Ja, eigentlich sollte sich die Linke die schwarz-rot-goldene Fahne durch die AfD nicht aus der Hand reißen lassen.

In den USA, Großbritannien, Frankreich oder Italien wäre ganz undenkbar, dass Linke sich von der verfassten Sphäre der Staatsbürgerlichkeit – und dazu gehören nun einmal Flagge, Hymne und die Fixierung von Staatsgrenzen – fernhalten. Linke in den USA, so sie für bessere Verhältnisse kämpfen, etwa für humane Einwanderungsgesetze, für das Recht auf Abbruch einer Schwangerschaft, für einen höheren Mindestlohn, für ein nicht nur Wohlhabenden offenstehendes Gesundheitssystem oder für andere Rechte »skurriler Minderheiten« (Sahra Wagenknecht), tun das immer namens der Versprechen in der Verfassung der USA. »This Land Is Your Land«, sang der linke US-Sänger Woody Guthrie: »Das ist Dein Land«. Er sprach nicht von: »Das ist Dein

Safe Space (im woken Uni-Viertel)«. Er zeigte, was sonst?, worauf es einem Linken oder einer Linken anzukommen hat: Verantwortung für das Gemeinwesen anzumelden – und sie auch zu übernehmen.

Martin Luther King, Aretha Franklin, Rosa Parks, Muhammad Ali oder selbst die manchmal verstrahlte Angela Davis waren und sind Patriot*innen. Sie einte das Bewusstsein, dass das Land auf gar keinen Fall dem Ku-Klux-Klan oder überhaupt den weißen Suprematist*innen überlassen werden darf. Die Flagge hierzu war die US-amerikanische, weil sie immer auch den Anspruch auf Allgemeingültigkeit umfasst. Darauf wollen in den USA alle hinaus, die für eine bessere Gesellschaft kämpfen: dass das, was sie beanspruchen, nicht ihnen nur privat oder ihrer Gruppe zugutekommt, sondern dem Land insgesamt dient.

In den USA gibt es natürlich auch umfängliche, bisweilen harzige Debatten um Kulturelles, der Bereich, in dem sich Identitätspolitisches ja meist abspielt. Aber was die gemeinsame amerikanische Kultur ist, bleibt, das weiß jeder und jede, letzten Endes ungeklärt, auch wenn es gewisse kulinarische Gemeinsamkeiten gibt: Hot Dogs, Salzbrezel und kalte Getränke in Literbottichen, die zu 80 Prozent mit Eiswürfeln gefüllt sind. Wie sollte es auch anders sein in einem Land, dass sich fundamental als »Melting Pot«, also Einwanderungsland versteht – und so wird es von den meisten Einwanderer*innen immer noch verstanden, das ist das Versprechen, dem sie glauben und trauen wollen. Die weißen Traditionalist*innen, die auf »White Supremacy« halten, sind gleichwohl die aggressivsten unter allen, sie fühlen sich überlegen. Die anderen, auch die woken, vor allem nicht-weißen Szenen müssen in der Sicht der Kämpfer*innen für weiße Überlegenheit kleiner als sie selbst gehalten werden.

Aber alle politischen Gruppen in den USA eint, dass der gemeinsame Bezugsrahmen natürlich das Land selbst ist. Jede Seite beansprucht das Beste zu wollen – für das ganze Land. Die deutsche Linke – vor allem, wenn sie von identitärem Gemüt ist – hat zu dieser klassen- und kulturenübergreifenden Ressource (Herfried Münkler) namens Nation ein ignorantes bis ablehnendes, auch fahrlässig gedankenarmes Verhältnis. Wenn alles in

Deutschland so verheerend wäre, wenn eigentlich kein migrantischer Mensch, der als solcher qua Hautfarbe erkennbar ist, seines oder ihres Lebens sicher wäre: Wie ist es dann zu erklären, dass die Bundesrepublik in den vergangenen zehn Jahren das beliebteste Einwanderungsland geworden ist? An »Safe Spaces« kann es nicht liegen, die scheint es ja kaum zu geben, glaubt man den Bekundungen der Identitätspolitik-Fans.

Könnte die Attraktivität unseres Landes nicht hauptsächlich in den strukturellen Umständen begründet sein, die für das Gros der Flüchtlinge und um Asyl bittenden Menschen wichtig sind? Dass etwa die Behandlungen der eigenen Kinder beim Kinderarzt auch ohne Schmiergeld möglich sind? Dass die Infrastruktur zur Pünktlichkeit tendiert, dass es in Deutschland so etwas wie Sicherheit und Zukunft gibt? Dass Frauen, die mit dem Islam entweder nichts anfangen können oder sich von ihm aus purer Furcht abgewandt haben, in Mitteleuropa und eben auch Deutschland frei leben können? Dass schwule Männer nicht befürchten müssen, namens einer kruden Auslegung islamischen Glaubens vom Hochhaus herabgestürzt zu werden? Wer nach Europa kommen will, und das bei hohen Risiken, nimmt auch die dunkleren Seiten in der Ankunftsgesellschaft hin. Die Schatten in der alten Heimat sind nämlich offenbar meist erdrückender als alles, was hierzulande sein könnte.

Die Linke leistet zwar vorzügliche Arbeit in der Abwehr von Neonazis und Rechtspopulist*innen, malt aber auch ein Bild von Deutschland, das nicht die Möglichkeiten ermisst, die hier für alle – auch Einwanderer*innen – im Staat und der Gesellschaft liegen. Das Land, das sie imaginieren, ähnelt mehr einem Koloss an rassistischem Verhängnis als einer Demokratie, in der vieles besser werden sollte, aber die meisten doch dem Credo von Kanzlerin Angela Merkel 2015 zustimmen, die bei der Einreise von Abertausenden von Flüchtlingen in die Bundesrepublik ganz schwarz-rot-gold-identitär sagte: »Wir schaffen das.« Im Übrigen erklärt dieses Bild der Linksidentitären von den Flüchtenden auch jene nach Deutschland Geflohenen zu minderbemittelten Kindern der globalen Wanderung: Sie wussten offenbar nicht, in welche Hölle sie entkommen wollten.

Nachhilfe bekamen sie vor einigen Jahren von aktuellen Stars des intersektionalen Aufbruchs erteilt. In dem Buch *Eure Heimat ist unser Albtraum* zeichneten sie ein Panorama Deutschlands, das nicht einmal im Hinblick auf in der Tat zu verhandelnde Klassenfragen stimmig war: ein Fegefeuer, das keine Erlösung verspricht. Die Autor*innen, unter anderem Sharon Dodua Otoo, Max Czollek, Mithu Sanyal, Olga Grjasnowa und Margarete Stokowski, zählen längst zur Elite dieser Gesellschaft, zu den Stichwortgeber*innen der Zeit. Ihre Texte genießen den Ruf von Dringlichkeit und Relevanz. Aber warum ein Land, das ihnen den Aufstieg auf mediale Gipfel doch durch Bildungschancen und Diversitätstoleranzen ermöglicht hat, keine Heimat, vielmehr für sie ein Albtraum sein soll – das wurde leider außerhalb ihrer Bubble nie zur Klarheit gebracht.

Heimat, das ist ja offenbar auch migrierten Menschen wichtig, sonst würden sich nicht viele ihrer alten Heimaten erinnern wie Marcel Proust seiner Kindheit, wenn ihm der Duft einer Madeleine in die Nase stieg. Und sie wissen oft, dass sie eine neue Heimat finden wollen – in Deutschland. Doch zu diesem Land bekennen sollen weder sie sich noch irgendjemand sonst – also etwa den deutschen Pass, die Staatsangehörigkeit als nützliches Tool für den internationalen Reiseverkehr wie selbstverständlich in Anspruch nehmen. 2018 veranstaltete ein Bündnis vieler zivilgesellschaftlicher Gruppen eine Demonstration in Berlin unter der Überschrift #unteilbar, eine Manifestation gegen Rassismus. Mitzugehen war allen erlaubt, die sich dem demokratischen Konsens verpflichtet fühlten – mehr als Hunderttausend Menschen kamen. Nur: Die deutsche Flagge zu zeigen war unerwünscht. Dabei ist Deutschland doch das Land, in dem 99 Prozent aller #unteilbar-Fellows Schule und Bildung bekommen haben, in dem sie ihr Auskommen haben – und das scheint jedenfalls bei den Demoteilnehmer*innen keineswegs schlecht gewesen zu sein –, aber als politischer Referenzrahmen ist dieses Land verpönt. Man glaubt sich »kosmopolitisch« und überlässt dabei die Aufgabe der politischen Mehrheitsgewinnung über die eigenen Szenen hinaus den Rechten, Konservativen und Völkischen.

Im Alltag wird dies ziemlich sichtbar: Für Rechte stehen Einbürgerungsfeiern ohnehin nicht auf der obersten Skala der Wertschätzung. Warum wird es, abgesehen von einer trockenen Feier im Rathaus, nicht von Linken gefeiert, wenn jemand Deutsche*r wird? Die Anwältin und Bürgerrechtlerin Seyran Ateş etwa hält es für selbstverständlich, Deutsche geworden zu sein – immerhin ist Deutschland, bei aller Liebe zur Heimat ihrer Vorfahren, der Türkei, das Land, in dem sie wurde, was sie durch eigene Kraft werden konnte. Ateş sagt: »Schwarz-Rot-Gold sind meine Farben. Und 2006 zur Fußballweltmeisterschaft in Deutschland waren es vor allem Deutschtürken und Deutscharaber, die diese Farben hochgehalten haben. Der Besitzer eines arabischen Cafés am Hermannplatz in Neukölln hatte sich für 500 Euro eine große Deutschlandfahne gekauft und sie aufgehängt – Antifa-Leute haben sie runtergerissen!«

Jemand wie Cindy Adjei, Germanistikstudentin aus Berlin, genauer gesagt: aus einem Viertel, in dem viele Hoffnungen von Menschen mit sogenanntem Migrationshintergrund früh zu ersticken drohen, sagt: »Mich als Deutsche zu sehen, das ist das Beste, was du sagen kannst. Denn ich bin eben nicht das Pferdemädchen Laura aus Göttingen. Ich bin Neuköllnerin und sehe anders aus, als viele Deutsche sich Deutsche vorstellen, aber das bin ich halt: deutsch. Hier geboren und aufgewachsen, hier lebe ich, hier bleibe ich. Das ist auch mein Land. Punkt.« Deutschland als – auch – schwarz-rot-goldene Idee war ihr nicht suspekt, eher: eine Sache, die davon lebt, durch sie selbst erobert zu werden.

Begriffe, die für Adjei positive Bezugsworte, ja Teil ihrer Selbstbeschreibung sind, werden andernorts fast mit einem Tabu belegt, jedenfalls kaum ohne distanzierende oder bizarrisierende, ja, exorzierende Formeln gebraucht. Wer auf Seiten der Grünen im Frühsommer auf der Schaumkrone aktueller Umfragewerte meinte, aus dem Bundestagswahlprogramm sollten alle Worte wie »Deutschland« und »deutsch« verschwinden, denn es gehe grüner Politik um globale Dinge, die im globalen Kontext gelöst werden müssten, missachtete das keineswegs nationalistische, sondern verfassungspatriotische Verständnis von »Deutschland« der allermeisten seiner Bürger*innen.

Ein solches Ansinnen, aus dem Wahlprogramm einer Partei,

die vorgibt, die Nachfolger*in Angela Merkels stellen zu wollen, verleumdet damit auch die übergroße Mehrheit jener Wähler*innen, die gerade vor einem halben Jahrzehnt sich nicht selten aufgerissen haben, um Asylsuchende und Flüchtlinge zu integrieren. Wenn Deutschland also so ein sprachliches No-Go ist, warum war es dann wichtig, Menschen aus Kriegs- und Krisengebieten hier Lebenswege zu bahnen? Wenn es denn alles so unsagbar ist: Warum warnt man diese einwandernden Menschen nicht eindringlich vor dem Betreten dieses Landes?

Solche Warnungen gibt es nicht, die meisten von außerhalb Europas Flüchtenden wissen, dass Deutschland ein vielleicht kompliziertes, aber sicheres Land ist. Deutschland wird sich durch sie, die neuen Einwanderer*innen, nach und nach ohnehin verändern – so wie alle Jahrzehnte der Bundesrepublik zuvor unser Land sich durch Menschen verändert hat, deren Vorfahren noch nicht hierzulande lebten. Und das war und ist auch gut so!

Die Münchner Historikerin Hedwig Richter zeigt einen Weg auf, der für Linke und Linksliberale beschritten werden könnte: »Das, worauf wir uns verständigen können, unsere Identität als Deutsche, muss wegen des Nationalsozialismus immer kompliziert sein. Die deutsche Schuld durch die singulären Verbrechen des Nationalsozialismus und die Verantwortung, die daraus entsteht, wird immer zu Deutschland gehören. Wir haben ein gebrochenes Selbstverständnis, aber das ist, etwa im Vergleich zur durchschnittlichen Selbstsicht in den USA, durchaus ein Vorteil. Wir sehen viel stärker das Problematische von nationaler Identität.«

In welche Richtung moderne deutsche Perspektiven weisen können, gibt Cindy Adjei zu Protokoll, wenn sie den Rahmen umreißt, in dem Deutschland sich vom politischen Selbstverständnis her modern bewegen sollte: »Wenn ich in spätestens 50 Jahren Bundeskanzlerin werde, möchte ich nicht, dass meine ghanaischen Wurzeln ungenannt bleiben. Das würde mich nerven. Es ist voll scheiße, wenn mir jemand sagt, du wirkst gar nicht so, als hättest du einen Migrationshintergrund. Als hätte ich mich assimiliert. Ich habe mich nicht assimiliert – würde ich niemals machen.«

Wie eine deutsche Utopie gelebt wird, war in den vergangenen Monaten in den personell vorzüglich ausgestatteten Berliner Impfzentren zu erleben. Wer sich dort gegen das Corona-Virus schützen ließ, erlebte eine Szenerie durchaus berlinuntypischer Freundlichkeit. Im Hangar des früheren Flughafens Tempelhof beispielsweise arbeiteten Tausende Helfer*innen zusammen – Ehrenamtliche, Geflüchtete, alte Männer und Frauen, denen lieber nach Unruhestand war, Bundeswehrleute und Polizeimenschen, Menschen des Roten Kreuzes, der Freiwilligen Feuerwehren, des Arbeiter-Samariter-Bundes und der Deutschen Seenotrettungsgesellschaft – und das nicht nur reibungslos, sondern auch zur glücklich stimmenden Zufriedenheit aller: Betreut und durch die Impfaktion geleitet von einer Schar von Menschen, die sich in puncto Hautfarbe, Kopftuch oder nicht, Uniformen und Qualifikationen unterschieden, aber sie arbeiteten professionell zusammen, kooperativ und in jeder Hinsicht wach.

Deutschland, über alle Klassen und kulturellen Unterschiede hinweg kooperativ und öfters auch gutgelaunt gestimmt, tageweise und an besonderen Orten durch eine oft tödliche Krankheit: Das war ein prima Zeugnis für das, was gelingen kann. So wie auch die Nachrichten aus den durch die Fluten verwüsteten Landschaften in Rheinland-Pfalz und Nordrhein-Westfalen. Unter den Helfer*innen, die Häuser schützten und Schutt wegräumten, waren sehr viele aus dem Nahen Osten, aus Afghanistan und Afrika Geflüchtete, die so ihre Dankbarkeit zeigen wollten. Solidaritäten sind offenbar nicht an Haut- und Glaubensfarben geknüpft. Natürlich nicht.

Wenn Rechte eines politisch im Sinn haben, womit sie Zank und Hader stiften, ist es, die Differenzen um Kulturelles zu schüren. »Sie sehen anders aus! Sie essen Fremdes! Sie sprechen nicht nur Deutsch! Sie sind dieses & das!« heißt es dann gegen »Ausländer«. Und gemeint ist, dass sie nicht so aussehen, wie ein*e gewöhnliche*r Deutsch sich seinesgleichen vor 50 Jahren vorgestellt hat. Als ob es darauf ankäme. Kulturelles ist auch eine Sache des Aushaltens. Davon abgesehen: Unter den alteingesessenen Deutschen war nie etwas dauerfriedlich, schon gar nicht kulturell.

Was zählt, ist nicht »Leitkultur«, sondern, Bassam Tibi hat es für den europäischen Zusammenhang formuliert, die Einigung auf das, was in Deutschland das Grundgesetz ist, die Verfassung mit all ihren Werte-Haltungen, die in den Artikeln geschrieben stehen. Von kultureller Einigkeit ist nirgendwo die Rede, gut so. Was das Kulturelle an Unterschiedlichem zeigt, ist nur eine Momentaufnahme – wer »deutsche Leitkultur« im konservativen Sinne will, kann sich eine entsprechende Landschaft im Hobbykeller einrichten, im wahren Leben ist das nicht mehr zu haben.

Amanda Gorman sprach in ihrem Poem zur Inauguration Joe Bidens im Januar 2021 auf der Tribüne des Kapitols in Washington, sozusagen an heiliger amerikanischer Stätte, von »The Hill We Climb«. Für sie ist der Hügel, der zu erklimmen ist, ein Bild für die gemeinsame Anstrengung aller Bürger*innen ihres Landes. Und in dem »we«, im Wir, markiert sie sich selbst souverän als dazugehörig. Auf Deutschland und seine Freiheitstradition übertragen hieße das, das Grundgesetz und seine Werte nicht als Feiertagsdokument der Einwohner*innen der Bundesrepublik zu nehmen, sondern als Versprechen an alle, die sich für das Gemeinwohl unseres Landes verantwortlich fühlen, gleichgültig, welchen kulturellen Hintergrund eine*r hat. Das meint Schwarz-Rot-Gold. Nicht mehr und nicht weniger.

Schluss: Thesen

Wir haben versucht, in diesem Buch die Untiefen der Identitätspolitik zu durchwaten – und das mit Hilfe von Expert*innen, denen wir wesentliche Perspektiven verdanken. Wir haben unsere Sprecherpositionen beschrieben, die Quellen der Identitätspolitik freigelegt, ihre Nähe, aber auch Distanz zu »Political Correctness« beleuchtet. Die Turbulenzen und oft auch Verheerungen, die die Identitätspolitik an den Universitäten, im Kulturbetrieb und in den Medien sowohl der USA und wie auch in Deutschland angerichtet hat, waren uns ausführliche Kapitel wert. Identitätspolitik ist also nichts Abstraktes. Sie ist da und wirkt.

Dann haben wir uns den Hauptthemen und gewichtigsten Widersprüchen der Identitätspolitik zugewandt. Wir haben gezeigt, wie zweifelhaft das Prinzip der zwanghaften Repräsentanz sein kann, etwa am Beispiel der Farce um die deutsche Übersetzung von Amanda Gormans Gedicht »The Hill We Climb«. Die Gefahren der Essenzialisierung und Überhöhung von Identitäten versuchten wir deutlich zu machen. Wie Identitätspolitik zu Opferstolz und Opferkonkurrenz führen kann, ja, wie sie Linke und Linksliberale – und damit die demokratische Gesellschaft – schwächt, haben wir nachvollzogen. Die Irrwege der Theorien der Kulturellen Aneignung, der »Cancel Culture« und der Sprechverbote haben wir geschildert. Wir hoffen auch, nachgewiesen zu haben, dass es der Identitätspolitik an sogenannter Ambiguitätstoleranz und an Humor fehlt, es ihr an der Fähigkeit mangelt, Zwiespältiges auch einfach mal auszuhalten und sowieso an beherzter Zuversicht. Den »antimuslimischen Rassismus« halten wir für eine schiefe Konstruktion, eine falsche Wortkonstruktion, die identitätspolitisch motivierte postkoloniale Relativierung des

Holocaust für gefährlich und die öffentliche lancierte Diskussion über Trans*menschen für völlig aus dem Ruder gelaufen. Wir glauben, dass die Identitätspolitik die Klassenfrage sträflich vernachlässigt, ja, absichtsvoll übersieht, dass sie zum großen Teil einem Religionsersatz gleicht und dass sie die Chancen eines schwarz-rot-goldenen Verfassungspatriotismus unterschätzt.

Nachdem wir dargelegt haben, was wir an der Identitätspolitik aus welchen Gründen kritisch sehen, können von uns Auskünfte darüber erwartet werden, was wir selbst wollen, wofür wir stehen. Das wollen wir in den folgenden 18 Thesen verdeutlichen:

1. Wir sind gegen Stammesdenken – und für Universalismus
Wir glauben, dass die Identitätspolitik am Ende einer Tribalisierung oder einem Stammesdenken Vorschub leistet, ungewollt vielleicht, aber fast unentrinnbar, lässt man sich auf ihre Maximen ein. Ein Mensch ist ein multipel-identitäres Wesen – nie nur eines mit einer Staatsangehörigkeit, einer Hautfarbe, einer religiösen Weltanschauung, einer sexuellen Identität oder einer Klassenprägung.

Es waren traditionellerweise die Rechten, die die Grenzen der Zugehörigkeit immer enger gezogen haben und Identitäten betonten – sie buchstabierten das Ihrige als von »weißer« Hautfarbe, selbstverständlich heterosexuell und christlich. Und natürlich sehen wir die weltweit größten »Stammesdenker*innen« nach wie vor bei den sehr gut vernetzten weißen Nationalist*innen, ob in Polen, Ungarn, Russland, Skandinavien oder den USA. Die Linke darf sich auf ein solches Stammesdenken nicht einlassen. Das halten wir für einen Irrweg. Wer die Grundprinzipien der rechten Denkungsart übernimmt, kann nicht universalistisch orientiert bleiben.

Man kann es auch so sagen: Eine Linke, die glaubt, auf den Universalismus erst einmal verzichten zu können, um partikularen Interessen besonderes, privilegiertes Gewicht zu geben, oder ihn gerade nicht nötig zu haben, wird sich auf ihn später auch nicht mehr berufen können. Sie wird ihn am Ende verraten. Denn hier ist, wie so oft in der Gesellschaft, auch der Weg das Ziel: Freiheit, gleiche Rechte, Demokratie und Universalismus lassen sich nicht auf später verschieben. Die westlich orientierten Demokratien brauchen den Universalismus, sie brauchen die Vielfalt wie die Luft zum Atmen, aber nicht die intellektuelle Zwangsjacke einer angeblich linken Identitätspolitik.

Wir halten für richtig, was uns die Feministin Alice Schwarzer analysiert hat: Identitätspolitik, verstanden als die Überzeugung, dass jeweils eine bestimmte Identität den Menschen wesentlich definiere, wie sexuelle Präferenz, Migration oder Glaube, steht konträr zum Universalismus, für den sie, gerade als Feministin, und wir stehen. Nach ihrem und unserem Verständnis betont Universalismus »das Gemeinsame, ohne die Unterschiede zu leugnen«: »Er sieht unveränderbare Merkmale – wie Geschlecht, Hautfarbe, Alter – wertfrei und versucht, diskriminierende veränderbare Sichtweisen zu ändern: also Sexismus oder Rassismus. Universalismus setzt auf das Verbindende, nicht auf das Trennende.« Wir brauchen also eine Rückbesinnung auf linke Ideale. Dabei ist Universalismus nichts nach Belieben zur Disposition zu Stellendes, sondern Grundbedingung des Engagements für eine bessere Welt, und Europa ist übrigens nicht der schlechteste Ort, daran zu erinnern.

2. Der Kampf für Universalismus ist links

Der Glaube an die Identitätspolitik definiert keinen linken Menschen. Es braucht in der identitätspolitischen Bewegung mehr an historischem Bewusstsein, dass der Kampf (und hier stimmt das Wort einmal zu hundert Prozent) für universelle Rechte seit Jahrhunderten zentral für Linke und Liberale war, über alle Klassen-, Geschlechter-, Religions- und Nationengrenzen hinweg.

Ein universalistisches Verständnis von einer besseren Gesellschaft wird nicht dadurch diskreditiert, dass die gedanklichen Grundlagen dafür zur Zeit der Französischen Revolution und der bürgerlichen Aufklärung von (fast ausschließlich männlichen und weißen) Philosophen wie Immanuel Kant gelegt wurden, die in vielen Texten ein fragwürdiges Verhältnis etwa zu afrikanischen Menschen hatten. Auch die Tatsache, dass damals die linken Prinzipien der Gleichheit, Freiheit und Brüderlichkeit (Solidarität) rechtlich noch nicht etwa für Frauen und Nicht-Weiße galten, macht sie nicht weniger wertvoll. Denn diese Prinzipien bleiben gültig, und für viele waren sie die Leitschnur sowohl bürgerlicher Kämpfe als auch solcher der Arbeiterbewegung: alles Feudale und Ausbeutende (und jegliche Kirchenmacht) hinter sich zu lassen, gemeinsam, um Teil einer aufgeklärten und solidarischen Welt werden zu können. Für die Linke war es lange konstitutiv, dass man universelle Solidarität beschwor und praktizierte. Man meinte zurecht, dass Linkssein heißt, Menschen mit anderen Geschichten und anderen Kulturen anzuerkennen und sich mit ihren Kämpfen zu solidarisieren. Dort müssen wir auch als Linke und Linksliberale wieder hinkommen – ohne auf die Hautfarbe zu schauen, denn die spielt hier keine Rolle, darf sie noch nicht einmal spielen, genau betrachtet.

3. Die Linke sollte sich nicht neoliberal spalten lassen

Die Identitätspolitik ist groß geworden in der Ära des neoliberalen Kapitalismus, in dem Universalismus vor allem als Universalismus der globalen Geldströme verstanden wurde und gesellschaftliche Probleme, in welchem Land auch immer, dieser Ideologie zufolge zuerst durch eine Veränderung des*der Einzelnen angegangen werden sollten. Auf diese Logik aber sollten wir uns nicht einlassen. Natürlich könnten wir uns auch als Individuen verändern, aber das darf nicht zu einer Entschuldigung dafür werden, nicht zuerst auf Strukturen der Ungerechtigkeit, etwa in den globalen (wie nationalen) Ökonomien zu schauen. Die Frage nach Rassismus in der Gesellschaft sollte nicht die nach der Ausbeutung der armen Menschen – welcher Hautfarbe auch immer – überdecken. Den alten weißen Hartz-IV-Empfänger vor allem als privilegierten Weißen zu betrachten, ist politisch absurd. Die Linke darf sich nicht durch dieses Konstrukt neoliberal spalten lassen.

Die Identitätspolitik neigt dazu, auf einen performativen Antirassismus zu starren und das große Ganze kapitalistischer Ausbeutung nicht mehr zu sehen. Es ist kein Zufall, dass oft betriebsrätefeindliche Weltkonzerne wie Amazon mit Diversity und Antirassismus werben: Es kostet sie fast nichts.

4. Es muss Gleichheit vor dem Gesetz geben – nicht gleiche Resultate

Eine offene und demokratische Gesellschaft muss gleiche Rechte für alle garantieren, natürlich. Weitergehende Forderungen halten wir für problematisch. Tatsächlich ist in der identitätspolitischen Strömung eine Tendenz zu beobachten, auch eine Gleichheit der wirtschaftlichen und sozialen Bedingungen aller Menschen in der Gesellschaft einzuklagen – manchmal auch unabhängig von ihrer Leistung und ihrem Können. Wie das aber dem Zusammenleben, überhaupt einem gesellschaftlichen Ganzen dienlich sein soll, sehen wir jenseits utopistischer Gratismünze nicht.

5. Grundrechte sind universell, nicht für Weiße konstruiert

Wir halten die Idee von zumindest Teilen der identitätspolitischen Bewegung für falsch, die universellen Menschenrechte selbst seien ein Konstrukt von, so die übliche Chiffre für das Übel schlechthin, »Alten weißen Männern« – sie seien also nicht wirklich universell, sondern eher ein geschickter Trick des Westens zur Unterdrückung des Rests der Welt und daher eigentlich Ausdruck von Rassismus. Auch mächtige Diktaturen in nicht-westlichen Ländern pflegen gern dieses Narrativ. Es ist jedoch schon deshalb irrig, weil etwa der libanesische Politiker und Philosoph Charles Malik und der chinesische Philosoph Peng-chun Chang an der Ausformulierung der UN-Menschenrechtscharta beteiligt waren. Darüber hinaus finden sich auch in außereuropäischen Kulturen vielerlei Quellen für die Vorstellung, es gebe so etwas wie universelle Menschenrechte. Angemessen pathetisch gesagt: Der Schrei nach Freiheit und Würde ist universell.

6. Mehr Integration aller in eine sowieso schon bunte Gesellschaft

Die deutsche Politik hat über viele Jahre die eigentlich dringende Aufgabe der, einfach gesagt: Integration verschleppt, verschlafen. Oder klarer gesagt: Die »Gastarbeiter*innen« beziehungsweise »Ausländer*innen« haben sie höchstens peripher interessiert, übrigens auch dann, als in den Neunzigerjahren in Solingen oder

Mölln Erwachsene und Kinder migrantischer Herkunft durch rassistische Attentate starben, von der NSU-Mordserie in den Nuller- bis Zehnerjahren zu schweigen. Es hat viel zu lange gedauert, bis die Bundesrepublik sich endlich als Einwanderungsland verstanden und dem auch Rechnung getragen hat.

Wir vermuten stark, auch ausweislich von Zahlen zum Thema, dass die Gleichberechtigung aller vielen Menschen Angst macht. Es wird in der deutschen Gesellschaft zukünftig mehr Verteilungskämpfe geben, nicht weniger. Aber das gehört zu einer freien Gesellschaft des 21. Jahrhunderts. Und wir schaffen das. Nur die gleichen Chancen zu haben, das wäre schön, auf der gleichen Ebene kämpfen zu können – darauf kommt es, wie nicht nur John Kantara sagt, an.

7. Rassismus ist ein Problem, aber keine Struktur

Es gibt keine Gesellschaft ohne Klischees, Vorurteile und Ressentiments – nirgendwo. Jeder Mensch denkt von morgens bis abends in schiefen oder schrägen Bildern und glaubt irrigerweise, mit ihnen andere Menschen ausreichend beschrieben zu haben. Dass wir sie auch zu ertragen haben, an anderen und an uns selbst, versteht sich. Körperliche Gewalt allerdings gegen andere, etwa rassistisch oder sexistisch motivierte, gehört schärfer als bislang verfolgt.

Davon abgesehen könnte es sein, dass die Rede vom »strukturellen Rassismus«, der alles gesellschaftliche Leben durchziehe, gar nicht so falsch ist. Die These ist vielleicht nachfühlbar – als eine keineswegs abschlägig zu behandelnde Wirklichkeit –, doch nicht überprüfbar. Jene, die identitätspolitisch besonders lautstark in den Medien an Stimme gewonnen haben, sind die Beweise dafür, dass sie allen der von ihnen angenommenen Strukturen zum Trotz in ihnen gut zurechtkommen. Die Frage ist auch: Was sind »Strukturen«? Wenn man darunter vor allem Regeln, Rechte und Gesetze versteht, wofür vieles spricht, bezweifeln wir, dass es einen »strukturellen Rassismus« gibt. Einen Vergleich mit dem Antisemitismus halten wir hier als Erläuterung für erhellend: Wir wissen, dass Elemente von Judenfeindlichkeit tief in die westliche, deutsche und christliche Kultur, auch in unser Denken und unseren Wortschatz, eingewoben sind, ob wir sie alltäglich und bewusst wahrnehmen oder nicht. Aber ist deshalb die Rede von einem »strukturellen Antisemitismus« gerechtfertigt?

Ähnlich ist es beim Rassismus: In welchen staatlichen Institutionen, in welchen Unternehmen oder wesentlichen gesellschaftlichen Vereinigungen gibt es Strukturen, also Gesetze oder Regeln, die Rassismus dulden oder gar fördern? Wenn man solche »Strukturen« aber nicht findet oder klar benennen kann, wie berechtigt ist dann die Rede von einem »strukturellen Rassismus«? Und macht es Rassismus etwa kleiner, wenn man auf dieses Attribut verzichtet? Wir glauben, das Schlagwort »strukturell« erschwert eher die Analyse fremdenfeindlicher Traditionen in Deutschland, als dass es sie erleichtert. Wer vollmundig von »Strukturen« spricht, in denen die Misere nistet, macht außerdem ein Denken in Möglichkeiten und Handelsspielräumen zum falschen: Was auch immer Du tust – gegen die Strukturen ist kein Ankommen!

8. Die bereits existierenden offenen Gesellschaften sind zu verteidigen

Die Linke muss sich für eine liberale und offene Gesellschaft einsetzen oder, pathetisch gesagt, sie verteidigen – nicht nur die Linke, aber vor allem sie, das ist sie ihren ideologischen Grundlagen und ihrer Tradition schuldig, es muss stets ihr politischer Bezugsrahmen sein. Es ist aber kein Selbstläufer mehr, dass die identitätspolitische Linke die freie und offene Gesellschaft unterstützt. Vieles wird da als selbstverständlich genommen, was es nicht ist. Wer beispielsweise das eigene Land lobt, etwa im Vergleich mit Saudi-Arabien, Russland oder dem Sudan, gilt in woken Kreisen als Nationalist*in oder Deutschtümler*in. Menschenrechte aber sind, überall, unteilbar – und sie existieren für Menschen, nicht für identitäre Gruppen.

9. Quoten für Minderheitengruppen sind kaum praktikabel

Wir halten wenig von Quoten für diskriminierte Minderheitengruppen in öffentlichen Institutionen, wie sie manche identitätspolitische Vertreter*innen mit Blick auf das Prinzip der Sichtbarkeit oder Repräsentanz fordern – und in den USA schon mancherorts durchgesetzt wurde. Denn das Hauptproblem dabei wäre: Für wen genau wären diese Quoten? Welche Gruppe würde bedacht und damit anerkannt werden? Wichtiger aber noch: Wer würde in diesem Quotenreigen nicht bedacht werden? Und: Wer bestimmt sie – nach welchen Kriterien? In Deutschland hat etwa ein Viertel der Bevölkerung einen migrantischen Hintergrund. Es ist unstrittig, dass vor allem diese Bevölkerungsgruppe in den entscheidenden Repräsentationsarenen unterrepräsentiert ist und dass dies verändert werden sollte. Aber wie zählt man genau?

Wir sind der Meinung, dass es richtig ist, dass die gesellschaftlichen Institutionen darüber nachdenken, wer in ihren Reihen überhaupt dabei und wer bestimmend ist – und auch, wie sie dies ändern könnten. Die prinzipielle Gefahr der Quoten-Idee bleibt jedoch, dass man mit ihr zumindest auf dem Weg zu einer ständischen, fast vordemokratischen Gesellschaft wäre, mit, zuende gedacht, Parlamenten, in denen nicht mehr der allgemeine Wille der Bevölkerung zum Ausdruck käme, sondern nur die wackeligen Kompromisse mutmaßlich ausgekungelter Delegierter der jeweiligen Stämme. Das erscheint uns als keine verlockende Perspektive.

10. Genaues Zuhören und ein sprachlicher »Raum für das Dazwischen« sind nötig

Identitätspolitik arbeitet sich viel an der Sprache ab – das ist auch nicht abwegig, denn die meiste Unterdrückung und Demütigung von Minderheiten läuft über die Sprache. Hier ist also Sensibilität und Vorsicht angebracht, Diskriminierung nicht, gewollt oder ungewollt, zu perpetuieren. Dazu gehört etwa, auf das N-Wort oder das Z-Wort zu verzichten, weil sie Betroffene schmerzen. Gleichzeitig aber sollte immer darauf geachtet werden, in welcher Absicht oder unter welchen Umständen manche Worte genutzt werden.

Wenn etwa die grüne Kanzlerkandidatin Annalena Baerbock im Sommer 2021 sich wortreich entschuldigen muss, ja eine kleine Wahlkampfkrise ausbricht, weil sie das N-Wort als Zitat und bei zeitgleich eindeutiger Distanzierung nutzt, dann hat die öffentliche Debatte über verbotene Wörter die Grenze zur Hysterie überschritten. Es käme vielmehr darauf an, wie Gianni Jovanovic, Coach, Stand-Up-Comedian und wichtige Stimme der Romn*ja und Sint*ezze in Deutschland, es so schön sagt, »mehr Raum für das Dazwischen zu schaffen.«

Den Raum dazwischen zu betreten: ein kluger Vorschlag. Das würde bedeuten, nicht alle unglücklichen, vielleicht auch unpassenden Formulierungen wie auf Autopilot gleich als »rassistisch« oder als »Hetze« zu charakterisieren, als »von rechts« kommend oder »den Rechten nützlich« abzutun, nur weil ein Standpunkt geäußert wurde, der einem nicht behagt. Nicht also alles auf die Goldwaage zu legen – mit Betonung auf das Wort »alles«. Aber dennoch auch in der Sprache freundlich und höflich bleiben.

11. Es braucht Robustheit und Augenmaß auf allen Seiten

Wir sind der Meinung, dass es für die Durchsetzung einer bunten anstelle der vormals »weißen« Gesellschaft eine gewisse Robustheit und Augenmaß braucht – jedenfalls weder auf Seiten der Mehrheitsgesellschaft noch auf Seiten der Minderheiten eine Verheultheit des Wehklagens um Kleines. »Mimosen blühen nicht fein«, sagten Kriegskinder nach 1945, ein Satz mit Härte, aber zugleich einer, der eine gewisse Alltagstauglichkeit verrät.

Konkret bedeutet das, dass zum Beispiel »Alte weiße Männer« nicht in große Empörung oder gar hartnäckiges Beleidigtsein verfallen sollten, wenn ihnen vorgehalten wird, dass sie in den letzten Jahrhunderten tatsächlich die privilegierte Position in der Gesellschaft innehatten. Andererseits ist zunächst zu glauben, wenn »People of Color« betonen, dass sie keine wesentlichen Rassismus-Erfahrungen in der Gesellschaft gemacht haben oder diese zumindest nicht ihr Leben und Denken bestimmen sollen. Diese Aussagen sollten erst einmal von allen ernst genommen werden. Und wer sich als PoC entsprechend äußert, sollte, das nebenbei, nicht von manchen identitätspolitischen Aktivist*innen als »token« oder Verräter*in zugunsten einer unterdrückenden Mehrheitsgesellschaft diskreditiert werden.

12. Keine Exotisierung oder Selbstexotisierung von Migrantengruppen

Wir sind sicher, die tendenziell durch die Identitätspolitik angeregte Exotisierung – und sei es eine Selbstexotisierung – von Menschen mit Migrationsgeschichte nach ethnischen Mustern ist von gestern. Wer in Deutschland geboren wurde, ist weder Mitglied einer anderen Nation (und Kultur), noch sollte diese Person sich selbst so betrachten oder inszenieren, Familientradition oder Respekt vor den Ahnen hin oder her. So ist etwa die Verehrung vieler Menschen in der türkischdeutschen Community zum autokratisch agierenden türkischen Präsidenten Erdogan auch identitätspolitisch fragwürdig. Noch viel schlimmer ist das Wüten mancher arabischstämmiger Einwanderer*innen gegen Synagogen und gegen Israel, als gehöre das irgendwie zu ihrer »Kultur« oder könne mit der Herkunft ihrer Vorfahren aus der Nahostregion entschuldigt werden.

Andererseits: »Weiße«, zumal linksliberal gesinnte, mögen Einwander*innen auch keinen identitätspolitisch vielleicht gut gemeinten kulturalistischen Welpenschutz geben. Kein: »In Deiner Kultur ist es ja mit den patriarchalen Familiengewohnheiten so üblich, also respektieren wir das.« Nein, in Deutschland gelten Spielregeln – und zwar für alle.

13. Farbenblindheit ist nicht nur das Ziel, sondern auch der Weg

Es ist kein Zufall, dass der mutige Kämpfer Martin Luther King, der in seiner »I have a Dream«-Rede 1963 für seine Kinder eine Welt der Farbenblindheit erhoffte, bei vielen identitätspolitischen Aktivist*innen nicht wohl gelitten ist. Ihre Abneigung ist folgerichtig, denn wenn es in der von King erträumten Welt um den Charakter der Menschen gehen sollte und nicht um die Farbe ihrer Haut, fällt eine zentrale ideologische Geschäftsgrundlage dieser Aktivist*innen in sich zusammen. In gewisser Weise lässt sich das an Malcom X zeigen, der spätestens nach seiner Pilgerreise nach Mekka 1964 und den guten Erfahrungen mit »weißen« muslimischen Brüdern und Schwestern dort nicht mehr an der »Nation of Islam«-Ideologie der »weißen Teufel« festhielt.

Farbenblindheit im Sinne Martin Luther Kings, die Rassismus nicht verschweigt oder verdrängt, sollte nach wie vor zentrales Ziel einer Linken sein, die es mit dem Universalismus und Antirassismus wirklich ernst meint und die Realität achtet. Auch ist es absurd und völlig unhistorisch, wenn identitätspolitische Aktivist*innen in ihren gut finanzierten Projekten und Unibüros Martin Luther King selbst im Nachhinein als »Haussklaven« oder »token« diskreditieren. Wir halten nach wie vor eine bewusste, absichtliche Farbenblindheit in der ganzen Gesellschaft nicht nur für das Ziel, sondern auch für den Weg zu diesem Ziel.

14. Die freie Rede aller ist unabdingbar – und Konservative sind keine Nazis

Die offene Gesellschaft, in der die freie, auch die bizarre Rede ihr Recht hat, bedeutet den Identitätslinken wenig – ist doch nach ihrer Logik sowieso alles Blendwerk, Illusion, »Tokenism«. Überall sei Rassismus eingewoben wie ein falscher Faden im hübschen Mantel. Und so weiter und so öde, immer wieder. Es gibt Sprachpolizeien und Moralwächter*innen, die gerne eine Fatwa formulieren und das meist verdeckt ausgeübte »Deplatforming« wie auch Akte der »Cancel Culture« ins Werk setzen wollen. Wir glauben, all diese diskursiven Unzurechnungsfähigkeiten untergraben die Errungenschaften von freiheitlichen Linken.

Die identitätspolitischen Interventionen haben Bizarrerien zur Folge gehabt und haben es weiter – etwa, dass die woke Szene missliebige Sprecher*innen, etwa Bürgerrechtler*innen und Feminist*innen wie Alice Schwarzer, Necla Kelek, Seyran Ateş, Hamed Abdel Samad, Susanne Schröter und Ahmad Mansour als »rechts«, also irgendwie grundrassistisch, ja fast den Nazis nah brandmarkt und dass überhaupt Linke noch sehr oft denken, dass konservativ zu sein bedeute, auch illiberal und feindlich zur offenen Gesellschaft zu sein. Ein solch plattes Denken lehnen wir ab. Wir brauchen die freie Rede aller: Das hält das eigene Gemüt auch elastisch und aufnahmebereit. Und natürlich sind Konservative keine Nazis. Wir benötigen auch sie für eine freie offene Gesellschaft.

15. Mehr politische Gelassenheit tut Not –
und weniger Alarmismus

Hysterie ist kein guter Modus, um andere für sich einzunehmen.
Das gilt auch für den anschwellenden Identitätsgesang – um eine
raunende Phrase von Botho Strauß aus den frühen Neunzigerjahren mal umzudrehen. Er macht vor allem viel Lärm. Ein Geschrei
und Gemahne, ein Alarmieren und ein Brandmarken, dass es nur
so nervt. Der Soziologe Niklas Luhmann hat wenige Jahre nach
Gründung der Grünen sinngemäß bemerkt: Nichts gegen deren
Anliegen, und wahrscheinlich ist auch richtig, was deren Protagonist*innen so alles fordern und wünschen, aber der Ton ... Diese
Tonalität des Überaufgeregten und Daueralarmierenden lässt das
Publikum auf Durchzug schalten.

Obendrein ist eine Rhetorik der Dauererregung auch problematisch im Hinblick auf die Dinge, die sie benennt. Wenn alles
Rassismus ist, wenn überall und immer Hass lodert gegen »Marginalisierte«, dann verschwimmt alles zu einem Brei des Undeutlichen. Die NSU-Serienkiller und die Morde gegen migrantische
Bürger*innen in Hanau werden in gleicher Weise schockiert
kommentiert wie eine gewiss unpassende, aber vergleichsweise
harmlose Chat-Bemerkung des früheren DFB-Torhüters Jens Lehmann oder ein Facebook-Post des grünen Politikers Boris Palmer.
Wenn aber alles schlimm und verderbt ist, dann gerät aus dem
Blick, wo es wirklich akut brennt. Die Alarmist*innen berauben
sich auf diese Weise der Aufmerksamkeit, die die Probleme, die
sie benennen, in der Tat erhalten sollten. Auch in der politischdiskursiven Arena gilt das Gesetz klugen Marketings: Verführe
Dein Publikum, überflute es aber nicht so, dass Deine Message als
dauerunangenehm empfunden wird, als Tinitus der Dauerklage.

16. Wir brauchen nicht Versöhnung,
aber gegenseitigen Respekt

Wir brauchen in der hiesigen Gesellschaft nicht die große Versöhnung aller Gruppen – und es ist klar, dass die Identitätspolitik,
vor allem aber die nachvollziehbaren Forderungen von Minderheiten nach mehr Wahrnehmung und Repräsentation das gesellschaftliche Leben schwieriger und ruppiger machen. Na und?

Die große Einheit ist demokratischen und freien Gesellschaften wesensfremd, Streit gehört nicht nur dazu, sondern fördert das, was man gesellschaftliches Fortkommen nennen könnte. Das bedeutet: Respekt ist wichtig, Einheit weniger.

Und es klappt ja schon einiges, daran sei erinnert. Im gesellschaftlichen Detail funktioniert so vieles, von dem unsere woken Kreise wenig Ahnung haben: in Kleingartenvereinen, in Sportklubs, in zivilgesellschaftlichen Bereichen wie der Freiwilligen Feuerwehr, der Seenotrettungsgesellschaft oder den Stadtteilkreisen von Müttern, die sich um Nachhilfe kümmern (was vielleicht besonders wichtig ist, denn die deutsche Sprache ist schließlich das entscheidende Werkzeug, um überhaupt an so etwas wie Ankommen, Anschluss und Aufstieg zu denken). Diese lernende Gesellschaft kann mit Streit umgehen, sie wandelt sich und zerfällt so schnell nicht.

In einer Hinsicht ist alles, was wir bislang unter der Bewegung der Identitätspolitik verstehen konnten, ein wichtiger Baustein an dem, was zur bürgerlichen Aufklärung gehört. Eine Gesellschaft wie die deutsche braucht die Aufbrüche der »Anderen«. Im gewöhnlichen Alltag findet die innere Neusortierung Deutschlands ja längst statt – und diese geht nicht ohne Geschrei. Ein »Wir sind auch hier und gehören dazu« war und ist nötig, um dem »weißen« Deutschland beherzt zu signalisieren, dass die alten Zeiten unwiderruflich vorbei sind. Es entsteht etwas Neues, und das ist gut so.

17. Veränderung macht Spaß – und die Braunen haben schon verloren

Wir sind sicher, dass eine optimismuslose Haltung zum Leben und zu den staatsbürgerlichen Belangen ganz sinnlos wäre. Und diese Ansicht könnte fast so etwas wie eine Brücke zwischen den Fans und den Skeptiker*innen der Identitätspolitik sein, nämlich eine Vision der Vielfalt in Freiheit. Die Rechten und die Nazis haben mit ihrem Geschrei insofern recht, dass ihre Welt tatsächlich untergeht. Es ist ihr letztes Aufbäumen, die Verteidigung einer sauberen, eindeutigen Welt, die es so übrigens nie gegeben hat. Wir glauben, dass Vielfalt und Toleranz weiter um sich greifen werden. Und den immer wieder von Fans der identitätspolitischen Bewegung alarmistisch gerraunten »Rechtsruck« in der deutschen Gesellschaft sehen wir nicht.

Klug wäre schließlich, vermuten wir, in etwa das, was Hannah Arendt in einem Briefwechsel mit einem deutschen Studenten Ende der Sechzigerjahre als Kunst des limitierten Denkens skizzierte. Gemeint war: Nicht in allem gleich die ganze Welt im Blick haben wollen. Wer alles in der Welt ändern will, ändert gar nichts – weil die Klage ums Ganze ja immer auch einem Gewölk an Selbstgefälligkeit gleichkommt. Arendt wies ihr Gegenüber darauf hin, dass der Protest gegen den Vietnamkrieg seine Berechtigung habe, aber wichtiger sei die Arbeit am Nahen, an den Problemen, die bewältigt und gelöst werden können.

Wir denken: Das Bessere ist machbar, mit allen, durch alle. Sonst wird es keinen Spaß machen. Und darum geht es doch auch, nicht wahr?

18. Kulturelle Differenzen sind am Ende unwichtig, was zählt, ist: Teilhabe aller und überall

Zu reden wird sein, nicht identitätspolitisch, aber wirklich im Interesse der (auch künftigen) nicht-weißen Deutschen über bessere Partizipationen, über ein Gehörtwerden, von dem etwa während der Corona-Pandemie keine Rede sein konnte. Überhaupt muss über ökonomische Fragen, bildungspolitische etwa, stärker gesprochen werden – mehr jedenfalls als über alles Kulturelle. Die Betonung kultureller Differenzen ist und bleibt eine Domäne von Rechten und ihren Anhänger*innen. Die Träume von Friedrich Merz und anderen von einer deutschen »Leitkultur« sind Gespinste von gestern, albern und ranzig. Nötig ist ein »Leitbild«, das nicht in Kulturellem das Trennende sucht. Der Karneval der Kulturen ist ein schönes Event, aber als politisches Credo unbrauchbar. Wer über Politisches, also über Teilhabe- und Aufstiegsmöglichkeiten nicht allein im Kultur- und Medienmilieu, nicht spricht, soll über Kulturelles schweigen, schon gar identitätspolitisch. Die allermeisten Menschen, gleich welcher Herkunft, haben alltagspraktisch mehr gemeinsam als alles, was sie kulturell, in welcher Hinsicht auch immer, unterscheiden könnte.

Kulturell gesehen ist die aktuelle Linke ohnehin nicht in der Lage, jene zu erreichen, die auf ihre Codes und Benimmregeln nicht eingeschworen sind. Doch auf das Gemeinsame möge es ankommen, nicht auf die Interessen der ohnehin arrivierten Multikulti-Mittelschichten. Was kein Plädoyer für Versöhnlerisches ist, Streit muss, ja, mehr Konflikt in gegenseitigem Respekt soll sein. Wir vertrauen auf das, was in diesem Sinne noch alles möglich ist. Was denn sonst?

Glossar
identitätspolitischer Begriffe

A

Ableism – bezeichnet die Beurteilung von Menschen anhand ihrer Fähigkeiten und wird als behindertenfeindlich angesehen. Aufgrund des Fehlens bestimmter Fähigkeiten würden Menschen mit Behinderung abgewertet. Hieraus könnten Diskriminierung oder gesellschaftliche Vorurteile, gleich welcher Art, entstehen.

able bodiedness – Gesund-/Stark-/Fähig-/Unbehindert-Sein. Einige Behinderten-Aktivist*innen lehnen den Begriff ab, da er impliziere, dass alle Menschen mit Behinderungen nur ungesunde/unfähige Körper hätten.

Abwehrverhalten – dieses zeigten der Identitätspolitik zufolge vor allem »privilegierte« Gruppen wie »Alte weiße Männer«, wenn sie zum Beispiel ihre Privilegien – welche das auch immer sein könnten, aber auf jeden Fall das, eine helle Hautfarbe zu haben, Alte und Männer zu sein – nicht einsähen.

Abweichung – nach dem Verständnis der Identitätspolitik ein Begriff, der von »privilegierten« Gruppen genutzt wird, um alles zu bezeichnen (und abzuwerten), was nicht der üblichen weißen Heteronormativität entspricht.

Afropessimismus – ein Konzept, das genutzt wird von Menschen, die Afrika als einen schon immer beängstigenden, rückständigen und von Armut geplagten Kontinent beschreiben, der auch weiterhin so bleiben wird. Die identitätspolitische Bewegung kritisiert dieses Konzept oder diese Idee von Afrika als verzerrend.

Ageism – Altersdiskriminierung. (In Ausnahmefällen auch die positive Diskriminierung etwa von jungen Menschen bei bestimmten Jobs.) Bei »Alten weißen Männern« wird jedoch kein Ageism erkannt, auch nicht, wenn sie vor dem Ruhestandsalter aus ihren Jobs entfernt werden.

Alman – (meist leicht abschätzig gemeinter) Begriff für (weiße) Bio-Deutsche, auch »Kartoffeln« genannt. Achtung: Manche der so Bezeichneten bekennen inzwischen offen, gern diese vor langer Zeit aus Südamerika importierte Frucht zu speisen.

Ally/Allies – zu deutsch: Alliierte, eine meist woke, nicht-diskriminierte Person, die sich gleichwohl als Verbündete von diskriminierten Gruppen sieht (und als solche unter vielen Bedingungen akzeptiert wird).

Alter weißer Mann (AWM) – (meist objektiviert diskreditierend gemeinte) Bezeichnung der Gruppe der älteren weißen Männer, von denen die Identitätspolitik behauptet, sie habe über Jahrhunderte und bis heute verschiedenste (bewusste oder unbewusste) Privilegien und am meisten Macht in fast allen Bereichen der Gesellschaft und Politik im Norden und Westen der Welt – sie verdienen am besten sofort ins gesellschaftliche Nirwana geschickt zu werden. »Weiß« sind in diesem Zusammenhang alle, die eine vor einem halben Jahrhundert in Mitteleuropa durchschnittliche Hautfarbe haben, »alt« sind alle nach vollendetem 40. Lebensjahr, »männlich« nur jene, die als solche auch als biologische Männer geboren wurden.

Angst/Ängste – oft geäußertes (und zu bekämpfendes) Gefühl von marginalisierten Menschen vor allem in der Öffentlichkeit – sie dürfen nicht hinterfragt werden, durch niemanden, vor allem nicht durch »Alte weiße Männer«.

Annulliert – worden sein, als Vertreter*in einer Minderheit in der Öffentlichkeit (oder der Geschichte) nicht sichtbar zu sein beziehungsweise unsichtbar gemacht worden zu sein, vor allem in den Medien und der Politik.

Ansprechen – wird oft beim ersten Kontakt geklärt: »Wie willst du angesprochen werden?« (zum Beispiel mit welchem Pronomen). Oder: »Ich bin falsch angesprochen worden«, was für identitätspolitisch bewegte Menschen eine Beleidigung darstellt, da die angesprochene Person so in ihrer Identität nicht geachtet worden sei – siehe auch »Misgendern«.

Antimuslimischer Rassismus – (stark umstrittener, aber besonders in steuersubventionierten Projekten populärer) Kampfbegriff beziehungsweise Wortkombination, die die Diskriminierung von Menschen bezeichnet, die aufgrund ihrer tatsächlichen oder auch bloß zugeschriebenen Religionszugehörigkeit als Muslim*innen wahrgenommen werden. Außen vor bleibt, dass nicht alle, die als muslimisch gesehen werden, dem islamischen Glauben anhängen – von nicht-religiösen Menschen abgesehen, sind dies auch Jesiden.

Antirassismus – zentrales Ziel der identitätspolitischen Bewegung (auch abgekürzt: Antira-Bewegung). Nichts habe die Entwicklung, so die Annahme, der Welt so stark strukturiert, wie die »weiße« Zuschreibung von Rassistischem.

Antiziganismus – (uralter, auch unbewusster) Vorurteilskomplex gegenüber Sinti oder Roma, in jüngerer Zeit auch häufig: Sint*izze & Rom*nja.

Aufklärungsarbeit – ist nach Ansicht von vielen woken Personen bei Menschen nötig, die noch nicht woke sind, deshalb stellen sie, etwa nach einem Examen an einer Pädagogischen oder universitären Hochschule, ihre Arbeitskraft in den Dienst des Coachings von noch nicht woken Menschen, etwa in Unternehmen.

Authentisch/Authentizität – Ziel vieler Menschen, gerade auch von Minderheiten, denen ein authentisches, echtes, unbehelligtes Leben bisher erschwert oder verunmöglicht wurde.

B

Backlash – bezeichnet nicht nur, aber auch die unter identitätspolitisch geprägten Aktivist*innen und Wissenschaftler*innen beschworene Gefahr, dass die gesellschaftlichen Fortschritte der vergangenen Jahrzehnte durch einen rechten oder immer weiter nach rechts rückenden Mainstream wieder rückgängig gemacht werden oder werden könnten. Ein Backlash wird als Argument behauptet, um etwa Kritik an gewissen Methoden marginalisierter Gruppen abzuwehren: Das darf man nicht sagen, das nützt sonst nur den Rechten.

Be_hinderung – Ausdruck und besondere Schreibweise, die deutlich machen soll, dass Menschen, die in der Regel als »behindert« gelten, nicht defizitär oder krank sind und auch nicht von der Gesellschaft so abgestempelt werden sollten.

Belästigung – »Anti-Harassment-Policies« versuchen, Belästigungen schon vor Entstehen zu vermeiden. Dabei ist die Sicht der Betroffenen entscheidend, was sie als Belästigung definieren – und Betroffene sind beinah prinzipiell Frauen; Männer scheiden als Belästigungsopfer schon aufgrund ihrer Privilegien weitgehend aus.

Benannte/Unbenannte – zentrale Gedankenfigur der Identitätspolitik. Diskriminierte Minderheitengruppen werden als negativ benannt begriffen, während dominante Gruppen der Mehrheitsgesellschaft wie zum Beispiel »Alte weiße Männer« das (gegebenenfalls unbewusste) Privileg haben, unbenannt zu sein.

Bezeichnen – Minderheiten werden häufig durch Äußerlichkeiten gekennzeichnet oder bezeichnet, die sie im Sinne der weißen heteronormativen Mehrheit zu den Anderen machen, siehe auch Othering.

Bio-Deutsche – manchmal genutzter Ausdruck, um (weiße) Deutsche ohne Migrationshintergrund oder -familiengeschichte zu bezeichnen.

BPOC/BIPoC – vor allem in den USA genutzter Begriff, der die Erweiterung des Begriffs PoC um Indigene (Black, Indigenous and People of Color) betont. Umstritten ist, dass manche glauben, auch ein weißer Mensch könne ein BIPoC sein – qua Identifikation.

Bi-racial – vor allem in den USA genutzter Begriff, der Menschen bezeichnen soll, die von Vorfahren verschiedener »races« abstammen.

Blackfacing – das meist rassistisch gemeinte Schwärzen der Gesichter von vor allem weißen Menschen. Beruht auf den Maskerade-Theateraufführungen namens »Blackface«, die sich in den sogenannten Minstrelshows im 19. Jahrhunderts überwiegend in den USA unter Weißen einer großen Beliebtheit erfreuten. Dabei wurden schwarze Menschen zur Belustigung des Publikums von meist weißen Menschen karikiert. In Theater und Film wird die Darstellung von schwarzen Figuren durch weiße Menschen in der Regel mit Verweis aufs Blackfacing mittlerweile abgelehnt. Umstritten ist, ob das früher übliche Schwärzen eines Kindergesichts der Heiligen Drei Könige bei den Sternsingern auch als Blackfacing gesehen werden muss. Ambivalent für diese Vokabel bleibt, dass etwa im Südafrika des späten 19. Jahrhunderts schwarze Hipster in den Vorstädten von Kapstadt oder Johannesburg sich die Gesichter beim Kneipenbummel weißelten: Durften sie, so geht der Diskurs, sich der Aura Weißer bedienen, haben sie sich mit diesen Performances als weiß-devot gezeigt?

Black Lives Matter (BLM) – Bürgerrechtsbewegung gegen die Diskriminierung von Schwarzen in den USA, die vor allem nach dem gewaltsamen Tod des Afroamerikaners Georg Floyd am 25. Mai 2020 in Minneapolis bei einer tödlichen Festnahme durch einen weißen Polizisten weltweite Nachahmung gefunden hat.

Body Shaming – bezeichnet die Erfahrung von Menschen, die aufgrund ihres Körpers (oder äußeren Erscheinungsbildes), der nicht den Schönheitsidealen vor allem von Mode-Illustrierten entspricht, diskriminiert, gemobbt, beleidigt oder gedemütigt werden.

C

Cancel Culture – umstrittener Begriff, der vor allem negativ genutzt wird und ein Verhalten bezeichnet, das beabsichtigt, solche Menschen zu kennzeichnen und ihnen Öffentlichkeit zu verwehren, denen diskriminierende Aussagen über andere Menschen oder Menschengruppen vorgeworfen werden.

Cis – Abkürzung für cisgender« und leichter als Gegensatz zum Wort »trans*« verständlich. Cisgender bezeichnet Personen, deren Geschlechtsidentität mit ihrem körperlichen Geschlecht (bei der Geburt) übereinstimmt. Recht beliebtes Wortspiel in linkswoken Kreisen: »fuck the cistem!«

Colorblind – ins Deutsche übersetzt: farbenblind. Umstrittene Behauptung von Menschen, die sagen, sie sähen keine Hautfarben, nur der einzelne Mensch zähle für sie – und alle seien gleich. Farbenblindheit übersehe aber den »strukturellen Rassismus«, den es gleichzeitig gebe, meint die moderne identitätspolitische Strömung. Beim »colorblind casting«, einem gleichwohl positiv besetzten Begriff, werden in den Darstellenden Künsten Rollen unabhängig von ihrer ursprünglich wohl von der*dem Autor*in vorausgesetzten Hautfarbe und entgegen historischer Wahrscheinlichkeit besetzt, also Schwarze können immer Weiße spielen – umgekehrt bleibt selbstverständlich umstritten, dass Weiße Schwarze spielen.

Colored – Englisch für »farbig«. Veralteter Begriff für nicht-weiße Menschen, der einer rassistischen Tradition entspringt und deshalb – anders als der Begriff Schwarze*r – in der Regel von schwarzen Menschen nicht mehr als passend empfunden wird.

Colorism – beschreibt die Vorstellung, dass in der weißen Mehrheitsgesellschaft zwar alle nicht-weißen Menschen diskriminiert werden, aber von dieser Gruppe zugleich die bevorzugt würden, die hellere Haut haben. »Colorism« sei eine besonders perfide Form von Rassismus, da er die schwarze Gemeinschaft spalte, anhand der Hautfarbe.

Critical Race Theory – geht davon aus, dass es vor allem in den Staaten des Westens ein politisches, soziales und kulturelles System (Stichwort: White Supremacy) gibt, in dem »Weiße« de facto die wichtigsten politischen und wirtschaftlichen Ressourcen und Machtzugänge kontrollieren. Zugleich würden in diesen Gesellschaften Nicht-Weiße in ihrem Alltag unentrinnbaren Rassismus erleben.

Critical Whiteness Studies – (deutsch: Kritische Weißseinsforschung) ist eine Perspektive in der Analyse von Rassismus. Sie bezieht sich auf verschiedene gesellschaftliche Ebenen und die Rolle von Weißsein als unausgesprochene Norm. Die Forschungsrichtung hat ihre Ursprünge im politischen Aktivismus und in den Kämpfen von afrikanischstämmigen Sklav*innen und ihren Nachkommen gegen Rassismus und um Freiheit und Gleichberechtigung.

Cultural Appropriation – deutsch: Kulturelle Aneignung. Übernahme einer kulturellen Mode oder Errungenschaft einer anderen, in der Regel: Minderheitenkultur durch vor allem Weiße, Beispiel: Dreadlocks. Dies wird als übergriffig, rekolonisierend und traumatisierend für die kulturell Enteigneten verstanden.

D

Dekonstruktion/dekonstruieren – ursprünglich vor allem eine Methode und Strömung in der Philosophie und Werkinterpretation. Seit längerem aber sowohl in Kunst und Kultur als auch in Kulturtheorien und nicht zuletzt in der identitätspolitischen Strömung mächtig, wenn vermeintliche Wesenheiten und Identitäten aus einer machtkritischen Perspektive dekonstruiert werden, etwa in den Schriften Jacques Derridas und Michel Foucaults oder im Verständnis der Heteronormativität in der Gender-Theorie von Judith Butler.

Deplatforming – ist der Versuch, Menschen oder Organisationen vor allem in den Sozialen Medien Zugänge zu versperren oder sie gar nicht erst zur Debatte einzuladen, weil ihnen vorgeworfen wird, menschenverachtende oder diskriminierende Aussagen zu tätigen. Ist der »Cancel Culture« nahe.

Derailing – deutsch: ablenken: Methode im Netz, um Diskurse absichtlich zum Entgleisen zu bringen.

Deutungshoheit/Deutungsmacht – ein Vorwurf gegen vor allem privilegierte Menschengruppen, dass sie mit ihrer Deutungshoheit die Diskurse auch von Minderheiten bestimmten anstatt auf deren Erfahrungen und Erfahrungswissen zu hören. Ähnlich: Diskursmacht (von Weißen).

Diskursschranken – die Vorstellung, dass es nötig ist, bestimmte diskriminierende oder menschenfeindliche Äußerungen im Diskurs nicht zu erlauben und diesen einen Riegel vorzuzuschieben, etwa bei Rassismus und Antisemitismus, da durch solche Äußerungen Diskursschranken verschoben werden und bisher zu Recht Tabuisiertes sagbar oder hoffähig wird. Schlagwort: Rassismus (oder: Antisemitismus, Homophobie, Transphobie ...) ist keine Meinung, sondern ein Verbrechen.

Diversität (diversity) – oder Vielfalt ist ein angestrebter Zustand der Gesellschaft, aber auch von Unternehmen und Institutionen und bezieht sich vor allem auf die ethnische Herkunft, Hautfarbe, geschlechtliche Identität, sexuelle Orientierung und Religion, um Marginalisierten auf allen gesellschaftlichen Ebenen Repräsentation zu ermöglichen.

Dogwhistle-Rassismus – rassistische Äußerungen, die in einer verschlüsselten Sprache genutzt werden und je nach Publikum entweder als rassistisch verstanden werden oder nicht.

Dominanz/Dominanzkultur – Vorwurf gegen vor allem (weiße) Mitglieder der Mehrheitsgesellschaft, dass sie eine Diskurskultur oder -strukturen geschaffen haben, die so dominant sind, dass Minderheiten darin nicht hörbar sind.

Dysphorie – Gefühl, das vor allem nicht-binäre und Trans*Menschen empfinden. Dysphorie ist ein Gefühl von körperlichem oder sozialem Unwohlsein. Manche nicht-binäre oder Trans*personen empfinden Dysphorie, wenn ihre Umwelt sie in einem falschen Geschlecht wahrnimmt, oder wenn ihre eigenen Vorstellungen von ihrem Geschlecht nicht zu ihrem Aussehen, Verhalten und Sein passen. Problem: Besonders vor und während der Pubertät, dem Übergang vom Kind zum Erwachsenen sind prinzipiell alle dysphorisch orientiert, manche als Irritation, andere als schwere Erschütterung – insofern markiert das Wort eine Verengung im Verständnis des pubertären Reifeprozesses.

E

Empowerment – eigentlich auf Deutsch: Ermächtigung, im Sinne der Selbstermächtigung von diskriminierten Minderheiten. Der deutsche Begriff ist aber weniger beliebt, da er begrifflich allzu sehr an das nationalsozialistische Ermächtigungsgesetz von 1933 erinnert.

Erfahrungswissen – wird vor allem von PoC beansprucht, die wissen und erlebt haben, was Diskriminierung ist. Wird tendenziell als wichtiger erachtet als sogenannte rationale Argumente sogenannter privilegierter Gruppen.

Erkenntnisbarrieren – nach der Logik der Identitätspolitik haben privilegierte Gruppen wie AWM Probleme, ihre Privilegien zu erkennen, weil ihnen Erkenntnisbarrieren diese Einsicht verstellen. Eine wesentliche Erkenntnisbarriere für die AWM ist beispielsweise, dass sie in das Privileg, überall selbstverständlich akzeptiert zu sein, hineingeboren wurden und es deshalb nie hinterfragen mussten.

Essenzialisieren/Essenzialismus – einer der Hauptkritikpunkte an der Identitätspolitik: Sie mache äußere Merkmale, wie zum Beispiele das Schwarzsein, das ersichtlich Arabisch-Türkische, das Transgenderische zu einer Essenz, zu einem unveränderlichen und trennenden Merkmal von Menschen, obwohl doch am Ende alle Menschen gleich und gleichberechtigt sein sollen.

Exotisieren/Exotisierung/exotistisch – Kritikpunkt der identitätspolitischen Strömung an der recht üblichen Wahrnehmung vor allem von PoC, die durch die (nicht immer nur negativ gemeinte) Exotisierung (zum Beispiel: »unsere schwarze Perle«) de facto doch zu »Anderen« gemacht und am Ende so diskriminiert werden.

F

Farbenblindheit – siehe colorblind.

Farbig – siehe colored.

Fehler – das öffentliche Eingeständnis von Fehlern bei der korrekten Ausdrucksweise und im Verhalten gegenüber PoC (vielleicht sogar deren – unbewusste? – Diskriminierung) spielt vor allem in den USA eine große Rolle – oft verbunden mit der Aussage, dass diese Fehler unverzeihlich seien und der/die Fehlende dankbar sei, nun etwas gelernt zu haben.

FLINTs – Frauen-Lesben-Inter-Nonbinäre-Trans*personen: Menschen, die etwas anderes als traditionelle Cis-Männlichkeit verkörpern. Versuch, eine Allianz unter Aussparung männlicher Homosexueller zu erlangen.

Flüchtlinge – obwohl rechtlich von Bedeutung (zum Beispiel in der Genfer Flüchtlingskonvention von 1951), sprachlich ein umstrittener Begriff. So sind Worte mit dem Ableitungssuffix »-ling« im Deutschen verkleinernd und teils negativ konnotiert (zum Beispiel: Eindringling, Schönling, Schädling et cetera). Gleichzeitig werden Menschen durch die Bezeichnung »Flüchtling« auf einen Teil ihrer Biografie reduziert. In der woken Bewegung wird daher eher der Begriff »Geflüchtete« genutzt.

Framing – deutsch: Einrahmung. Ein Vorwurf, der vor allem privilegierten Gruppen zur kaum sichtbaren Unterdrückung, Diskriminierung oder Verunsicherung von marginalisierten Gruppen gemacht wird: Framing meint ein gegebenes Erzählmuster eines sozialen Verhältnisses. Eine Rahmung kann zum Beispiel sein, in einer Erzählung über die Industriearbeitsverhältnisse der Sechzigerjahre in der Bundesrepublik nicht die Perspektiven der sogenannten »Gastarbeiter*innen« mit zu integrieren.

G

Gäst*innen – für die Personen ein Ersatzbegriff für »Gäste«, denen der Begriff »Gäste« nicht gendergerecht genug erscheint, weil der Singular von »Gäste« den Artikel »der« trägt.

Gaslighting – ein in der identitätspolitischen Bewegung häufiger gebrauchter Begriff, der der Vermutung Ausdruck verleiht, PoC, die sich im Wesentlichen nicht diskriminiert fühlten, seien von der Mehrheitsgesellschaft so manipuliert, dass sie die Diskriminierungen nicht wahrnehmen. Ähnelt der Haltung von Linken in den Siebzigerjahren, die trotz umfassender Propaganda vor Betriebstoren keine Sympathien ernteten – was zum Vorwurf führte, die gewerkschaftlich noch gut organisierten Prolet*innen, spürten ihre Ketten wohl nicht.

Geflüchtete – siehe Flüchtlinge.

Gefühle – Gefühle des Diskriminiert-Werdens von PoC werden nach der Interpretation der Identitätspolitik von den privilegierten Gruppen in der Gesellschaft oft als irrational und bloß gefühlig oder falsch gefühlt abgetan. Gefühle markieren den Goldstandard aller woken Artikulation, sie dürfen nur sehr begrenzt hinterfragt werden, schon gar nicht von Alten weißen Männern.

Gelesen werden – zentraler Begriff in der woken Bewegung: Grundsätzlich werden PoC als »die Anderen« gelesen, also verstanden, oft auch unabhängig von äußeren Merkmalen, also zum Beispiel, ob sie schwarz sind oder nicht. Verboten zu sagen ist auch: der Türke oder die Türkin. Besser ist: Der als Türke oder Türkin gelesene Mensch.

Gendern – (eigentlich: vergeschlechtlichen) bedeutet die Berücksichtigung der geschlechtlichen Herkunft einer Person oder von Personengruppen in vielen Bereichen, etwa in der Wissenschaft oder bei der Statistik; im Speziellen aber im Deutschen meist auf einen geschlechterbewussten Sprachgebrauch bezogen, also zum Beispiel dem Gebrauch des »Gendersternchens«.

Geschichte – Erfahrung von PoC, dass ihre »Geschichte«, also die persönliche Geschichte, die Geschichte der Volksgruppe oder die Geschichte als Kind von Migrant*innen in der Mehrheitsgesellschaft bis heute viel zu wenig öffentlich erzählt wurde, also nicht sichtbar und hörbar ist. Bedauerlicherweise sind historische Expertisen aus dem woken Milieu, etwa zu den sozialen Kämpfen von Gastarbeiter*innen in der Bundesrepublik, fast gar nicht vorhanden. Geschichtsdenken bewegt sich meist im Rahmen der eigenen Lebenszeit.

Gewalt – auch verbale Gewalt. Erfahrung vieler PoC in der weißen Mehrheitsgesellschaft. Oft auch ausdrücklich im Sinne von verbalen Übergriffen gemeint. Was gewalttätig ist und was nicht, haben niemals jene zu entscheiden, die dieser Akte bezichtigt werden.

Grenzüberschreitungen – beziehen sich auf körperliche oder verbale Übergriffe, denen PoC meist in ihrem Alltag ausgesetzt sind, ohne dass diese von außen betrachtet besonders dramatisch sein müssen.

H

Hass/Hate/haten – Erfahrung, die viele PoC im Zuge ihrer Diskriminierung durch Menschen aus der Mehrheitsgesellschaft machen müssen. Äußert sich häufig verbal und noch häufiger im Netz.

Hate speech – Hassreden, die PoC (aber nicht nur sie) vor allem in den Sozialen Medien als Instrument der Ausgrenzung gelegentlich erfahren müssen.

Hauptwiderspruch/Nebenwiderspruch – eher aus der marxistischen Theorie stammendes Begriffspaar. Wie zum Beispiel Frauen früher in linken Kreisen vorgeworfen wurde, ihre Forderung nach Gleichberechtigung sei in einer kapitalistischen Gesellschaft doch nur ein Nebenwiderspruch im Vergleich zum großen Hauptwiderspruch zwischen Kapital und Arbeit, also de facto nicht so wichtig, argumentiert die identitätspolitische Bewegung, dass die Forderungen nach mehr Akzeptanz von der linken Bewegung auch nur als Nebenwiderspruch verharmlost werde. Doch auch die woke Bewegung kennt die Binarität von Haupt- und Nebenwiderspruch: In ihren Augen ist alles, was nicht als rassistisch begriffen wird, de facto nebensächlich.

Herrschende/Herrschaftsverhältnisse (asymmetrische Herrschaftsverhältnisse) – Herrschaft wird in der Identitätspolitik generell sehr negativ und in der Regel als diskriminierend für Minderheiten gesehen. Von wem die diskriminierende Herrschaft ausgeht, bleibt dabei oft unklar.

Haussklave (house slave, auch: Hausausländer) – Beschimpfung von PoC, denen manche in der woken Bewegung vorwerfen, sich an die weiße heteronormative Gesellschaft anzubiedern, indem sie öffentlich viele Grundannahmen der identitätspolitischen Bewegung kritisieren oder in Frage stellen – also de facto die identitätspolitische Bewegung schwächen.

Heteronormativität, heteronormativ – im Verständnis der identitätspolitischen Bewegung das Grundprinzip der Gesellschaft. Alles sei nach dem Modus von Weiblich-Männlich normiert – abgesehen vom Schwarz-Weiß-Prinzip.

Hörbar – meist in Kombination mit »sichtbar«. Diskriminierte Menschen empfinden sich als von der Gesellschaft nicht wahrgenommen, also als nicht sichtbar beziehungsweise gehört oder eben hörbar gemacht.

I

Identifizieren/identifiziert – eine Person wird identifiziert als jemand, der eine bestimmte Eigenschaft habe, also zum Beispiel »schwarz« oder »weiß« zu sein. Das Verb sagt nicht, dass jemand »schwarz« oder »weiß« sei, sondern als solcher von der Mehrheitsgesellschaft wahrgenommen wird. So werden in den USA alle Menschen, die einmal »schwarze« Ahnen gehabt haben und bei denen dies äußerlich zu erkennen ist, als »schwarz« identifiziert (Theorie des »Ein Tropfen schwarzen Bluts«), während es in Brasilien genau andersherum ist: Als nicht-schwarz wird dort identifiziert, wer auch nur einen weißen Vorfahren hatte, obwohl er/sie vielleicht eine ziemlich dunkle Hautfarbe hat.

Identität – zentraler Begriff der Identitätspolitik. Ausgehend von der eigenen Identität (vor allem als Minderheit), werden die Gesellschaft und die Politik verstanden und politische oder gesellschaftliche Veränderung verlangt.

Identitätspolitik – häufig genutzter, aber umstrittener Begriff, weil viele identitätspolitische Aktivist*innen behaupten, sie betrieben keine Identitätspolitik, sie bemühten sich allein um gleiche Rechte und Gleichbehandlung aller Menschen, sie seien nur gegen Diskriminierung und engagierten sich lediglich antirassistisch. Das »Combahee River Collective«, ein US-amerikanisches Kollektiv schwarzer lesbischer (sozialistischer) Feministinnen in Boston, auf den der Begriff Identitätspolitik meist zurückgeführt wird, benutzte dieses Wort aber noch als sehr positiv und programmatisch in ihrem zentralen Manifest aus dem Jahr 1977: »This focusing upon our own oppression is embodied in the concept of identity politics.«

Integration – umstrittenes Wort bei manchen identitätspolitischen Aktivist*innen, da Integration von Minderheiten im Geruch steht, dass diese ihre Identität aufgeben könnten – noch schlimmer wäre da: Assimilation, die wird rundheraus abgelehnt.

Intersektionalität, intersektional – die Erkenntnis, dass Menschen in mehrfacher Hinsicht diskriminiert werden können und all diese Diskriminierungen in den Blick genommen werden müssen. Beispiel: Eine arme schwarze Frau ist nicht nur als Frau, sondern auch als schwarzer Mensch und als arme Person Diskriminierung ausgesetzt.

Intervention – eine Intervention, also das Deutlich-Machen von oft eigenen Diskriminierungserfahrungen, wird als wichtiges Instrument im identitätspolitischen Kampf betrachtet. Unter einer paradoxen Intervention versteht man zum Beispiel, sich für die Betonung der Hautfarbe im identitätspolitischen Engagement auszusprechen oder gar Quoten etwa an Universitäten für Minderheiten zu fordern, obwohl am Ende die Hautfarbe und eine Quote in einer besseren Gesellschaft keine Rolle spielen sollten.

Ipol-Kritik – eher spielerischer Ausdruck für die Kritik an der Identitätspolitik. Der Begriff unterstellt, dass Kritik an der identitätspolitischen Strömung schon ein eigenes Genre im Kampf um Aufmerksamkeit in der Öffentlichkeit sei.

J

Jakobiner – häufiger Vorwurf gegenüber identitätspolitischen Aktivist*innen: Ihr Engagement gleiche denen der Jakobiner in der Französischen Revolution, das heißt ihre Forderungen gegenüber anderen zur Besserung der Gesellschaft entsprängen einer revolutionären Haltung, sie suchten nach politischer Reinheit und sie seien zu harten Sanktionen gegenüber denen bereit, die ihrer Haltung nicht entsprächen. Die Guillotine wird allerdings heute nicht mehr gefordert, anders als bei den historischen Jakobinern.

Jemand – ein unglückliches Wort, folgt man der Gendersprache, da »jemand« einen männlichen Artikel erfordert, wenn ein Relativsatz folgt, also: »Ich bin jemand, der ...« – zwingend auch für weibliche Sprecherinnen. Deshalb sollten Frauen nach dieser Logik besser sagen: »ich bin eine, die ...«

K

Kartoffel – umstrittener Ausdruck vor allem von Menschen mit Migrationshintergrund für sogenannte Bio-Deutsche. Soll allerdings in der identitätspolitischen Logik nicht als beleidigend oder diskriminierend begriffen werden, da diskriminierte Menschen andere Menschen mit Privilegien gar nicht diskriminieren können, gehöre es doch zum Charakter von Diskriminierung, dass sie stets von der gesellschaftlich mächtigeren Position gegenüber machtlosen Menschen geübt werde. Die Neuen deutschen Medienmacher*innen (NdM) vergeben seit 2018 den Negativpreis Die Goldene Kartoffel »für besonders einseitige oder missratene Berichterstattung über Aspekte der Einwanderungsgesellschaft.« Inzwischen sind viele Weiße erpicht darauf, diese Auszeichnung zu erhalten.

Klassismus – eine Form der Diskriminierung, bei der reichere Menschen auf ärmere Menschen herabblicken, fein zusammengefasst in dem Spruch: Eure Armut kotzt mich an. Klassistisch muss auch verstanden werden, wenn etwa in Theaterinszenierungen proletarische Männer in Feinripp-Unterhemden dargestellt werden. Auch klassistisch ist, wenn etwa bürgerliche Kreise – zu denen die alternativen Milieus ebenso zählen – glauben, ihr kultureller Geschmack sei maßgebend.

Kollektiv – in identitätspolitischen Zusammenhängen meist positiv genutztes Adjektiv oder Adverb. Von Bedeutung bei der Rede über Minderheiten vor allem in der Kombination »kollektive Identität«, was allerdings an der Grenze zum Paradoxon angesiedelt ist.

Kolonialistisch – harter, ja härtester Vorwurf in der identitätspolitischen Sphäre. Wird etwas oder eine Idee als kolonialistisch qualifiziert, entfällt jeder Grund, sich damit auseinanderzusetzen. Ähnlich ist es mit dem Vorwurf, jemand habe ein »kolonialisiertes Denken«.

Kränkung – Kränkungen kommen im identitätspolitischen Verständnis häufig vor, vor allem die sprachliche Kränkung von Minderheiten, etwa durch eine als kränkend empfundene Bezeichnung dieser Minderheiten in der Sprache der Mehrheitsgesellschaft. Kränkungen und Mikroaggressionen sind in den Erfahrungen von Minderheiten nahe beieinander angesiedelt.

Kulturelle Aneignung (Cultural Appropriation) – Der Begriff bezeich-net die umstrittene Übernahme eines Bestandteils einer Kultur von Mit-gliedern einer anderen Kultur oder Identität, vor allem die Aneignung einer kulturellen Errungenschaft einer Minderheit durch Mitglieder der Mehrheitsgesellschaft.

L

Latinx – nicht nur, aber auch eine Selbstbezeichnung von Menschen la-teinamerikanischer Herkunft vor allem in den USA, wird zunehmend auch außerhalb der Vereinigten Staaten genutzt. Der Vorteil des Wortes ist, dass er in der identitätspolitischen Logik eine inklusive und geschlech-tergerechte Alternative für die traditionellen Bezeichnungen Latino oder Latina darstellt. Der Nachteil ist, dass er in dieser Minderheit in den USA fast gänzlich abgelehnt wird.

Leerstelle – häufig im identitätspolitischen Duktus genutzt, wenn ange-zeigt werden soll, dass Minderheiten öffentlich nicht wahrgenommen würden, es herrsche da also in der Gesellschaft eine Leerstelle.

Lernen – ein hoher, ja der höchste Wert im identitätspolitischen Gedan-kengebäude. Gerade von privilegierten Menschen wird erwartet, dass sie die Grundansichten und -einsichten der Bewegung lernen, um sich als Antirassist*innen zu beweisen. Wer sprachlich noch nicht auf der iden-titätspolitischen Höhe sei, von dem wird erwartet, dass er dazu lerne. Ist man einer identitätspolitischen Verfehlung überführt worden, wird von den in dieser Hinsicht gescheiterten Menschen erwartet, dass sie sich dafür bedanken, nun lernen zu dürfen.

Lesen/gelesen werden – Menschen, so die identitätspolitische Theorie, werden als Mitglieder einer bestimmten Gruppe gelesen – verbunden mit all den Klischees, die mit dieser Gruppe, gerade bei Minderheiten, asso-ziiert werden. Wer also als »schwarz« gelesen wird, hat in dieser Logik auch mit allen Vorurteilen zu tun, die über diese Gruppe in rassistischer Weise existieren.

LGBTQ (oder: LGBTTQQIAAP) – Abkürzungskombination für viele Min-derheiten, die im Sinne der Identitätspolitik geschützt werden müssen und sich als eine gewisse Gemeinschaft verstehen: Lesbian = Lesben, Gay = Schwule, Bisexual = Bisexuelle, Transgender = Transgender (ins Deutsche übernommen), Transsexual = Transgender, die ihre Sexualmerkmale haben anpassen lassen, Queer = Kontainerbegriff für alle Menschen, die sich der LGBTQ-Szene zugehörig fühlen, Questioning = Menschen, die ihre (sexuelle) Identität noch suchen, Intersex – Menschen, deren Sexualorgane oder Chromosonen nicht in das Raster »Mann – Frau« passen, Ally = Menschen, die, obwohl keiner dieser Minderheiten zugehörig, von der LGBTQ-Szene als Verbündete akzeptiert werden, Asexual = Menschen, die keine sexuelle Anziehung durch andere Menschen verspüren, Pansexual = Menschen, die irgendeine Art von Anziehung für alle anderen Menschengruppen empfinden. Nach aktueller Lage der Dinge sind inzwischen 76 sexuelle Identitätsformen bekannt.

Light skinned blacks – Menschen mit nicht-weißer Hautfarbe, die zwar als »schwarz« wahr genommen werden, aber im Vergleich zu anderen »Schwarzen« eine eher hellere Hautfarbe haben – wichtig im Zusammenhang mit dem Konzept des »Colorism«.

Lookism – Stereotypisierung beziehungsweise Diskriminierung auf Grund des Aussehens. Die Idee dahinter ist, dass das, was als »schön« oder »hässlich« definiert wird, durch heteronormative Machtverhältnisse und gesellschaftliche Prozesse bestimmt wird. Menschen, die dem gerade vorherrschenden Schönheits- beziehungsweise Körperideal nicht entsprechen, werden ausgegrenzt.

M

Mansplaining – meist herablassende Erklärungen durch einen Mann, der glaubt, er wisse mehr über ein Thema als die – meist weibliche – Person, mit der er spricht. Eine deutsche Übertragung ist die »Herrklärung«.

Manspreading – negativ besetzter Begriff für die Sitzhaltung von Männern, die an öffentlichen Orten mit gespreizten Beinen sitzen – ob diese Kritik an Männern eher christlichen Sittlichkeitsansprüchen genügen soll oder ob das Womanspreading nicht ebenso möglich sein könnte, muss offen bleiben.

Markiert/unmarkiert – Während privilegierte Menschen im Verständnis der Identitätspolitik unmarkiert sind, also nicht als besonders angesehen werden (und auch nicht als Repräsentanten einer bestimmten Gruppe wahrgenommen werden), werden diskriminierte Menschen als markiert verstanden, das heißt, sie werden vor allem als Menschen einer Minderheit wahrgenommen – samt aller Vorurteile ihnen gegenüber, die das mit sich bringen kann.

Menschen mit Melaninproblemen – humoresk gemeinte Bezeichnung für »Weiße«.

Menschen mit Nazihintergrund – von den Berliner Künstler*innen Moshtari Hilal und Sinthujan Varatharajah im Frühjahr 2021 eingeführter Begriff für Bio-Deutsche (oder Kartoffeln), die im Zuge ihrer Familiengeschichte bis heute von der Ausbeutung anderer in der NS-Zeit profitierten – also ziemlich viele Menschen in der deutschen Bevölkerung.

Migrantisiert – referiert die Funktion der Kategorie »Migrant*in der x-ten Generation«, die die Klassifizierung Deutscher mit bestimmtem, nämlich rassifizierten Migrationshintergrund als ewige Neuankömmlinge, als nicht »wirklich« deutsch reflektiert (aus: Bundeszentrale für politische Bildung).

Mikroaggressionen – Erfahrungen der Diskriminierung, die Minderheiten machen und die Menschen der Mehrheitsgesellschaft oft nicht als Diskriminierung wahrnehmen, also zum Beispiel abschätzige Blicke gegen Mitglieder aus Minderheitengruppen. Ob diese absichtsvoll ausgeübt werden oder nicht, spielt der woken Perspektive zufolge keine Rolle: Ein Delikt bleibt die Mikroaggression immer und unter allen Umständen. Und wer das nicht einsehen will, übt wieder eine Mikroaggression aus.

Misgendern – Verb, das bedeutet, dass eine Person dem falschen Geschlecht zugeordnet und/oder über sie mit dem falschen Pronomen geredet wird. Das kann manchmal unabsichtlich passieren. Es kann aber auch absichtlich, zum Beispiel als Abwertung oder Ablehnung, gemeint sein. Misgendering betrifft vor allem nicht-binäre und Trans*menschen und kann Dysphorie auslösen.

Mitgemeint – Minderheiten lehnen es häufig ab, sprachlich lediglich mitgemeint zu sein, wenn Menschengruppen im Deutschen in der Pluralform nur durch das generische Maskulinum bezeichnet werden, zum Beispiel Ärzte für Ärztinnen und Ärzte beziehungsweise: Ärzt*innen.

N

Neutralität – negativ besetztes Wort in der identitätspolitischen Bewegung, denn alles außer dem klaren Einsatz gegen Rassismus wird als Unterstützung von Unterdrückung gewertet. Schlagwort: »(White) silence is violence.«

Nonbinary (kurz: enby) – oder nicht-binär/nonbinär: meist Selbstbezeichnung von biologisch weiblichen Menschen, die sich weder als dies noch als das verstehen, sexuell und geschlechtlich.

N-Wort – im Deutschen immer üblicher werdendes Wort zur Vermeidung des veralteten, beleidigenden und rassistischen Begriffs »Neger«.

O

Opfer – ambivalenter Begriff, denn einerseits werden in der identitätspolitischen Strömung in der Regel alle Mitglieder einer Minderheit als Opfer gesellschaftlicher Verhältnisse begriffen und meist auch so bezeichnet, andererseits sollen gerade diese Menschen aus ihrer Opferrolle perspektivisch befreit werden. Manchmal wird deshalb das Wort »Betroffene« bevorzugt.

Opferismus – die Tendenz, sich vor allem als Opfer zu sehen und jede Erfahrung aus dieser Sicht zu reflektieren.

Oreo – auch: Oreo cookie (Oreo-Keks) ist ein Slang-Schimpfwort vor allem aus der »schwarzen« Community für eine schwarze Person, die sich »weiß« verhält (außen schwarz, innen weiß, wie ein Oreo-Keks).

Othering – ein gedankliches Konzept, das dazu dient, die eigene Gruppe, der man sich zugehörig fühlt, zu distanzieren von anderen Gruppen in der Gesellschaft. Das Othering dient dabei der Selbstvergewisserung der eigenen Gruppe, der in der Regel positive Eigenschaften zugesprochen werden, während die fremde Gruppe oft mit negativen Attributen belegt wird.

P

Passing – Passing gilt als »erfolgreich«, wenn die Identität eines Mitglieds einer Minderheit – etwa eines »Schwarzen« mit hellerer Haut – von der Umwelt nicht realisiert wird, was dieser Person hilft, den Privilegien der weißen Mehrheitsgesellschaft näher zu kommen.

Pathologisierung (des Opfers) – dieses Konzept geht davon aus, dass privilegierte Menschen dazu neigen oder neigen können, die Leiden des Opfers durch die Diskriminierung dadurch vom Tisch zu wischen, dass behauptet wird, es gebe diese Diskriminierung nicht.

Perfomativ – Das Wort wird häufiger genutzt von Menschen, die meinen, dass etwa die Solidarisierung vor allem von Allies mit Diskriminierten nur ein performativer Akt, also nicht wirklich ernst gemeint sei.

People/Person of Color (PoC) – Mensch mit nicht-weißer Hautfarbe, auch Menschen mit Diskriminierungserfahrung aus vor allem rassistischen Motiven.

Phob – aus dem Altgriechischen stammende Endung, um Feindschaft anzuzeigen, als homophob (schwulen- und lesbenfeindlich) oder transphob (feindlich gegenüber Trans*personen). Offen bleibt, ob alles, was als -phob verstanden, also als fundamental aversiv, auch wirklich -phob ist und nicht nur befremdlich, gewöhnungsbedürftig oder irritierend.

Position – wichtiges Wort in der Identitätspolitik. Die Bestimmung und Benennung der eigenen (Sprecher-)Position gilt als Voraussetzung für einen Dialog auf Augenhöhe und als Ausgangspunkt für einen Einsatz gegen Diskriminierung.

Postcolonial (Studies) – eine der entscheidenden wissenschaftlichen Denkansätze und Forschungsrichtungen der identitätspolitischen Strömung. Beschäftigt sich vor allem mit den Folgen der historischen Phase der Kolonialisierung und des Imperialismus sowohl in den eroberten oder unterdrückten Territorien wie unter den Menschen, deren familiärer Hintergrund von dieser Geschichte noch heute bestimmt wird.

Privilegien, privilegiert – zentrales Konstrukt der identitätspolitischen Bewegung, wonach vor allem AWM über meist unbewusste Privilegien, etwa der unhinterfragten Akzeptanz in fast allen gesellschaftlichen Gruppen, verfügen und sich dieser unverdienten Privilegien bewusst werden sollten. Schlagwort: »Check your privileges!«

Q

Queer – Eigenschaft und häufig auch Selbstbezeichnung von Menschen, die in ihrer sexuellen Orientierung von der heteronormativ geprägten Mehrheitsgesellschaft abweichen und deshalb häufig diskriminiert werden oder worden sind. Problem hier: Queer wird auch von heterosexuell orientierten Menschen als Selbstbezeichnung genutzt, weil das Sanftheit andeutet oder auch Sensibilität behauptet. Diskriminiert worden sind diese Personen indes noch nie.

R

Race – Angelsächsischer Begriff, der mit dem deutschen Ausdruck »Rasse« kaum richtig übersetzt werden kann, da er in erster Linie in den USA weniger biologisch als sozial gemeint ist und vor allem die Unterteilung von Menschen nach ihren Hautfarben meint, während im Deutschen das Wort »Rasse« einen biologischen Klang hat und historisch stark belastet ist. Der Begriff »Rasse« ist auch deshalb unpassend, da schon seit Jahren bekannt ist, dass es biologisch gesehen keine Menschenrassen gibt.

Rassifiziert – »rassifiziert« meint hier die Zuschreibung kollektiver quasi-biologischer und/oder kultureller Eigenschaften, die die Wahrnehmung bestimmter Gruppen als nicht zugehörig erlaubt, auch wenn sie bereits Teil der Gesellschaft sind. Da diese Eigenschaften sowohl als der dominanten Identität entgegengesetzt und mit ihr nicht kompatibel definiert werden als auch den rassifizierten Subjekten notwendigerweise anhaftend, ist die oft verlangte Assimilierung oder Integration faktisch unmöglich beziehungsweise kann nur stattfinden, wenn die dominante Gruppe, die die alleinige Definitionsmacht besitzt, die Kompatibilitätskriterien ändert.

Rassismus, struktureller (oder institutioneller) Rassismus – Glaube, dass äußerliche Unterschiede bei Menschen, etwa in puncto Hautfarbe, den Wert von Menschen begründen. Weißes stehe immer über allem, alles als »afrikanisch« Gelesene sei demnach von minderwertiger Qualität. Fraglich ist, ob Rassismus verschwinden kann – oder strukturell immer vorhanden ist.

Repräsentation, repräsentieren – die Identitätspolitik fordert, dass Minderheiten sich selbst repräsentieren (oder »representen«) können und nicht durch Mitglieder der Mehrheitsgesellschaft repräsentiert werden sollten.

Ressourcen – im identitätspolitischen Gedankengebäude sind vor allem die Ressourcen der Repräsentation und Sichtbarkeit in der Öffentlichkeit endlich, weshalb um sie gesellschaftlich gekämpft werden muss. Nach dieser Logik stehen dazu vor allem den AWM fast unbegrenzte Ressourcen zur Verfügung. Häufig auch: »Ressourcen des Widerstands«.

Retraumatisieren – Eine Retraumatisierung findet statt, wenn durch bestimmte Trigger, etwa ein falsches Wort, traumatische Erlebnisse von Diskriminierung von Mitgliedern einer Minderheitengruppe wieder an die psychische Oberfläche kommen. Insofern wird die Sprache in der identitätspolitischen Strömung als sehr wichtig erachtet, Trigger-Warnungen werden ausgesprochen, sollte die Gefahr bestehen, dass Gesagtes eine Retraumatisierung auslösen könnte.

Reverse discrimination – ein politischer Kampfbegriff vor allem in den USA. In erster Linie im Umfeld der Trump-Republikaner und der White Supremacists wird er als Schlagwort genutzt, um angebliche Opferrechte von AWM in Anspruch zu nehmen, weil diesem Verständnis nach mittlerweile im Zuge der identitätspolitischen Bewegung AWM rassistisch diskriminiert würden.

Romantisieren – in der identitätspolitischen Logik eine (unbewusste) Diskriminierung von Minderheiten, indem ihr Leben als pseudo-romantisch dargestellt wird. Ein klassisches Beispiel ist das angeblich früher so romantische Leben von Sinti und Roma.

S

Safe Spaces – offiziell eingerichtete Schutzräume oder institutionalisierte Gruppen etwa in den Sozialen Medien, in denen Menschen mit Diskriminierungserfahrung keine Art von Diskriminierung erfahren sollen, in denen zum Beispiel auch besonders auf eine diskriminierungsfreie Sprache geachtet wird.

Sagbar/Sagbarkeit – ein wichtiges Ziel der identitätspolitischen Strömung: Minderheiten sollen nicht nur sichtbar, sondern ihre Anliegen sollen auch öffentlich sagbar sein (zum Beispiel homosexuelles Begehren), damit sie nicht verschwiegen und marginalisiert werden können.

Saviourism – in der Identitätspolitik stark verurteilte Erzählung, wonach es (zum Beispiel in Filmen) der Hilfe eines »weißen« Menschen bedarf, um diskriminierte Menschen aus Unglück oder Rassismus zu retten – statt zu zeigen, dass Diskriminierte dies aus eigener Kraft vermögen.

Schwarz – mit großem »S« – Die Schreibweise »Schwarz« mit großem »S« soll anzeigen, dass Schwarzsein vor allem ein gesellschaftliches Konstrukt ist und es sich nicht nur auf die Hautfarbe bezieht, sondern vor allem die Rassismuserfahrung von PoC reflektiert.

»Schwarze Haut, weißes Denken« – Vorwurf gegen »token«, »Oreos« oder »Haussklaven«, die eigene Erfahrung im Sinne der Identitätspolitik nicht ausreichend zu reflektieren, sondern sich der Mehrheitsgesellschaft anzudienen (als angeblich lebender Beweis, dass die identitätspolitischen Theorien haltlos seien).

Selbst identifizieren – Menschen sollen den identitätspolitischen Zielen gemäß ihre eigene Identität (etwa die sexuelle Identität) selbst definieren und sich als solche auch öffentlich vorstellen und repräsentieren, also zum Beispiel: »Ich identifiziere mich als non-binär.«

Selektive Erinnerungskultur – gelegentlich von identitätspolitisch geprägten Gelehrten vorgebrachter Vorwurf, der Holocaust sei vor allem in der deutschen Erinnerungskultur zu bestimmen; die anderen Menschheitsverbrechen auch aus deutscher Hand (etwa der Kolonialismus) erführen dahinter nicht die gebührende öffentliche Aufmerksamkeit.

Sensitivity Reader – prüfen Romane in identitätspolitischem Sinne auf schädliche oder missverständliche Darstellungen und versteckte Mikroaggressionen. Sie sollen mit den Autor*innen problematische Aspekte besprechen und Alternativen aufzeigen – so wurde etwa aus dem Vater von Pippi Langstrumpf in neueren Auflagen der »Südseekönig«.

Shame – (Scham) häufiges Verhalten von Mitgliedern von Minderheiten, die die diskriminierte Rolle, die ihnen die Gesellschaft oktroyiert hat, tragischerweise übernommen haben. Am bekanntesten ist die identitätspolitische Verurteilung von »Body Shaming«, also der Kampf gegen das Schamgefühl bei Menschen, die nicht dem gesellschaftlichen Schlankheitsideal entsprechen.

Silencing – Minderheiten werden durch das hintergründige Vermitteln ihrer angeblichen Minderwertigkeit, ihrer Nicht-Erwähnung oder dem Bekunden ihrer angeblichen Irrelevanz öffentlich zum Schweigen gebracht, so die Theorie.

Sint*izze & Rom*nja – modernerer Begriff für die Volksgruppen der Sinti und Roma. Der neue Begriff betont unter anderem die Vielfalt der Identitäten in dieser Gruppe stärker als der ältere Begriff Sinti und Roma.

Snowflake (Schneeflocke) – abschätzige Bezeichnung für »weiße« Menschen, die mit den Vorwürfen der Identitätspolitik gegen sie nicht umgehen können und stattdessen zum Beispiel in Selbstmitleid verfallen. Schneeflocken sind auch jene in der woken Bewegung, die wegen gedanklicher Inkonsistenzen gern ins Weinerliche verfallen.

Social Justice – Soziale Gerechtigkeit hat das Ziel, Rechte, Möglichkeiten und (begrenzte) Ressourcen einer Gesellschaft so zu verteilen, dass diese Verteilung als fair oder gerecht angesehen werden kann. Identitätspolitische Aktivist*innen werden manchmal auch als »Social Justice Warriors« bezeichnet. Mit sozial ist allerdings nicht ein sozialstaatliches Programm gemeint, vielmehr eine sozialmoralische Gerechtigkeit.

Sprecher*innenposition – sehr wichtige Grundvoraussetzung im identitätspolitischen Denken und öffentlichen Reden. Wichtig ist dabei immer, wer spricht und welche Sprechanteile gerade Minderheiten oder Mitglieder von Minderheiten erhalten.

Sternchen* – oder Gendersternchen ist ein wichtiges Instrument in der Gendersprache, um die Tücken des generischen Maskulinums zu vermeiden – also zum Beispiel: Bürger*innen statt Bürger. Das Gendersternchen hat gute Chancen, sich auch in der Alltagssprache und im Schriftlichen durchzusetzen.

Stimme – ist im Sinne einer Repräsentanz von Minderheiten in der Öffentlichkeit von enormer Bedeutung: eine Stimme haben oder Minderheiten eine Stimme zu geben, was allerdings manchmal als paternalistisch betrachtet wird.

Strategischer Essenzialismus – nach diesem Konzept werden äußere Merkmale einer Minderheit nur eine gewisse Zeit und eben strategisch-vorübergehend betont, um dieser Minderheit mehr Gehör in der Öffentlichkeit und Politik erkämpfen zu können. Danach aber sollen alle Menschen gleich betrachtet werden, egal, ob Mitglieder der Mehrheit oder der Minderheit.

Supporten – Neologismus für: jemanden (in dem Falle vor allem Mitglieder von Minderheiten) unterstützen, etwa als Ally.

T

Täter*innen – sind in der identitätspolitischen Logik häufig schon die, die sich nicht ausdrücklich (und nach den strikten Vorgaben der PoC) gegen Rassismus engagieren. Übrigens wird gerade beim Wort »Täter« gern auf die gegenderte Form verzichtet, denn dass Frauen ebenfalls böse Taten begehen könnten, ist nicht vorgesehen.

Täter-Opfer-Umkehrung – ein eigentlich eher aus der Antisemitismusforschung bekanntes Konzept, das die Opfer verbal zu Täter*innen macht, zum Beispiel durch den Spruch: »Schlimm was beim Holocaust mit den Juden gemacht wurde, aber was die Israelis jetzt mit den Palästinensern machen ...« In identitätspolitischen Diskursen wird dieses Konzept gelegentlich so gedreht, es sei eine Täter-Opfer-Umkehr, wenn man zum Beispiel als AWM nicht alle Meinungen von Rassismus-Opfern teilt.

TERF – meist polemische Bezeichnung der Trans*-Bewegung gegenüber Feministinnen oft der alten Schule: Trans-Exclusionary Radical Feminism (»Trans*-ausschließender radikaler Feminismus«). Der Vorwurf in dieser Bezeichnung geht dahin, dass TERF trans*geschlechtliche Personen, insbesondere Trans*frauen, ausschlössen und nicht als »echte« Frauen akzeptierten.

They/them – im Englischen eine genderneutrale Bezeichnung, die anzeigt, dass sich diese Person als non-binär versteht und auch so angesprochen werden will. Ein Beispiel aus dem englischen Wikipedia-Eintrag über Judith Butler: »Butler is a lesbian, says they are legally non-binary, and goes by she or they pronouns. They live in Berkeley with their partner Wendy Brown and son, Isaac.«

Token/Tokenism – polemischer Vorwurf gegen »Schwarze« aus der eigenen Community, ein Werkzeug der »Weißen« zu sein – siehe auch Oreo.

Trans* – Mit diesem Begriff werden Menschen bezeichnet, die das Zweigeschlechter-System (männlich/weiblich) ablehnen oder die Geschlechtergrenzen überschreiten und sich daher dort nicht eindeutig zuordnen können. Häufig mit anderen Wörtern verbunden, zum Beispiel: Trans*gender (Trans*frau, Trans*mann) und Trans*feindlichkeit.

Transracial (Transrace) – umstrittenes Konzept von Menschen, die für sich eine Race-Identität beanspruchen, die sich von ihrer Geburts-Race unterscheidet. Das bekannteste Beispiel ist Rachel Dolezal, eine US-Amerikanerin mit »weißen« Eltern, die sich selbst allerdings als »schwarz« identifiziert. Umstritten ist, ob die Selbstbehauptung (ähnlich wie bei vielen Trans*personen) schon als ausreichend akzeptiert wird und nicht bezweifelt werden soll. Außerdem ist traditionellerweise der Ausdruck »transracial« in den USA gemünzt auf die Situation von Eltern, die ein Kind einer anderen »race« adoptiert haben. Die Übernahme dieses Begriffs empfinden manche als unpassend.

Trauma – beschreibt in der identitätspolitischen Bewegung die Erkenntnis, dass Erlebnisse rassistischer Diskriminierung als traumatisch erlebt worden sein können. Solche Erlebnisse können sich nach diesem Verständnis »addieren«, was eine besondere Verletzlichkeit gegenüber rassistischen Bemerkungen oder Erlebnissen bewirken könne. Die Vokabel birgt indes auch die Gefahr, dass, wenn alles psychisch Erschütternde ein Trauma sein kann, bald nicht mehr genau das als Trauma bezeichnet, was traditionell als ein solches verstanden wird. Etwa ein traumatisiertes Kind, das die Tötung eines Elternteils erleben musste.

Trigger – Auslöser für eine Retraumatisierung. Siehe Retraumatisieren.

U
Unapologetically black – »Schwarze« Person, die sich in ihrer Identität als »Schwarze« wohl fühlt und nichts daran ändern will – wurde gelegentlich für die (und das Auftreten der) US-Poetin Amanda Gorman genutzt.

Uncle Tom – siehe Oreo und token.

V
Vergeschlechtlicht – siehe Gendern.

Verletzungen – sollen in der identitätspolitischen Bewegung in jedem Fall vermieden werden und beenden in der Regel jede Diskussion. Treten aber nach diesem Verständnis relativ leicht auf, zum Beispiel bei Mikroaggressionen.

Victim blaming – siehe Täter-Opfer-Umkehrung.

Virtue signalling – das öffentliche Betonen der eigenen Tugendhaftigkeit, ohne diesen Ansprüchen aber wirklich gerecht zu werden, also zum Beispiel einen Tweet gegen den Hunger in der Welt absetzen, aber gleichzeitig bettelnden Wohnungslosen keinen Euro spenden.

Voice – Stimme haben, ein wichtiges Ziel der Identitätspolitik, dass Minderheiten eine Stimme, ihre eigene, haben.

Vorstrukturierte Debatte – Vorwurf vor allem von identitätspolitischen Aktivist*innen, dass öffentliche Debatten schon rassistisch vorstrukturiert seien, ihre Ansätze also nicht wirklich zu Wort kommen könnten.

Vulnerabilität – ist vor allem bei rassistisch diskriminierten Menschen anzutreffen, nämlich Verletzlichkeit. Siehe auch Verletzungen.

W

Wahrnehmen – Mitglieder von Minderheiten werden anders wahrgenommen als Mitglieder der Mehrheitsgesellschaft. Siehe auch markiert.

Weiß-deutsch – relativ neue Wortschöpfung, um »bio-deutsche« Mitglieder der Mehrheitsgesellschaft ohne Migrationshintergrund zu bezeichnen. Siehe auch Bio-Deutsche, Kartoffel und Alman. Weiß ist alles, was des Übels ist.

White accountability – im Sinne der Identitätspolitik »weiße« Verantwortungsübernahme oder Rechenschaftspflicht gegenüber »schwarzen« Personen auch aufgrund geschichtlicher Ereignisse etwa der Sklaverei in den USA oder dem Kolonialismus durch europäische Mächte.

White flight – ein Ausdruck, der das Phänomen beschreibt, dass »weiße« Menschen vor allem in den USA aus Innenstädten, insbesondere solchen mit einem erhöhten Bevölkerungsanteil von Minderheiten, in eher »weiße« Gebiete der Vorstädte ziehen.

White Fragility – »weiße Zerbrechlichkeit«, ein von der US-Soziologin Robin DiAngelo 2011 geprägter Begriff, über den sie 2018 in den USA (und später in Deutschland) einen Bestseller geschrieben hat. Der Begriff beschreibt ein umstrittenes Konzept, wonach es (instinktive) Verteidigungs-Reaktionen einer »weißen« Person gebe, wenn sie über ihre »race« befragt werde oder darüber reflektieren soll. Unrassistisch orientiert kann dieser Lehre zufolge prinzipiell keine weiße Person sein.

White gaze – Die Theorie, dass kulturelle Produkte wie etwa Bücher mit der hintergründigen, unbewussten Idee entstehen, dass sie sich vor allem an »weiße« Rezipient*innen richten. Ebenso die Idee, dass manche

PoC das Bedürfnis haben, die Reaktion »weißer« Konsument*innen zu berücksichtigen.

White on white crime – eine gewichtige Interpretation von Verbrechen, die von »Weißen« an »Weißen« begangen wurden, also für Nicht-Weiße nicht von gleicher Relevanz sein müssen (zum Beispiel der Holocaust).

White Supremacy – »weiße Vorherrschaft« benennt eindeutig rassistische Ideologien vor allem in den USA, die davon ausgehen, dass die »weiße«, europäische »Rasse« zur Herrschaft berufen sei, gegenüber Menschen anderer Hautfarbe überlegen sei und zu Recht ihre Privilegien in der Gesellschaft verteidigen dürfe.

Whitewashing – jahrzehntelange Tradition vor allem in der US-Filmindustrie, nicht-weiße Rollen mit »weißen« Schauspieler*innen zu besetzten. Erst in den letzten Jahren wird diese Praxis gerade in großen Produktionen langsam durchbrochen.

»Woher kommst du?« – gegenüber einer PoC völlig unzulässige und rassistisch verstandene Frage, da sie unterstelle, dass man als nicht-weiße Person vielleicht nicht aus Deutschland kommen könne.

Woke – (auf Deutsch: »erwacht«). Begriff für eine Geisteshaltung, die von sich behauptet, besonders sensibel für Rassismus und »Social Justice« zu sein.

Wokewashing – bezeichnet die Marketing-Strategie, die eigene Marke mit einer ausgesprochen positiven Haltung zu sozialen Themen zu schmücken, obwohl das Unternehmen in Wirklichkeit gar nicht nach diesen Prinzipien wirtschaftet.

Wut – in der identitätspolitischen Bewegung recht häufig und positiv besetztes Gefühl, wenn es von PoC im Kampf gegen Rassismus geäußert wird.

Z

Zuhören – Eine Position des Zuhörens, nicht des Kommentierens oder Kritisierens, wird von privilegierten Gruppen erwartet, wenn PoC von ihren Rassismus-Erfahrungen berichten oder ihre Analyse der Situation berichten.

Zuschreibungen – Minderheiten haben oft stigmatisierende, diskriminierende und rassistische Zuschreibungen zu erdulden. Manchmal aber werden diese Zuschreibungen oder negativen Bezeichnungen auch von der Opfergruppe in ihrem Sinne umgekehrt und als Eigenbezeichnungen übernommen, wie zum Beispiel »Schwule«.

Z-Wort – ein früher übliches Wort für Menschen, die sich heute Sinti und Roma oder Sint*izze & Rom*nja nennen. Da der damalige Begriff »Zigeuner« heute in seinem diskriminierenden Gehalt auch von der Mehrheitsgesellschaft zunehmend erkannt wird, wird er zu Recht immer weniger gebräulich, sondern immer häufiger der Ausdruck Z-Wort genutzt – ähnlich dem N-Wort.

Andreas Speit
Verqueres Denken
Gefährliche Weltbilder
in alternativen Milieus

240 Seiten, Broschur
ISBN 978-3-96289-110-7
18,00 € (D); 18,50 € (A)

Sie gehen für »die Freiheit« auf die Straße: Bei den
Querdenken-Demonstrationen und Corona-Protesten
laufen Impfgegner:innen neben QAnon-Anhänger:innen,
Esoteriker:innen neben Rechtsextremen, die Peace-
Fahne flattert neben der Reichsflagge. Dieses Mitein-
ander kommt jedoch nicht zufällig zustande. Wer sich
für den Schutz von Natur und Tieren einsetzt, vegane
Ernährung und Alternativmedizin bevorzugt, seine
Kinder auf Waldorfschulen schickt oder nach spiri-
tueller Erfüllung sucht, muss nicht frei von rechtem
Gedankengut und Verschwörungsfantasien sein.

Andreas Speit zeigt, dass in alternativen Milieus Werte
und Vorstellungen kursieren, die alles andere als progressiv oder emanzipatorisch sind.

www.christoph-links-verlag.de

CIGDEM TOPRAK

DAS IST AUCH UNSER LAND!

CH. LINKS VERLAG

Cigdem Toprak
Das ist auch unser Land!
Warum Deutschsein mehr
als deutsch sein ist

256 Seiten, Klappenbroschur
ISBN 978-3-96289-094-0
18,00 € (D); 18,50 € (A)

Der rassistische Anschlag von Hanau, bei dem
neun Menschen ermordet wurden, hat die Spaltungen
unserer Gesellschaft brutal sichtbar gemacht. Viele
Deutsche mit Migrationsgeschichte fühlen sich wieder
als Ausländer, denn sie wissen: Der Attentäter hat auch
sie gemeint. Was bedeutet es, »Ausländer« zu sein in
einem Land, das man als seine Heimat empfindet?
Wie hat Einwanderung Deutschland verändert – und
die Migranten? Und wie können wir Unterschiede
wertschätzen und zugleich Gemeinsamkeiten finden?

Davon erzählt Cigdem Toprak anhand ihrer eigenen
Geschichte und einer Vielzahl von Gesprächen, die sie
mit Menschen aus Einwandererfamilien geführt hat.

www.christoph-links-verlag.de

Christian Jakob

Die Bleibenden

Wie Flüchtlinge Deutschland
seit 20 Jahren verändern

2. Auflage
256 Seiten, 2 Karten, Broschur
ISBN 978-3-86153-884-4
18,00 € (D); 18,50 € (A)

Die Zahl fremdenfeindlicher und rassistischer Angriffe
erreichte 2015 einen Höchststand, doch gleichzeitig
entstanden unzählige Willkommensinitiativen. Der
Journalist Christian Jakob beschreibt, wie tiefgreifend
sich Zivilgesellschaft und Institutionen in Deutschland
seit dem sogenannten Asylkompromiss von 1993 verändert haben. Das ist auch das Werk der Flüchtlinge
selbst. Mit jahrzehntelangen Protesten haben sie ihre
Isolation in den Asylbewerberheimen durchbrochen
und die notwendige Modernisierung Deutschlands
zum Einwanderungsland vorangetrieben.
Aus seiner jahrelangen Beschäftigung mit den Themen
Migration und Asyl zeigt Christian Jakob auf, wie eine
deutsche und europäische Flüchtlingspolitik aussehen
würde, die die Realität der Migration endlich akzeptiert. Denn, so Jakob: Wer den Zugang zu diesem
Land wieder verschließen will, wird scheitern.

Ch.Links

www.christoph-links-verlag.de

Malene Gürgen, Patricia Hecht,
Nina Horaczek, Christian Jakob,
Sabine am Orde
Angriff auf Europa
Die Internationale
des Rechtspopulismus

288 Seiten, Broschur
ISBN 978-3-96289-053-7
18,00 € (D); 18,50 € (A)

In fast allen europäischen Ländern sind rechtspopulistische Parteien auf dem Vormarsch, in manchen regieren sie bereits. Ihr gemeinsamer Feind:
die Europäische Union. Nicht nur verstehen sie sich als
Gegenspieler des Brüsseler Establishments, sie lehnen
auch zentrale Werte des europäischen Projekts ab:
Offenheit, Pluralismus, Minderheitenschutz. Es geht
ihnen um nicht weniger als eine Ablösung unseres
Gesellschaftsmodells. Wie gefährlich ist die Rechts-
front?
Dieses Buch untersucht die rechten Parteien in
Deutschland, Österreich, Ungarn, Polen, Frankreich,
Italien und der Schweiz. Was verbindet diese, was
trennt sie, wo lernen sie voneinander? Es zeigt, wie die
RechtspopulistInnen zunehmend kooperieren, um ihre
Agenda durchzusetzen, und wie sie die anderen
politischen Kräfte vor sich hertreiben.

Ch.Links

www.christoph-links-verlag.de